Schriften

des

Vereins für Sozialpolitik.

---

130. Band. Fünfter Teil.

Gemeindebetriebe.

Neuere Versuche und Erfahrungen über die Ausdehnung der kommunalen Tätigkeit in Deutschland und im Ausland.

Dritter Band.

Fünfter Teil.

Verlag von Duncker & Humblot
München und Leipzig 1912.

Die Gemeindebetriebe in Ungarn.

Von

Dr. Emerich Basch,

Budapest.

Der Gemeindebetriebe dritter Band. Fünfter Teil.

Im Auftrage des Vereins für Sozialpolitik

herausgegeben von

Carl Johannes Fuchs.

Mit einem Stadtplan von Budapest.

Verlag von Duncker & Humblot.

München und Leipzig 1912.

Altenburg
Piererſche Hofbuchdruckerei
Stephan Geibel & Co.

Inhaltsverzeichnis.

Erster Teil.

Die Gemeindebetriebe der Stadt Budapest.

Zweiter Teil.

Gemeindebetriebe in den anderen Städten.

Erster Teil.

Die Gemeindebetriebe der Stadt Budapest.

Erstes Kapitel.
Die Triebkräfte der Kommunalisierung in Budapest.

1. Verwaltungs- und gewinnbringende Betriebe.

Das Budapester Bürgertum befreundete sich verhältnismäßig leicht mit dem Gedanken der eigenen Regie; die Kommunalisierung der gemeinnützigen Betriebe wurde hier durch einen prinzipiellen Widerstand nicht gehindert. Das Manchestertum bildete nie eine lebendige Ideologie im öffentlichen Leben Ungarns, im Gegenteil: man neigte stets, oft vielleicht allzusehr, zum Staatssozialismus und zum Protektionismus. Das moderne Ungarn datiert vom Jahre 1867, wo nach Jahrhunderte währenden Kriegen und Revolutionen ein konsolidiertes, verfassungsmäßiges und politisches Leben seinen Anfang nahm, wo also Ungarn in die Lage kam, die Versäumnisse der sturmbewegten Jahrhunderte nachzuholen und die Grundlagen des modernen Staates zu errichten. Vielfach mußten in Jahrzehnten solche Arbeiten ausgeführt werden, zu deren Verrichtung anderen Völkern Jahrhunderte zur Verfügung standen. Die öffentliche Macht mußte viele Aufgaben auf sich nehmen, die anderwärts durch die Gesellschaft übernommen und auch ausgeführt wurden. Es mußte vieles verrichtet werden und die ungarische Volkswirtschaft war zu arm, um die Initiative zu ergreifen und schaffen zu können — jede bahnbrechende und organisatorische Arbeit wurde von der Gesellschaft dem Staate übertragen, der zwar selber abhängig war von der allgemeinen Volkswirtschaft, aber er war doch das stärkste, das reichste und deshalb das leistungsfähigste Organ der Gesellschaft. All das bewirkte die stete Erweiterung des Wirkungskreises des Staates; er bemächtigte sich immer neuer Gebiete: die Verstaatlichung der Eisenbahnen, der staatliche Bergbau und die Metallurgie, die staatliche Seidenspinnerei, die staatliche Industrieförderung und der Protektionismus faßten gleichzeitig tiefe Wurzeln in der öffent-

1*

lichen Meinung. Bei einer jeden volkswirtschaftlichen Tätigkeit wurde erwartet, daß der Staat unterstützend und richtunggebend eingreife.

Diese Auffassung wirkte auch auf das Gemeindeleben zurück, so daß die staatlichen Betriebe zum Schrittmacher der Gemeindebetriebe wurden. Als die Entwicklung der ungarischen Städte, insbesondere die Budapests, einen stärkeren Aufschwung nahm und jene Motive zu wirken begannen, die zur Kommunalisierung der gemeinnützigen Betriebe führten, da hatte diese Tendenz nur verhältnismäßig wenig Widerstand zu überwinden, von den Nächstbeteiligten abgesehen, begegnete sie dem Wunsch der ganzen öffentlichen Meinung.

Die Geschichte des heutigen Budapests beginnt im Jahre 1872, wo der auf die 1848er Revolution folgende Absolutismus, der auch das städtische Leben lahmlegte, gestürzt wurde und die drei kleinen Nachbarstädte Pest, Ofen und Altofen zur Stadt Budapest vereinigt wurden. Zu dieser Zeit legte sie ihren kleinstädtischen Charakter ab und es kam die Reihe an sie, die Lebensbedingungen der modernen Großstadt zu schaffen. Jetzt bekam die hauptstädtische Behörde zum erstenmal die Gelegenheit, sich mit der Frage des Privatunternehmens und der städtischen Regie zu befassen.

Zu dieser Zeit beschäftigt sich die hauptstädtische Behörde mit der Frage der Gasbeleuchtung, der Wasserwerke, der Schlachthäuser, der Kanalisation, überhaupt und hauptsächlich mit den Fragen der öffentlichen Hygiene, die sich in besonders vernachlässigtem und zurückgebliebenem Zustande befand. Aus den damaligen Verhandlungen der Stadtverordnetenversammlung geht hervor, daß das hauptstädtische Bürgertum zur Kommunalisierung der gemeinnützigen Betriebe neigte. Als die Konzession der Gaswerke verhandelt wurde, da forderte eine ansehnliche Gruppe die gemeindliche Regie. Als die Schlachthäuser und die Wasserwerke erbaut werden sollten, da wurden dem Magistrat und der Stadtverordnetenversammlung von Privatunternehmern Offerte vorgelegt, sie wurden jedoch fast ohne Verhandlung zurückgewiesen.

Und doch: bis zum Ende des vergangenen Jahrhunderts lebte der Gedanke der Kommunalisierung in der öffentlichen Meinung nur in der Form einer bloßen Neigung. Sie war nicht dagegen, für einzelne Betriebe forderte sie sogar die häusliche Regie; sie entschied sich jedoch dafür nur von Fall zu Fall, oder jedenfalls nur für gewisse Betriebskategorien, aber sie hatte die Kommunalisierung nicht verallgemeinert, sie machte sie nicht zum allgemeinen Programm der städtischen Politik. Zu dieser Zeit gingen noch sehr bedeutende Betriebe in die Hände der Privatunternehmung über: die Gaswerke, die Straßenbahnen, die Elektrizitätswerke, das Plakatwesen, die Müllabfuhr usw.; es kamen damals Konzessionsverträge zustande, um deren Rückerwerbung die Hauptstadt jetzt große Anstrengungen macht und große Opfer bringt.

Zu dieser Zeit beschränkten sich die Kommunalisierungsbestrebungen auf eine einzige Betriebskategorie; die Kommunalisierung wurde nur dort ausgeführt, wo sie durch Verwaltungs- und polizeiliche Interessen erheischt wurde. Die finanziellen, wirtschaftlichen und sozialpolitischen Gesichtspunkte der Kommunalisierung waren unbekannt oder sie blieben jedenfalls unbeachtet.

Auf Grund dessen können wir die Geschichte der Budapester Gemeindebetriebe in zwei Perioden und die Betriebe selber in zwei Gruppen einteilen. In der ersten Periode wurde die häusliche Regie ausschließlich mit den administrativen Interessen motiviert. In der zweiten Periode, die gleichzeitig mit dem 20. Jahrhundert einsetzte, sind die finanziellen und wirtschaftspolitischen Gesichtspunkte entscheidend.

Die während der ersten Periode entstandenen Betriebe (die wir auch als Verwaltungsbetriebe bezeichnen können, im Gegensatz zu den gewinnbringenden Betrieben) spielten die Rolle von Hilfsmitteln für die einzelnen Verwaltungszweige. Diese konnten ihre Aufgaben viel besser erledigen, sie konnten sie intensiver und rascher verrichten, wenn die Institution oder der Betrieb, den sie zu überwachen hatten, nicht das Eigentum eines fremden Unternehmers bildete, sondern unmittelbar der städtischen Verwaltung unterstellt war. Zu diesen Betrieben gehören: die Wasserwerke, die Viehmärkte, die Schlachthäuser, die Markthallen, die Kanalisation, die Straßenreinigung, und unter den neueren Betrieben: die Desinfektionsanstalt und zum Teil der Fuhrpark. All diese dienen sanitären und verpflegungspolizeilichen Zwecken; sie wurden durch die Stadt nur deshalb errichtet und in eigener Regie betrieben, um mit ihrer Hilfe diese Zweige der Verwaltung zu erleichtern und intensiver zu gestalten.

Als die alte Stadt an der mittleren Donau zu neuem Leben erwachte, da bildete ihre Hauptsorge die Verbesserung der gesundheitlichen Zustände; in der ersten Zeit wurde ihre Kraft und ihre Aufmerksamkeit dadurch in Anspruch genommen. Zur Zeit, als die Stadt vereinigt wurde, da wurde noch von der Bevölkerung das rohe Donauwasser zum Trinken benützt; ein bedeutender Teil der Stadt war noch nicht kanalisiert; vernachlässigte und primitive Abortgruben verseuchten die Luft der Stadt. Die Lebensmittel gelangten unkontrolliert oder wenigstens nicht genügend kontrolliert zum Verbrauch; die offenen Märkte, das Hausierersystem, die Privatschlachthäuser waren vernachlässigt, letztere befanden sich in einem ungesunden Zustande; eine intensive Kontrolle und die sanitärpolizeiliche Regelung des Lebensmittelhandels waren unter solchen Umständen ausgeschlossen.

Dadurch entstanden aber sehr häufig Epidemien und die Sterblichkeitsziffern wiesen erschreckende Zahlen auf.

Der Kampf gegen den Tod, das war die erste Aufgabe der neuorganisierten Stadt, und erst nachdem sie diesen Kampf siegreich beendet hatte, konnte sie mit der Lösung jener Aufgaben beginnen, die der heutigen Städteverwaltung obliegen.

Seit der Einigung der Stadt gestalteten sich die Sterblichkeitsziffern wie folgt:

Jahr	pro Mille
1874	42,2
1880	33,5
1890	29,2
1900	20,6
1910	18,5

In 36 Jahren wurde dies erreicht! Wenn wir dieses Ergebnis mit den entsprechenden Ergebnissen Deutschlands vergleichen, wo die Sterblichkeit im Jahre 1885 25,7 ‰, im Jahre 1907 18 ‰ betrug, oder mit denen Frankreichs, wo im Jahre 1885 21,9 Todesfälle auf 1000 Einwohner entfielen, im Jahre 1907 nur noch 20,2, dann zeigt sich erst die Riesenhaftigkeit der geleisteten Arbeit: der Verwaltung der Stadt Budapest ist es in 36 Jahren gelungen, die Hygiene der Stadt aus dem äußerst rückständigen Zustande der 70er Jahre auf ein europäisches Niveau zu heben. Um dies jedoch erreichen zu können, wurden die betreffenden Betriebe in häusliche Regie übernommen und der Verwaltung direkt unterstellt.

Der administrative Charakter dieser Betriebe gelangt auch in ihren Finanzangelegenheiten und in ihrer Organisation zum Ausdruck. Sie wollen keinen Gewinn erzielen; ihre Preispolitik richtet sich streng nach dem Gebührensystem, bei mehreren wird nicht einmal darauf so streng geachtet, ob die Ausgaben durch die Einnahmen gedeckt werden. Diese Betriebe besitzen keine finanzielle Selbständigkeit, sie verfügen über keine besonderen Fonds, die in einer geschäftlichen Vermögensbilanz verzeichnet wären; sie nehmen keine Abschreibungen vor, sie sammeln keine Reserven; das investierte Kapital, das bei allen Betrieben aus Anleihen flüssig gemacht wurde, wird von ihnen nicht besonders verrechnet, es wird vielmehr zusammen mit den inproduktiven Vermögensbestandteilen: mit den Schulen, Verwaltungsgebäuden usw. ausgewiesen; die zu tilgenden Raten, die Zinsen, werden nicht in die Ausgaben der betreffenden Betriebe eingestellt, sondern sie stellen einen einzigen Posten dar unter den Zinsen und Tilgungen, die den Gemeindefonds belasten. Die Einnahmen und die Ausgaben werden nicht nach den geschäftlichen Grundsätzen nebeneinandergestellt, sondern sie werden in den allgemeinen Kostenvoranschlag des Gemeindefonds eingestellt; bei ihrer Beurteilung wird nicht danach gefragt, ob die Ausgaben des Betriebes aus den eigenen Einnahmen gedeckt werden können, sondern ob durch die nötigen Summen das Gleichgewicht des allgemeinen Kostenvoranschlags gestört wird. Diese Betriebe verfügen über keine Rentabilitätsausweise, und diese Tatsache dokumentiert vielleicht am besten, daß die Stadt zwischen diesen Betrieben und der allgemeinen Verwaltung gar keinen Unterschied macht, daß sie auf die Rentabilität dieser Betriebe gar nicht neugierig war (erst neuerdings werden durch die Stadtverordnetenversammlung, unter der Einwirkung der gewinnbringenden Betriebe, Rentabilitätsausweise gefordert), daß sie die geschäftlichen Gesichtspunkte nicht zur Geltung kommen ließ.

Die Organisation dieser Betriebe zeigt uns dasselbe Bild. Organisatorisch sind sie ganz mit der zentralen Verwaltung verschmolzen; sie verfügen über gar keine oder nur geringe Selbständigkeit; das Anweisungs-, Ernennungs- und Anordnungsrecht wird durch den Magistrat selber ausgeübt, die Betriebe sind keiner selbständigen Behörde unterstellt. Ihre Beamten und sonstigen Angestellten (mit Ausnahme der Tagelöhner) stehen in einem ähnlichen Rechtsverhältnis zur Stadt, wie die übrigen Munizipalbeamten und Angestellten. Sie werden als im öffentlichen Dienste stehende Personen betrachtet, deren Rechtsverhältnis nicht auf dem Privatrecht, sondern auf dem Verwaltungsrecht beruht.

Aus dem Gesagten geht hervor, daß diese Betriebe in ihrer Organisation, in ihrer Leitung, in ihrer Gebühren- und Finanzpolitik von den Interessen der Verwaltung durchdrungen sind; ihr Zweck ist, den Interessen der Verwaltung zu dienen.

Demgegenüber beruhen die in der zweiten Periode entstandenen Betriebe, die deshalb gegründet oder in eigene Regie übernommen wurden, damit sie zu Einnahmequellen werden oder irgendwelchen wirtschaftspolitischen Zwecken dienen, auf dem Geschäftsprinzip. Sie bilden, was ihr Vermögen anbetrifft, selbständige Betriebe; sie verwalten ihre Fonds gesondert von den Gemeindefonds und sie weisen sie aus auf Grund der geschäftlichen Buchführung. Bei der Feststellung ihrer Organisationsform wird durch die Stadt die Organisation der Aktiengesellschaften als Muster genommen. Die Leitung dieser Betriebe befindet sich gewöhnlich in den Händen einer Direktion, die gemeinsam durch den Magistrat und die Stadtverordnetenversammlung (auch Generalversammlung genannt) gewählt wird; der Wirkungskreis der Direktionen ist derart bemessen, wie dies bei den Aktiengesellschaften der Fall ist. Die Stadtverordneten-Generalversammlung behält sich nur jene Rechte vor, die auch von einer Generalversammlung der Aktionäre ausgeübt werden. Die Anstellung des Personals erfolgt in der Weise und unter den Bedingungen, wie dies bei den geschäftlichen Unternehmungen allgemein üblich ist. Die Direktoren erhalten einen Anteil vom Reingewinn (was bei den Verwaltungsbetrieben nicht der Fall ist); das Rechtsverhältnis der Angestellten beruht ausschließlich auf den Bestimmungen des Gewerbegesetzes und des Privatrechts. Bei diesen Betrieben, im Gegensatz zu den früheren, entscheiden die geschäftlichen Gesichtspunkte; die Stadt wollte ihnen leichte und bewegliche Organisationen verleihen, um sie für die wirtschaftliche Konkurrenz zu befähigen.

Neuerdings versucht die Stadt die gemeinnützigen Betriebe in der Weise unter den Einfluß und die Leitung der Stadt zu bringen, daß sie die Mehrzahl ihrer Aktien aufkauft. So gelangte die Viehmarktkasse und die Budapester elektrische Stadtbahn unter städtische Herrschaft. Die Form stellt in vieler Beziehung ein vorteilhaftes und glückliches Kompromiß dar zwischen dem Unternehmungssystem und der häuslichen Regie. Die Vorteile bestehen hauptsächlich darin, daß hierbei all das zur Geltung gelangen kann, was man als die Vorteile der Privatunternehmung zu bezeichnen pflegt, ferner läßt sich durch ein verhältnismäßig geringes Kapital eine Macht über das Unternehmen ausüben, als würde es sich ganz und gar im Besitze der Stadt befinden; und schließlich braucht man mit der Ablösung nicht so lange zu warten, bis der Konzessionsvertrag abläuft.

Diese Form der Kommunalisierung wird in der Zukunft wahrscheinlich des öfteren zur Anwendung gelangen.

2. Die Kommunalfinanzen.

Die eigene Regie der gemeinnützigen Betriebe wurde erst dann zum allgemeinen prinzipiellen Standpunkt erhoben, als zu Beginn des 20. Jahrhunderts das finanzielle Gleichgewicht des städtischen Haushaltes ins Wanken geriet und die Stadt gezwungen war, sich nach Einnahmequellen umzuschauen. (Siehe Tabelle 1.) Bis zum Jahre 1907 wies der Kostenvoranschlag ein Gleichgewicht auf, aber in diesem Jahre taucht plötzlich,

Tabelle 1.

Jahr	Einnahmen (in Kronen)			Ausgaben (in Kronen)			Überschuß + Defizit —
	ordentliche	außer-ordentliche	zusammen	ordentliche	außer-ordentliche	zusammen	
1875	11 001 334	768 000	**11 769 334**	9 266 832	2 507 800	**11 774 632**	— 5 298
1880	11 483 564	159 400	**11 642 964**	9 704 980	1 735 422	**11 440 402**	+ 202 562
1885	14 744 442	983 200	**15 727 642**	12 922 384	2 814 756	**15 737 140**	— 9 498
1890	17 610 988	153 600	**17 764 588**	15 738 182	2 026 406	**17 764 588**	—
1895	17 101 144	91 120	**17 192 264**	15 202 038	1 990 226	**17 192 264**	—
1900	35 159 493	1 394 580	**36 554 073**	34 928 607	1 624 588	**36 553 195**	+ 878
1901	34 790 651	1 133 840	**35 924 491**	34 483 265	1 441 226	**35 924 491**	—
1902	35 325 107	1 015 892	**36 340 999**	35 284 754	1 139 054	**36 423 808**	— 82 809
1903	36 586 810	1 291 670	**37 878 480**	36 604 683	1 289 512	**37 894 195**	— 15 715
1904	37 954 724	187 845	**38 142 569**	37 114 299	1 025 709	**38 140 008**	+ 2 561
1905	39 609 758	1 412 431	**41 022 189**	39 093 595	1 928 594	**41 022 189**	—
1906	40 614 352	417 943	**41 032 295**	40 094 600	937 695	**41 032 295**	—
1907	41 955 276	12 000	**41 967 276**	42 258 509	1 982 817	**44 241 326**	— 2 274 050
1908	47 192 061	42 300	**47 234 361**	47 576 415	1 443 420	**49 019 835**	— 1 785 474
1909	48 613 602	30 827	**48 644 429**	46 587 793	2 056 636	**48 644 429**	—
1910	52 387 552	3 057 115	**55 444 667**	50 740 776	4 703 891	**55 444 667**	—
1911	62 238 023	1 031 177	**63 269 200**	60 211 370	2 914 124	**63 125 494**	+ 143 706

ohne jedweden Übergang, ein Fehlbetrag von 2,27 Millionen Kronen auf. Jedoch ist diese Plötzlichkeit, womit der Fehlbetrag erscheint, nur eine scheinbare; eigentlich schleicht er schon im Kostenvoranschlag seit dem Jahre 1901 umher. Der Kostenvoranschlag für das Jahr 1901 wurde durch den Magistrat mit einem Fehlbetrag von 2,049 Millionen Kronen aufgestellt, jedoch ließ die Stadtverordnetenversammlung, um eine Steuererhöhung zu vermeiden und um Zeit zu gewinnen für die Genehmigung ihrer, der Regierung vorgelegten Entwürfe, den Fehlbetrag in der Weise verschwinden, daß sie wichtige Ausgabeposten ganz einfach streichen ließ, so die Rückzahlung der aus den Anleihen entnommenen Vorschüsse, öffentliche Arbeiten usw., wodurch die Stadt gezwungen wurde, neue Anleihen aufzunehmen. Die Entwürfe der Stadt wurden durch die Regierung nicht genehmigt, die überspannte Sparsamkeit konnte nicht fortgesetzt werden und so wurde der Fehlbetrag im Jahre 1907 offenkundig.

Die Ursache dieses Fehlbetrages ist einerseits in der raschen Entwicklung der Stadt, anderseits in der egoistischen Finanzpolitik des Staates zu suchen; währenddem er nämlich das städtische Budget durch die Übertragung neuer staatlicher Verwaltungszweige auf die Hauptstadt immer mehr belastete, verstopfte er die bedeutendsten Einnahmequellen der Stadt, er hemmte sie in ihrer Entwicklung und er erschöpfte durch die hohen staatlichen Steuern die Besteuerungsfähigkeit der Bevölkerung.

Die städtischen Ausgaben stiegen vom Jahre 1875—1907 um 275 % (bis 1911 um 436,7 %). Im Jahre 1875 entfielen 38,06 K auf den Kopf der Bevölkerung, im Jahre 1907 53,00 K (1911 71,76 K). Diese stürmische Steigerung der Ausgaben ist darauf zurückzuführen, daß Budapest vor der Einigung aus drei kleinen Städten bestand, die sich zu jener Zeit noch in sehr primitivem, in sehr zurückgebliebenem Zustande befanden. Budapest wurde in den knapp 40 Jahren, die seitdem verflossen sind, zu einer Großstadt; in diesen vier Jahrzehnten mußten all jene Institutionen geschaffen, all jene öffentlichen Arbeiten ausgeführt werden, die nötig waren, um die Aufnahme einer großen Bevölkerungszahl zu ermöglichen.

Die sich rasch entwickelnden Städte müssen große Schritte machen, um den Ansprüchen der Zeit zu entsprechen; die großen Schritte bedeuten, in das Finanzielle übersetzt, große Ausgabeposten.

Die Zahl der Bevölkerung betrug:

Jahr	Personen
1875	309 208
1880	370 767
1886	422 557

Jahr	Personen
1890	506 384
1896	617 856
1900	734 165
1906	791 748
1910	881 601

Das heißt also: vom Jahre 1875—1906 stieg die Bevölkerungszahl um 156 % (bis zum Jahre 1910 um 185 %). Daraus geht hervor, daß sich einerseits die Stadt rasch entwickelte, anderseits aber auch, daß die Ausgaben noch rascher gestiegen sind als die Zahl der Bevölkerung.

Unter den Ausgaben weisen folgende Posten die größte Steigerung auf:

Schuldentilgung	375,0 %
Zinsen	383,3 %
Öffentliche Arbeiten	260,0 %
Öffentliche Reinigung	380,0 %
Polizei	150,0 %
Wohltätigkeit	385,0 %
Ausgaben für Schul- und öffentliche Bildungszwecke	635,7 %
Ausgaben für Militärwesen	140,0 %

Die standesamtlichen und sanitären Ausgaben, die im Jahre 1875 das städtische Budget noch nicht belasteten, beanspruchten im Jahre 1907 211 878 K bzw. 396 198 K.

Ein ansehnlicher Teil dieser Ausgabeposten hat eigentlich mit der Gemeindeverwaltung nichts zu tun; sie entspringen aus der Vermittlung der Staatsverwaltung. Im Jahre 1907 machte die darauf entfallende Summe 12 Millionen Kronen aus oder 28 % der gesamten ordentlichen Ausgaben. So bürdet die Erweiterung der staatlichen Wirkungskreise und Aufgaben der Stadt immer neue Lasten auf.

Die Steigerung der Einnahmen hielt nicht Schritt mit dieser raschen Steigerung der Ausgaben. Ein Teil der öffentlich-rechtlichen Einnahmen der Stadt nimmt langsamer zu als die Bevölkerung, dagegen könnten andere Einnahmen eine raschere Steigerung aufweisen, aber sie wurden vom Staate kontingentiert, dadurch wurden aber der Stadt gerade jene Summen entzogen, die eine progressive Steigerung aufweisen.

Die finanziellen Verhältnisse der Stadt werden durch den Gesetzartikel 36 : 1872 geregelt (Gesetz über die Gründung und Regelung des hauptstädtischen Munizipium). Danach hat die Hauptstadt das Recht, einen Steuerzuschlag auszuwerfen auf die direkten Staatssteuern (Grund,

Haus, Erwerb, Kapitalzins, Rente, Abgaben der zur öffentlichen Rechnungslegung verpflichteten Gesellschaften), sowie auf die indirekten Staatssteuern; ferner kann sie in der Stadt Gebühren, Zölle, Standgelder einheben und, mit regierungsbehördlicher Erlaubnis neue Steuern einführen, die durch den Staat nicht in Anspruch genommen sind.

Die darauf bezüglichen Beschlüsse, ferner jene, die sich auf die Festsetzung des Kostenvoranschlages, auf die Gewährung von Ergänzungskrediten, auf die Erwerbung und Entäußerung von Immobilien, auf die Behebung von Anleihen, auf die Förderung von öffentlichen Werken beziehen, dürfen erst nach eingeholter ministerieller Genehmigung ausgeführt werden.

Auf Grund dieses Gesetzes nimmt die Hauptstadt folgende öffentlichrechtliche Einnahmequellen in Anspruch:

1. Sie belegt die direkten Staatssteuern mit einem Zuschlag, der vom Jahre 1872 bis 1908 25 % betrug und im Jahre 1908 auf 33 % erhöht wurde.

2. Sie belegt die indirekten Staatssteuern des Bieres, des Weines, des Fleisches und des Alkohols mit einem Gemeindezuschlag; dieser beträgt beim Wein 20 % der Staatssteuer oder pro Hektoliter 1,34 K, bei Most pro Hektoliter 1,00 K, bei Obstwein pro Hektoliter 0,40 K; bei Fleisch 25 % der Staatssteuern und zwar bei Schlacht- und kleinerem Vieh 2,52 K pro Stück; bei Kälbern unter einem Jahre pro Stück 0,42 K; beim Schaf, Widder, Ziege, Hammel pro Stück 0,16 K; bei Lämmern (bis 14 kg), Zicklein, Ferkel pro Stück 0,10 K; bei Schweinen von 6—20 kg pro Stück 0,31 K, über 20 kg 0,63 K; für frisches Fleisch (pro 100 kg) 0,94 K; für Alkohol 8—10 h pro Hektoliter. Der Zuschlag auf Bier wird nicht unmittelbar durch die Hauptstadt behoben, sondern es wird für die Menge, die nach dem Gebiete Budapests eingeführt und dort verbraucht wird, vom Staat an die Gemeinde entrichtet.

Im Jahre 1899 wurde durch die Regierung der Stadt untersagt, vom denaturierten Alkohol einen sogenannten Gemeindezuschlag zu beheben. Als Ersatz für die auf diese Weise entzogene Summe werden der Gemeinde durch den Staat jährlich 147 632 K ersetzt; so viel machte nämlich der Jahresdurchschnitt aus, der in den Jahren 1895—1897 aus dem Alkoholzuschlag vereinnahmt wurde.

3. Die Gemeinde hat einen Anteil an den reinen Einnahmen des staatlichen Schankgefälles. Bis zum Jahre 1899 stand 30—40 % dieser Staatseinnahme, soweit sie aus Budapest herrührte,

der Hauptstadt zu. Im Jahre 1899 beschränkte der Staat diese Jahresdotierung auf ein jährliches Pauschale von 1 481 353 K ein, d. h. auf den Jahresdurchschnitt der Jahre 1895—1897.

4. Es stehen der Gemeinde die Schankgebühren zu. Die Schankabgabe gehört eigentlich dem Staate. Für die Erlangung des Schankrechts ist eine Gebühr zu entrichten, die, im Falle eines unbeschränkten Ausschankes, je nach dem Umfang des Geschäftes 1400, 1000, 600, 200, 100, 60 K beträgt. Vom Jahre 1907 an wurde diese Gebühr vom Staat der Gemeinde überlassen.

Selbständige Gemeindesteuern.

5. Der Hauszinskreuzer, der 3 % der Brutto-Hauszinseinnahme beträgt.

6. Selbständige kommunale Immobilienverkehrssteuer, Grundstückumschreibegebühr, die 1 % des Grundstückwertes beträgt. Die Übertragungsgebühr bleibt sich gleich, ob die Umschreibung aus Anlaß eines Verkaufs oder einer Vererbung erfolgt.

7. Fahrradsteuer: pro Fahrrad 10 K. Diese Steuer wurde im Jahre 1911 abgeschafft.

8. Hundesteuer: im inneren Stadtgebiet 20 K, im äußeren Stadtgebiet 4 K für einen jeden Hund.

9. Städtische Zölle: Früher waren das die sogenannten Pflasterungszölle. Im Jahre 1890 wurde es den Städten verboten, diese Zölle als Einnahmequelle zu gebrauchen und weil die unter diesem Titel vereinnahmte Summe die Erhaltungskosten der Straßen überstieg, die Stadt jedoch auf diese Einnahme nicht verzichten wollte, so wurden die Pflasterungszölle in die städtischen Zölle umgewandelt. Auf Grund dessen müssen die in der Verordnung aufgezählten Waren, die auf dem Landwege, per Eisenbahn oder auf der Wasserstraße nach Budapest eingeführt werden, die in dem Gebührentarif festgesetzten Zölle entrichten.

10. Sonstige Gebühren und Beiträge (wie da sind: Pflasterungs-, Straßenbau- und Kanalisationsbeiträge, Baupolizeigebühren, Trottoirmieten, Schulgelder, Aichgebühren, Wagegebühren, Gewerbegebühren usw.) und die Einnahmen aus den Gemeindebetrieben.

Wie man sieht, hat der Staat die ergiebigeren Steuerquellen für sich mit Beschlag belegt, ebenso die Ertrags- wie die Verbrauchssteuern, und er stellte nur deren Zuschläge der Stadt zur Verfügung. Somit ist die Stadt auf jene Quellen angewiesen, die der Staat schon beinahe bis zum äußersten erschöpft hat.

Die Gemeindezuschläge auf die direkten Staatssteuern wiesen folgende Erträgnisse auf (laut der Schlußrechnung):

im Jahre	K	pro Kopf der Bevölkerung
1875	3 091 698	9,99
1880	3 288 916	8,92
1890	3 840 910	7,58
1900	6 815 670	9,28
1907	7 504 464	9,48
1910	11 444 248	12,98

Die unverhältnismäßige Steigerung der Steuereinnahmen zwischen 1907 und 1910 ist eine Folge der inzwischen erfolgten Steuererhöhung. Übrigens: entfällt im Jahre 1907 auf den Kopf noch weniger als im Jahre 1875, deshalb konnte die höhere Steuereinnahme das Gleichgewicht im Budget nicht herstellen, um so weniger, weil die Ausgaben (bis zum Jahre 1907 gerechnet) um 275 %, diese Einnahmen jedoch nur um 143 % gestiegen sind (bis 1910 um 270 %).

Aus dem Hauszinskreuzer (die Müllabfuhrgebühr mitgerechnet) wurde vereinnahmt:

im Jahre	K	pro Kopf der Bevölkerung
1875	1 136 962	3,67
1880	1 261 640	3,40
1890	1 934 000	3,81
1900	3 590 776	4,89
1907	3 862 783	4,87
1910	4 860 919	5,51

Diese Steuergattung hat sich gleichmäßiger entwickelt. Das Bild, das sie uns bietet, gestaltete sich in den Jahren 1890—1900 und 1907 bis 1910 infolge der günstigen Baukonjunktur, äußerst günstig. Aber schließlich weist auch diese Steuer keine so große Steigerung auf, wie sie die Ausgaben aufweisen: sie stieg (in den Jahren 1875—1907) bloß um 239 % (bis 1910 um 328 %).

Diese Steuer ist eigentlich eine Verbrauchssteuer; ursprünglich wurde sie denn auch als solche gehandhabt.

Die Erträgnisse der Zuschläge auf die Verbrauchssteuern wiesen folgende Summen auf:

im Jahre	K	pro Kopf der Bevölkerung
1875	1 255 712	4,06
1880	1 403 884	3,78

im Jahre	K	pro Kopf der Bevölkerung
1890	1 956 980	3,86
1900	3 048 545	4,15
1907	3 894 441	4,91
1910	4 175 415	4,73

Sie stiegen also in der Zeit von 1875—1907 um 210 % (bis 1910 um 232,3 %). Auch diese Steuer entwickelte sich gleichmäßiger, als die Zuschläge auf die direkten Steuern. Es ist eine allgemeine Erscheinung, daß die direkten Gemeindesteuern sich nicht in dem Maße an die Zunahme der Bevölkerung anpassen, wie die indirekten Steuern, denn infolge der Einwanderung vermehren sich hauptsächlich die Subjekte der indirekten Besteuerung, nicht aber die der direkten Besteuerung.

Die Einnahmen aus dem Schankgefälle weisen zuerst eine Steigerung auf, aber durch die Pauschalierung wurde dieser Entwicklung ein Ziel gesetzt, weil der Staat, ebenso wie bei dem Gemeindezuschlag des staatssteuerfreien Alkohols, gerade den Zuwachs entzogen hat.

Die Schankgebühren fließen der Gemeindekasse erst seit dem Jahre 1907 zu. Im Jahre 1910 wurden unter diesem Titel 1 118 361 K vereinnahmt.

Die Erträgnisse der Grundstückumschreibegebühr beliefen sich auf:

Jahr	K
1875	341 225
1900	700 784
1910	1 346 374

Die Steigerung beträgt (bis 1907) 229 % (bis 1910 268 %).

Aus den städtischen Zöllen wurden folgende Einnahmen erzielt:

Jahr	K
1875	1 382 384
1880	1 394 334
1890	2 346 292
1900	3 201 122
1907	4 553 135
1910	5 089 354

Die Steigerung beträgt 264,2 %.

Aus dem Gesagten geht nun hervor, daß die Einnahmen der Stadt zum Teil so beschaffen sind, daß sie schon ihrer Natur nach mit der Steigerung der Ausgaben nicht Schritt halten können; zum Teil hat der Staat gerade dort den Zuwachs entzogen, wo eine Steigerung eingetreten wäre. Dazu kommt noch, daß der Staat bedeutende Steuersubjekte dem Machtbereiche der städtischen Finanzbehörden entzog. Laut amtlichen Berichten beträgt der auf diese Weise entstandene Verlust 1,359 Millionen Kronen.

Daraus ergibt sich, daß die Steigerung der Einnahmen hinter der Steigerung der Ausgaben zurückbleiben mußte.

Dieser Umstand kann keineswegs als eine finanzielle Schwäche oder als eine finanzielle Entwicklungsunfähigkeit der Hauptstadt oder ihrer Bevölkerung ausgelegt werden. Man muß sich vor Augen halten, daß die Hauptstadt bis 1908 mit denselben Steuern und mit demselben Steuerschlüssel arbeitete, die im Jahre 1872 festgesetzt wurden und daß die Hauptstadt 37 Jahre lang — es war dies die Zeit ihrer stürmischsten Entwicklung — nicht zur Steuererhöhung gegriffen hat. Ferner muß man auch in Betracht ziehen, daß der Steuerschlüssel viel geringer bemessen ist, als in den übrigen ungarischen Städten (der Ersatzsteuerschlüssel der Städte mit Munizipalverwaltung beträgt durchschnittlich 48,59 %), und daß die Gemeindesteuerlast in Budapest viel geringer ist als in den Städten ähnlicher Größe. In Budapest beträgt die direkte Gemeindesteuer (1908) auf den Kopf 14,55 K (auf je ein Steuersubjekt 78,23 K), in Wien 24,00 K, in Berlin 45,00 K, in Dresden 31,00 K, in Breslau 30,00 K. Ferner benutzte die Stadt im Jahre 1907 bei weitem nicht alle jene Einnahmequellen, die ihr zur Verfügung standen, und überhaupt befanden sich die rentabelsten gemeinnützigen Betriebe (die Gaswerke, der Plakatierungsbetrieb, Fuhrpark, Straßenbahnen, Elektrizitätswerke) in Privathänden.

Die Stadt wollte jedoch einer Steuererhöhung nach Möglichkeit ausweichen, weil die städtische Bevölkerung Ungarns, insbesondere die Budapests, die $^1/_5$ der gesamten Staatssteuern aufbringt, ohnehin mit schweren direkten Staatssteuern belastet wird. Es entfallen in Budapest 45,86 K direkte Staatssteuern auf den Kopf der Bevölkerung, auf je ein Steuersubjekt 246 K. Anderseits lassen sich die Verbrauchssteuern infolge der Teuerung nicht nur nicht steigern, sondern man muß vielmehr mit ihrer Herabsetzung rechnen. Deshalb trat der Magistrat seit 1907 mit verschiedenen Entwürfen vor die Regierung und vor die Generalversammlung. (Er schlug eine progressive Gemeindeeinkommensteuer vor, die Besteuerung der leeren Grundstücke, einer Gemeindesparkasse, die Vergütung der übertragenen Staatsausgaben, die Erhöhung der Steuerpauschalien usw.) Diese wurden jedoch teils durch die Generalversammlung, teils durch die Regierung nicht genehmigt. Um jedoch den Fehlbetrag vom Jahre 1907 auszugleichen, wurde im Jahre 1908 die kommunale Zuschlagssteuer auf 33 % erhöht, der Staat überließ die Schankgebühren der Gemeinde und der städtische

Beitrag zur Erhaltung der staatlichen Polizei in Budapest wurde auf eine Pauschale von 800 000 K herabgesetzt. Auf diese Weise wurden die Gemeindeeinnahmen um jährliche 4,6 Millionen Kronen erhöht, wovon der Fehlbetrag reichlich gedeckt werden konnte.

Damit jedoch die fernere Entwicklung der Gemeinde, die sich nicht nur nicht verlangsamte, sondern gerade in den letzten Jahren noch flotter wurde, die vielen neuen, sozialpolitischen, pädagogischen, Stadtregulierungsaufgaben usw., die sie auf sich nahm, in den nächsten Jahren die Stadt zu keiner neuen Steuererhöhung zwingen sollen, ging sie energischer an die Kommunalisierung jener Betriebe, die sich zur gemeindlichen Regie eignen und große Profite abwerfen. „Vom Gesichtspunkte der zukünftigen Finanzpolitik der Hauptstadt — schreibt der Magistrat in seinem, den Kostenvoranschlag von 1907 begleitenden Bericht — besitzt die häusliche Regie zweifellos das größte Interesse. Die Betriebe müssen jene Einnahmequellen bilden, die berufen sind, die Einnahmen der Hauptstadt in bedeutendem Maße zu steigern, ohne daß die Steuerlast des Bürgertums erhöht würde.“ Die wichtigsten und rentabelsten Betriebe der Stadt (die Verwaltungsbetriebe ausgenommen) befinden sich denn auch fast ausnahmslos erst seit 1907 unter städtischer Leitung: die Gaswerke, der Fuhrpark, das Plakatwesen, der Pferdemarktplatz, die Fleischkasse, die kommunale Brotfabrik, die Budapester elektrische Straßenbahn. Zu dieser Zeit wurden durch die Stadt auch jene Betriebe ins Leben gerufen, die zur Verbilligung der häuslichen Bedarfsartikel, zur Herabsetzung der Verwaltungskosten dienen: die Brennmaterialienlager, die Gasmonteurwerkstätte usw.

3. Gemeindebetriebe und Volkswirtschaft.

Die Teuerung, namentlich das rapide Steigen der Preise der notwendigsten Lebensmittel und der Wohnungen gab den Kommunalisierungsbestrebungen einen neuen Anstoß. Das starke Drängen der öffentlichen Meinung, die Volksversammlungen des Bürgertums, die Generalversammlung der Stadtverordneten machten es den Leitern der Hauptstadt zur Pflicht, Schutz gegen die Teuerung zu gewähren. Die Behörde mußte es einsehen, daß die alten administrativen und polizeilichen Mittel dieser Erscheinung gegenüber völlig versagten. Ein Befehl, eine Verordnung reicht nicht aus, die Richtung des wirtschaftlichen Lebens zu bestimmen. Die Zeiten waren längst vorüber, wo die Behörden, um ein Gegengewicht gegen das Monopol der Zünfte zu schaffen, die Preise der wichtigsten Lebensmittel in behördlichen Preistarifen festsetzten. Das heutige Verwaltungsrecht gibt der Stadt keine solchen Mittel in die Hände, aber auch wenn die Gemeinde mit solchen Rechten ausgerüstet wäre, so könnte eine derartige Maßregel weder politisch noch auch administrativ-technisch durchgeführt werden, und deshalb bliebe sie nicht nur ohne Wirkung, sondern sie wäre einfach schädlich. Die Konjunkturen des Weltmarktes, die internationalen Kreditverhältnisse bestimmen die Warenpreise und verursachen ihre steten Schwingungen — es ist also technisch unmöglich, die natürlichen Preise der einzelnen Waren in einer Amtsstube festzusetzen. Aber gesetzt den Fall, daß dies möglich wäre, so kann man es sich gar nicht vorstellen, daß der offizielle Apparat mit seiner eigentümlichen Schwerfälligkeit, den stets sich verändernden und fluktuierenden Preisfaktoren folgen könnte; zumal jetzt, wo in der Entwicklung der Verwaltung, infolge der Erstarkung der wirtschaftlichen Mächte und der Demokratie, die Tendenz immer deutlicher beobachtet werden kann, daß die Macht und Dispositionskraft der Behörden der Gesellschaft gegenüber immer mehr geschwächt werden. Die Behörde besitzt heute nicht mehr das Machtmonopol, worüber sie zur Zeit des Polizeistaates verfügte. Einige mächtige Aktiengesellschaften, Bankgruppen, Kartelle, besitzen eine größere Macht als manche Städte. Und die demokratische Organisation, mag ihr Wert noch so groß sein, stellt doch eine unvollkommenere Organisation dar, verfügt über eine geringere Kraft, als der Absolutismus, der auf einem einheitlichen Willen beruht. Die Durchführung der Maßregeln stößt auf immer größere Schwierigkeiten und das Munizipium wird immer mehr dazu gezwungen, statt Maßregeln, Befehle, Verbote zu erlassen Institutionen zu organisieren, statt der Mittel des Polizeistaates, jene des Liberalismus in Anspruch zu nehmen: die Behörde versucht das wirtschaftliche Leben vermittelst der wirtschaftlichen Konkurrenz, durch das unmittelbare Eingreifen in das Wirtschaftsleben zu lenken. Sie tritt nicht als eine öffentlich-rechtliche Institution auf, sondern als Träger von Privatrechten, nicht als Behörde, sondern als wirtschaftliche Macht sucht sie Einfluß zu gewinnen.

Die auf der Einwohnerschaft Budapests schwer lastende Teuerung erforderte die Einmischung der Behörde in zweierlei Richtung: 1. sie sollte es verhindern, daß in einzelnen Gewerbezweigen, so bei den Bäckern, Fleischern, durch Produzentenorganisationen, Kartelle usw. die Preise ganz unbegründet in die Höhe getrieben werden oder — sei es absichtlich, sei es infolge schlechter Konjunkturen für das Privatunternehmen — daß die Produktion eingeschränkt werde, so z. B. im Baugewerbe, wo durch den Stillstand der Bautätigkeit eine sanitäre und soziale Gefahren in sich bergende Wohnungsnot, Teuerung und Wohnungsüberfüllung entstanden ist. 2. Sie sollte das Angebot von Lebensmitteln steigern, die Lebensmittelzufuhr erleichtern, Budapest zu einem Landes- eventuell zu einem internationalen Lebensmittelmarkt erweitern und auf diese Weise es ermöglichen, daß die Verpflegung der Einwohnerschaft Budapests durch ein ständiges und reichliches, an Qualität und Preis günstiges Angebot besorgt werde. Eine derartige Einmischung war deshalb vonnöten, weil infolge der allseitig steigenden Lebensmittel-, insbesondere Fleischpreise, die Lebensmittel mit Umgehung von Budapest nach dem Auslande ausgeführt wurden, da man sich von den größeren, reicheren und zahlungsfähigeren Auslandsmärkten höhere Preise versprach. Dazu kam noch folgender Umstand: die Agrarier, die in Ungarn das Heft in Händen haben, die Ausfuhr mit Hilfe des Staates künstlich steigerten, dagegen ließen sie die Grenzen vor der Einfuhr absperren. Der Stadt Budapest, obwohl sie die Hauptstadt eines überwiegend agrarischen Landes bildet, stand ein ungenügendes Angebot zur Verfügung; es blieb der Einwohnerschaft nur das, was ungeeignet war zur Ausfuhr. Die Verpflegungspolitik der Hauptstadt war also darauf gerichtet, Budapest zum Zentrum des ungarischen Lebensmittelhandels zu machen und derartige Institutionen zu schaffen, daß selbst der Exporthandel im Wege der Hauptstadt abgewickelt werde.

Die Bevölkerung verlangte, daß eine Einmischung der Behörden in diesen beiden Richtungen erfolge. Es ist klar, daß es sich hier um Aufgaben handelte, wobei mit einem Befehl oder mit einem Verbot nichts auszurichten ist. Deshalb stellte sich die Hauptstadt zur Lösung dieser Aufgaben nicht mit Maßregeln an, sondern mit Gemeindebetrieben. Der brennenden Wohnungsnot und Teuerung versuchte sie in der Weise beizukommen, daß sie selber kleine Wohnungen erbauen ließ, um einerseits die Not zu lindern, und anderseits durch die Vergebung der Wohnungen zu Selbstkostenpreisen die Mietpreise zu mäßigen. Um die Brotteuerung zu bekämpfen, errichtete sie eine kommunale Brotfabrik, die durch eine gesunde Konkurrenz zu verhindern sucht, daß die Brotpreise zu Monopolpreisen ausarten. Damit die ärmere Bevölkerung mit billigem Fleische versorgt werde, erwirkte sie bei der Regierung die Erlaubnis, daß das Pferdefleisch zu menschlicher Nahrung verwendet werden dürfe. Damit jedoch der Preis des Pferdefleisches durch die steigenden Fleischpreise nicht in Mitleidenschaft gezogen werde, übernahm sie den Pferdefleischbetrieb mit ausschließlichem Rechte in eigene Regie. Um die Einfuhr von Lebensmitteln nach der Stadt zu fördern und zu steigern, um die Bevölkerung der Hauptstadt in der internationalen Lebensmittelkonkurrenz zu stählen, war sie zuerst auf die Entwicklung der Markthallen und auf die Vervollkommnung der Markteinrichtungen bedacht; sie übernahm dann die Fleischkasse in eigene Regie, um einerseits zu erleichtern, daß der Verkäufer seine Waren in Budapest verwerten könne, und anderseits, damit der Behörde eine Handelsinstitution zur Verfügung steht, die vermittelst ihrer Agenten und Kredite das Schlachtvieh vom ganzen Lande nach Budapest lenken könne und vermittelst ihrer wirtschaftlichen Konkurrenz ein Gegengewicht schafft gegenüber den Exportbestrebungen des Staates und der Privathändler.

Der Grundgedanke der Gemeindebetriebe kann in folgenden Worten zusammengefaßt werden: Weil die Konjunkturen, die die Stadt selbstverständlich nicht ändern kann, den Privatunternehmern die Möglichkeit schaffen, die Notlage der Bevölkerung bis zum äußersten auszunützen, ja selbst die Konjunkturen zu mißbrauchen, so soll ein Konkurrent geschaffen werden, dem es nicht an dem Profit liegt, der die Konjunkturen nicht ausnützen will, sondern, ohne Rücksicht auf die Gewinnmöglichkeiten, mit seiner Preispolitik nur den Interessen der hauptstädtischen Bevölkerung dienen will. Ein Privatunternehmen ist dazu selbstverständlich unfähig, denn seine ganze Grundlage beruht ja auf dem Profit. Dafür eignet sich nur die Stadt, die eine moralische Institution darstellt und deren Bestand und Gedeihen nicht auf der Rentabilität dieser Betriebe, sondern vielmehr auf der wirtschaftlichen Macht ihrer Bürger beruht. Die städtische Organisation umfaßt den Produzenten und den Konsumenten. Über die wirtschaftlich produzierende Stadt verfügt der Konsument (oder er besitzt wenigstens die Möglichkeit dazu); bei der Leitung des Gemeindebetriebes sind alle die Interessen der Konsumenten maßgebend. Deshalb ist in den Gemeindebetrieben (wenn dabei keine fiskalischen Gesichtspunkte in Betracht kommen; daß dies nicht der Fall sei, wurden derartige Betriebe der Verpflegungsabteilung der Stadtverwaltung unterstellt, dagegen wurden jene Betriebe, die aus finanziellen Interessen errichtet wurden, der Finanzabteilung unterstellt) sowohl die organisatorische als auch psychologische Möglichkeit vorhanden, daß sie von den Konjunkturen, die zur Teuerung neigen, nicht mitgerissen, daß sie den Profitlockungen Widerstand leisten, daß sie vielmehr gerade in solchen Zeiten durch ihre gesunde Konkurrenz mäßigend auf die Preise einwirken, die Produktion leiten und eine Waffe in den Händen der Behörden bilden werden zur Wahrung der Interessen der Verbraucher, ohne daß sie gezwungen wären, mit polizeilichen Maßregeln die Produzenten zu schikanieren.

4. Konzessionen.

Die Kommunalisierungsbestrebungen wurden noch dadurch gefördert, daß die Verwaltung vermittelst Verträgen, die sozusagen einen

Übergang bildet zwischen der alten (polizeistaatlichen) Verwaltung und der kommunalen Konkurrenz, Bankerott machte. Bei den Konzessionsverträgen hatte die Hauptstadt manche üble Erfahrungen gemacht; die Geschichte der Viehmarktkasse bildet ein eklatantes Beispiel dafür. Die Initiative zu dieser Institution wurde von der Hauptstadt ergriffen; sie wollte durch deren Errichtung die Verpflegung der Hauptstadt verbessern. Da jedoch die Viehmarktkasse den Privatbanken übertragen wurde und die Stadt nur die Kontrolle über sie erhielt, so konnte sie ihre Aufgaben nicht erfüllen: sie wurde von der Profitsucht so sehr mitgerissen, daß sie trotz den vertraglichen Vorschriften direkt gegen die Bestimmung der Kasse arbeitete[1]. Mit der Übernahme der Viehmarktkasse in häusliche Regie beginnt die zweite Periode der Kommunalisierungsbestrebungen; die Kommunalisierung der gemeinnützigen Betriebe wurde jetzt zum allgemeinen Programm. Die Erfahrungen der Viehmarktkasse zeitigten in den Leitern der Stadt den Entschluß, der übrigens auch formell zum Ausdruck gebracht wurde, auf Konzessionsverträge nicht mehr einzugehen und, wenn es finanziell nur irgendwie möglich ist, die dazu geeigneten Betriebe in häusliche Regie zu übernehmen.

Der Verwaltung vermittelst Verträgen haften nämlich immanente Fehler an. Denn knüpfen sich irgendwelche administrativen oder wirtschaftspolitischen Interessen der Stadt an einen Betrieb, so können diese mit Hilfe von Verträgen nicht gesichert werden.

1. Es ist beim Abschluß des Vertrages nicht möglich, alle jene Fälle ins Auge zu fassen und in den Vertrag aufzunehmen, die sich während der Dauer der Konzession, zumal wenn diese eine langfristige ist, und bei den wichtigeren Unternehmungen, die große Investierungen erfordern, ist das ja die erste Bedingung, ereignen könnten. Treten Umstände ein, die eine Modifizierung des Vertrages erfordern, so muß die Stadt eine derartige Abtretung von dem Privatunternehmer immer teuer erkaufen oder sie muß auf die Förderung der Stadt verzichten. Die Gaswerke, der Plakatierungsbetrieb, die Verkehrsunternehmungen bilden ein Beispiel dafür. Die Hauptstadt war nicht imstande, diese Institutionen dazu zu bewegen, daß sie sich den veränderten Verhältnissen, den neu entstandenen Ansprüchen, anpaßten.

2. Eine öffentliche Organisation ist vermöge ihrer Zusammensetzung und ihrer psychologischen Beschaffenheit ungeeignet, für sich einen vorteilhaften Vertrag abzuschließen. Ein Vertragsschluß stellt einen kleinen Krieg

---

[1] Siehe S. 90.

dar, der von den Kontrahenten ausgefochten wird. Die größere Beute fällt dabei jenem zu, der den Kampf — von der Profitsucht angetrieben und gestählt — mit größerer Ausdauer und mit wenigen Skrupeln führt. Deshalb ist stets die Stadt der schwächere Teil. Eine bureaukratische Organisation, mag sie noch so sehr von den Aufgaben durchdrungen sein, die ihr anvertraut wurden, so fühlt sie doch nicht und sie kann auch nicht fühlen jene, alles bezwingende Leidenschaft, von der der Privatunternehmer, der für seine eigene Tasche arbeitet, beseelt ist. Daß ein Vertrag günstig abgeschlossen werde, dazu genügt die Ehrlichkeit nicht, sondern es bedarf eben dazu dieser Leidenschaft, denn die Ehrlichkeit und der spiritus publicus bilden nie ein so starkes Motiv, wie der für seine Privatinteressen arbeitende Egoismus. Wenn sich diese beiden Motive gegenüberstehen, so erweist sich ersteres unzweifelhaft als das schwächere. Der Egoismus läßt kein Mittel unbenützt; er ist bestrebt, mit Hilfe seines politischen Einflusses und seinen gesellschaftlichen Verbindungen sich den Vertrag günstig zu gestalten.

Wie überall, so auch in Budapest, wo dies durch ein konservatives Gemeindewahlrecht begünstigt wird, verschaffen sich die Leiter der konzessionierten Unternehmungen Eingang in das Stadtverordnetenkollegium und sie bilden hier die ansehnlichste und einflußreichste Gruppe. Vielleicht ist es das wichtigste und bedeutendste Ergebnis jener Kommunalisierungsbestrebungen, die seit der Wahl des jetzigen Bürgermeisters Dr. Stefan Bárczy — der die Kommunalisierung der konzessionierten Unternehmungen zu seinem ausgesprochenen Programm machte — kräftig einsetzte, daß der Einfluß und die Macht dieser Gruppen gleichzeitig mit der Ablösung der betreffenden Betriebe abgenommen hat.

3. Die Stadt ist nicht imstande, die Unternehmer zur Einhaltung des Vertrages in dem Maße zu zwingen, sie kann im Wege des Vertrages nicht jenen Einfluß ausüben, wie es im Interesse der Einwohnerschaft und der Verwaltung nötig wäre. Das rührt aus der Schwäche her, die einer modernen öffentlichen Organisation, wie wir das oben dargelegt haben, innewohnt. Das beste Beispiel bilden dafür die Straßenbahnen. Der Magistrat erklärte selbst in einem offiziellen Bericht, daß ein bloßer Vertrag nicht dazu ausreicht, um auf das städtische Verkehrswesen Einfluß zu gewinnen.

Die Erfahrungen, die die Hauptstadt mit dem Vertragssystem in bezug auf die Beeinflussung der gemeinnützigen Betriebe machte, sind folgende: die Stadt ist nicht imstande, mit Verträgen die Verwaltung zu besorgen; sie erweist sich bei der Abschließung der Verträge als zu schwach, obwohl sie bei der unmittelbaren Leitung der Betriebe ihren Mann stellt. Und eben weil letzteres den stärksten, ersteres den schwächsten Punkt der öffentlichen Organisation bildet — gelangten die Leiter der Stadt zu der Überzeugung, daß jenen Betrieben, an die sich administrative oder wirtschaftspolitische Interessen knüpfen, die einzuhaltende Richtung nicht durch Verträge, sondern durch unmittelbare Verwaltung, durch eigene Regie, vorzuschreiben sei.

5. Anleihewesen.

Jedoch, all diese Erkenntnisse und Motive wären ohne Wirkung geblieben, wenn die Entwicklung und Besserung der städtischen Kreditverhältnisse nicht die Möglichkeit zur Kommunalisierung der Betriebe geschaffen hätten. Zweifellos waren manche dieser Erkenntnisse den leitenden Kreisen der Stadt schon längst bekannt. Es läßt sich schon aus den Beschlüssen der 60er Jahre des vergangenen Jahrhunderts der Argwohn herauslesen, mit dem die Behörden die Administration vermittelst Verträgen betrachteten, und wenn man sich zu jener Zeit nur auf die Kommunalisierung der sanitären Betriebe beschränkte, dagegen andere wichtige Betriebe dem Privatunternehmer überließ, so trug daran nicht der Mangel an Erkenntnis die Hauptschuld, sondern der Umstand, daß das damalige Budapest die Anleihen unter viel ungünstigeren Verhältnissen bezog als der Privatunternehmer. Dadurch wurde aber die Rentabilität der Gemeindebetriebe ausgeschlossen, und wo die öffentlichen Interessen die Verluste nicht als begründet erscheinen ließen (wie es bei den Wasserwerken eben der Fall war), dort wären die Erzeugnisse der Gemeindebetriebe viel teuerer gekommen, als wenn sie in einem Privatbetrieb hergestellt würden.

Es ist also kein Zufall, daß dieser neue Aufschwung der Kommunalisierungsbestrebungen zusammenfällt mit der Kräftigung und der Blüte der Kreditverhältnisse Budapests. Zu dieser Zeit war nämlich die Stadt schon in der Lage, ihre Kredite nicht nur auf dem inländischen, sondern auch auf dem internationalen Markte zu decken, und zwar im Wege einer so vornehmen Bank, wie der Credit Lyonnais.

Seit der Vereinigung der Hauptstadt wurden von ihr folgende Tilgungsanleihen zu Investierungszwecken verwendet:

(Siehe Tabelle S. 24.)

Die Hauptstadt gelangte also im Laufe der Jahre unter immer günstigeren Bedingungen in den Besitz jener Kapitalien, die sie zu den Investierungen gebrauchte. Zur Berechnung der Rentabilität der Wasserwerke arbeitete das hauptstädtische Berechnungsamt eine Tabelle aus, die

Jahr	Anleihe	Emissions-kurs	Zins %	Tilgung	Bemerkungen
1890	25 Millionen-Gulden-Anleihe	97,61 (4%ige Parität 86,75%)	4½	In 50 Jahren durch Verlosung	Im Jahre 1903 konvertiert.
1897	100 Millionen-Kronen-Anleihe	87	4	desgl.	
1903	46 501 400 Kronen-Anleihe	97,5	4	desgl.	Die Konvertierung der 25 Mill.-Gulden-Anleihe
1910	2 Millionen-Pfund-Sterling-Anleihe	91	4	desgl.	
1911	100 Millionen-Franken-Anleihe	90,56	4	desgl.	

uns, unter Berücksichtigung der verschiedenen Anleihen, einen Aufschluß darüber gewährt, wie viel Prozente die Annuität beträgt, die den Betrieb im Jahresdurchschnitt belastet. Diese Tabelle, die gleichmäßig für alle Betriebe gelten kann, weil sämtliche Investierungen der betreffenden Jahre aus denselben Anleihen entnommen wurden, zeigt uns ein getreues Bild von der Gestaltung der Zinsen, die die Betriebe belasten. Es betrug die Annuität im Jahresdurchschnitt (%):

1875	6,345	1903	5,71
1880	7,068	1904	5,70
1885	6,70	1905	5,695
1890	6,51	1906	5,52
1895	6,15	1907	5,473
1900	5,77	1908	5,516
1901	5,75	1909	5,514
1902	5,73	1910	5,512

Nach dieser Zusammenstellung hat sich die durchschnittliche Jahresannuität in den verflossenen 35 Jahren um 35 % verringert. Dadurch wurde die Lage der Gemeindebetriebe, vom Standpunkt des städtischen Haushaltes aus, bedeutend verbessert.

Zweites Kapitel.

Die gegenwärtigen Betriebe der Gemeindeverwaltung.

I. Wasserwerke.

1. Gründung und Entwicklung.

Die ältesten Wasserleitungen Budapests wurden noch von den Römern erbaut. Ihre Ruinen sind noch heute sichtbar in Aquimum, an dem einstigen Siedelungsorte der Römer. Die andere einstige Wasserleitung, wovon wir noch einige Daten besitzen, ist jene, die das königliche Schloß in Ofen mit Wasser versorgte. Diese leitete das Wasser durch Zinnröhren aus einer Entfernung von 8 Stadien in die Schloßbrunnen. Wir wissen nichts Genaueres über ihren Ursprung, jedoch wissen wir ganz bestimmt, daß sie im 15. Jahrhundert, zu König Matthias' Zeiten, in Betrieb waren.

Von diesen ehemaligen Wasserwerken abgesehen, existierte in Budapest bis zur Mitte des 19. Jahrhunderts keine Wasserleitung. Die Bevölkerung bezog das Wasser teils aus den Brunnen, teils aus der Donau. Das Donauwasser wurde auf den Straßen in Butten verkauft. In Wirklichkeit besitzt Budapest erst seit dem Ende der 90er Jahre des vergangenen Jahrhunderts solche Wasserwerke, die dem Bedarf der Bevölkerung und den Anforderungen der Hygiene vollkommen entsprechen. Erst seit dem 3. September 1899 wird in Budapest kein Donauwasser getrunken, denn erst zu diesem Termin — so lange dauerten die Projektierungen und Beratungen — wurden die endgültigen Wasserwerke fertiggestellt. Bis dahin wurde immer wieder versucht, durch provisorische Wasserwerke die alten Wasserwerke zu erweitern, um dem immer rascher anwachsenden Bedarfe zu genügen und den wiederholt auftretenden Epidemien entgegen zu wirken. Die Ursachen dieses langen Herumtappens sind mannigfache. Vor allem spielten die politischen Zustände mit, die den 1848er Revolutionen gefolgt sind, denn die schlechten finanziellen und Kreditverhältnisse der Stadt, zum Teil auch die Choleraepidemien, die rasche Maßnahmen forderten, zum Teil aber auch die langen Debatten, die zwischen den Anhängern der natürlichen und künstlichen Filtrierung geführt wurden.

Die ersten provisorischen Wasserwerke sind im Jahre 1867, unter dem Druck der Choleraepidemie, entstanden; diese bestanden aus drei Stück lotrecht — in eine auf dem linken Donauufer befindliche Schotterschicht — versenkten Brunnen und aus einer Pumpstation, die mit zwei Borsigschen Maschinen versehen war. Infolge des zunehmenden Wasserverbrauchs wurden diese Werke im Jahre 1872 und in den Jahren 1878/79 erweitert, wo die Werke dann aus 4 Brunnen und 4 Maschinen bestanden und ihre tägliche Produktionsfähigkeit 20 000 cbm filtriertes Wasser betrug. (Im Jahre 1884 wurden infolge von Neubauten 3 von den 4 Brunnen verschüttet und die Pumpstation verlegt; diese bildet die noch heute bestehende Pumpstation in der Markógasse.) Aber auch diese Werke reichten nicht aus, um den steigenden Bedarf der Bevölkerung zu decken; zu dieser Zeit wird ständig über Wassermangel geklagt, die Bevölkerung war vielfach gezwungen, sich mit dem rohen Donauwasser zufrieden zu geben. Es wurden auch Verhandlungen gepflogen, um einen endgültigen Ausbau der Wasserwerke zu bewerkstelligen, aber diese zerschlugen sich. Deshalb wurde zur Aushilfe eine künstliche Filtrierungsstation geschaffen, deren täglicher Ertrag 25 000 cbm filtriertes Wasser betrug. Dadurch wurde dem Wassermangel für kurze Zeit abgeholfen, aber die Choleraepidemie vom Jahre 1892/93 zwang die Stadt zu neuerlichen provisorischen Maßnahmen: auf beiden Donauufern wurden zwei selbständige Werke errichtet, bestehend aus je einem Brunnen. Das eine, auf dem rechten Donauufer, wurde auf die Produktion von 10 000 cbm, das andere, auf dem linken Donauufer, auf 4000 cbm eingerichtet. Sie waren bis zum Jahre 1899 im Betrieb. Gleichzeitig wurde im Volkspark auf der Üllöerstraße ein kleines selbständiges, auf die tägliche Produktion von 800—1200 cbm eingerichtetes Wasserwerk erbaut, das die unmittelbare Umgebung mit Wasser versorgt.

Die Choleraepidemie vom Jahre 1892 brachte die endgültige Regelung der Wasserversorgung endlich zum Austrag. Am 1. April 1893 wurde der Bau der endgültigen Wasserwerke auf dem linken Donauufer (Káposztás-Megyer) in Angriff genommen. Der Bau wurde im Jahre 1904 beendet; die Baukosten beliefen sich auf die Summe von 10 738 826,64 K.

Die Stadtteile auf dem rechten Donauufer gelangten früher in Besitz von endgültigen Wasserwerken. Das erste Werk wurde in den Jahren 1881/82 auf dem nördlichen Teile des rechten Donauufers fertiggestellt (das Wasserwerk in Újlak). Seine tägliche Produktion betrug 22 000 cbm. Im Jahre 1898 wurde es auf die tägliche Produktionsfähigkeit von 24 000 cbm erweitert, um dem steigenden Bedarf genügen zu können.

Der Wasserbedarf von Budapest wird gegenwärtig durch folgende Werke gedeckt:

(Siehe Tabelle S. 28.)

Der Verbrauch machte aus:

	Wasserverbrauch cbm	Wasserverbrauch pro Kopf cbm
1897	45 177 108	189,6
1898	47 418 974	187,8
1899	47 002 517	180,1
1900	47 906 871	182,3
1901	55 504 395	204,0
1902	54 832 817	195,6
1903	56 266 734	195,3
1904	57 163 727	193,0
1905	55 106 166	193,1
1906	57 362 591	198,5
1907	62 076 904	211,9
1908	67 570 081	227,7

Diese Tabelle weist einen sehr großen Wasserverbrauch aus, der viel größer ist als in den europäischen Großstädten im allgemeinen (in Berlin entfallen z. B. 80 l pro Kopf). Der Magistrat ließ Studien anstellen, um die Ursachen dieses großen Wasserverbrauches zu ergründen; die Ergebnisse werden wir weiter unten besprechen.

Außer diesen Werken verfügt die Hauptstadt noch über 15 Wasserreservoirs (und zwar: 8 im I. Bezirk, 2 im III. Bezirk, 1 im VII. Bezirk, 4 im X. Bezirk) mit einem gesamten Hohlraum von 54 312 cbm.

Die Wasserwerke beschäftigen ein großes Personal und zwar: 56 Beamte, 37 Aufseher und zirka 290 Arbeiter.

2. Das finanzielle Ergebnis.

Die Wasserwerke gehören infolge ihrer Beschaffenheit und ihrer Vermögensverwaltung zu jenen Betrieben, die wir als Verwaltungsbetriebe bezeichneten. Weder wird das investierte Kapital als besonderer Fonds in Evidenz gehalten, noch wird die Amortisation der zur Investierung verbrauchten Anleihen unter den Ausgaben der Wasserwerke verrechnet,

Jahr	Linkes Ufer								Rechtes Ufer		
	Wasserwerk in Káposztásmegyer	Altes Wasserwerk in der Markógasse		Kleines Wasserwerk im Volkspark	Aus dem großen Wasserwerk vom rechten Ufer	Kleines Wasserwerk am linken Ufer	Filtriertes Wasser zusammen	Unfiltriertes Wasser für Industriezwecke	Wasserwerk in Újlak	Kleines Wasserwerk am rechten Ufer	Zusammen
		natürlicher Filter	künstlicher Filter								
	in Kubikmetern										
1897	23 380 207	8 144 326	1 912 888	216 845	15 750	122 553	33 792 569	4 891 638	11 083 697	300 842	11 384 539
1898	21 774 312	8 692 327	2 949 761	262 250	1 486 784	71 753	35 237 187	2 946 802	11 674 783	507 004	12 181 787
1899	25 774 168	7 072 304	1 789 993	259 062	1 159 020	—	36 054 547	2 645 207	10 800 925	147 045	10 947 970
1900	30 572 128	7 343 642	—	227 058	—	—	38 142 828	—	9 764 043	—	9 764 043
1901	34 404 038	7 295 785	—	231 541	—	—	41 931 364	—	13 573 031	—	13 573 031
1902	34 887 280	8 205 645	—	160 710	—	—	43 253 635	—	11 579 182	—	11 579 182
1903	37 280 269	8 315 041	—	97 022	—	—	45 692 332	—	10 574 402	—	10 574 402
1904	39 230 126	7 450 862	—	26 380	—	—	46 707 368	—	10 756 359	.	10 756 359
1905	37 460 762	6 892 711	—	2 522	—	—	44 355 995	—	10 750 171	—	10 750 171
1906	39 434 041	6 984 566	—	2 140	—	—	46 420 747	—	10 941 844	—	10 941 844
1907	44 082 205	6 609 413	—	2 705	—	—	50 694 623	—	11 382 281	—	11 382 281
1908	48 753 188	7 320 889	—	1 196	—	—	56 075 243	—	10 494 838	—	11 494 838

sondern sie bilden einen Posten unter den gesamten Zinslasten des Gemeindefonds. Sie besitzen keine Reserven, sie sammeln keine Fonds, Abschreibungen bewerkstelligen sie nicht, ihre Einnahmen und Ausgaben werden vermengt mit den übrigen Einnahmen und Ausgaben der Hauptstadt.

Die Hauptstadt rechnete die Wasserwerke nie zu jenen Betrieben, die Profit abwerfen. Mit deren Gründung und Tarifpolitik wollte sie nicht ihre Einnahmen vermehren. Die hygienischen Zustände, denen sie ihr Entstehen verdanken und die ihr Los bestimmten, schlossen dies von vornherein aus. Diese Auffassung kommt auch in einem Generalversammlungsbeschluß zum Ausdruck. Dieser lautet: „Die Generalversammlung wünscht es nicht, daß der Wasserverbrauch zur Einkommenquelle gemacht werde, dagegen verlangt sie, daß sämtliche Kosten und Ausgaben, die zur Herstellung von Trinkwasser gemacht werden, durch die Wassergebühren vollkommen gedeckt werden" (11. November 1897).

Diese Politik der Hauptstadt zeigt sich auch in den finanziellen Ergebnissen der Wasserwerke, die — von den letzten Jahren abgesehen — nicht einmal zur Amortisation des Kapitals ausreichten (Tabelle 2).

Laut dieser Tabelle[1] arbeiteten die Wasserwerke bis zum Jahre 1890 mit Defizit. In Wirklichkeit hielt dieser Zustand bis zum Jahre 1898 an, weil im Jahre 1889 der Fehlbetrag 34 241 K ausmachte und so ging es fort mit der kurzen Unterbrechung in den Jahren 1890—1892 (wo ein kleiner Überschuß erzielt wurde: 1891 72 468 K, 1892 29 183 K), in den folgenden Jahren: 1893 68 078 K; 1894 247 371 K; 1896 219 092 K; 1897 184 610 K; 1898 19 370 K. Vom Jahre 1900 an verschwindet das Defizit endgültig; von da an werfen die Wasserwerke ständig und in steigendem Maße Profite ab, die jedoch nur einer geringen Verzinsung entsprechen.

Bei der Beurteilung der Profite müssen wir jedoch in Betracht ziehen, daß die Annuität, wodurch die Ausgaben der Wasserwerke belastet werden, auf einer 50jährigen Amortisation beruhen, die von vielen Fachmännern (unter anderem auch von Dr. Franz Heltai, Direktor der städtischen Gaswerke) als eine zu lange Frist bezeichnet wird. Sie behaupten, daß die Vermögensobjekte in einer viel kürzeren Zeit unbrauchbar werden. Ist dies richtig, so ist auch die Amortisationsquote größer und beeinträchtigt das reine Ergebnis. Ferner muß auch in Betracht gezogen werden, daß unter den Ausgaben der Preis des Grundstückes nicht mitgerechnet ist,

[1] Vorschläge zur Abänderung der auf die Wasserversorgung bezüglichen Verordnung. Budapest 1907.

Tabelle 2.

Jahr	Investierungskosten K	Ausgaben K	Einnahmen K	Annuität %	Annuität K	Reinertrag K	%	Der Wert des zu öffentl. Zwecken verwendeten Wassers K
1873	5 120 362	172 781	282 997	6,345	324 887	— 214 671	—	72 000
1875	5 609 684	213 916	460 848	6,345	355 934	— 109 002	—	72 000
1880	7 500 520	227 568	623 454	7,068	530 772	— 134 886	—	76 000
1885	12 505 200	431 988	1 178 323	6,70	837 858	— 91 523	—	109 000
1890	14 859 600	641 884	1 638 311	6,51	967 360	29 067	0,19	130 000
1895	22 847 400	1 042 397	2 546 694	6,15	1 405 115	99 181	0,43	105 200
1900	34 197 600	1 116 715	3 352 695	5,77	1 973 202	262 778	0,77	210 000
1901	35 457 700	1 063 928	3 419 147	5,75	2 038 818	316 402	0,89	210 000
1902	37 028 300	1 182 155	4 115 463	5,73	2 121 721	811 587	2,19	210 000
1903	39 059 600	1 161 703	4 280 316	5,71	2 230 303	888 310	2,27	210 000
1904	40 627 100	1 188 990	4 530 447	5,70	2 315 745	1 025 712	2,52	210 000
1905	41 166 500	1 165 162	4 579 027	5,695	2 342 373	1 071 492	2,60	210 000
1906	41 769 900	1 188 063	4 666 189	5,52	2 305 698	1 172 428	2,80	210 000
1907	42 107 360	1 289 512	4 911 350	5,473	2 303 275	1 318 563	3,13	210 000
1908	42 500 250	1 379 290	4 974 650	5,516	2 341 767	1 253 593	2,94	210 000
1909	42 842 886	1 328 502	5 210 768	5,514	2 360 644	1 521 622	3,55	210 000
1910	43 443 737	1 481 628	5 568 656	5,512	2 394 613	1 692 415	3,88	210 000

und endlich muß man auch bedenken, daß die Wasserwerke über keinerlei Reserven verfügen. Das Rechnungsamt der Hauptstadt arbeitete einen Entwurf[1] aus zur Schaffung eines Erneuerungsfonds. Dieser schlägt vor, daß 1,67 % des Wertes der Werkseinrichtungen, des Rohrnetzes, der Reservoirs, 4 % des Wertes der Maschinen, 8 % des Wertes der Kessel zu dem Erneuerungsfonds geschlagen werden. Dieser Entwurf hat die Aussicht in nächster Zeit verwirklicht zu werden. Würde man schon im Jahre 1908 danach verfahren haben, so hätte in diesem Falle der Erneuerungsfonds ungefähr 700 000 K beansprucht. Wenn wir nun diese Summe in Abzug bringen, so verbleiben insgesamt 500 000 K als disponibler Überschuß, also 1,1 % des investierten Kapitals.

3. Die Tarifpolitik.

Die Wassergebühren werden auf zweierlei Art festgesetzt: einerseits auf Grund der verbrauchten Wassermenge, die durch die Wasseruhr angezeigt wird, anderseits auf Grund des Pauschaliensystems. Die auf die Wasserversorgung bezüglichen Verordnungen (1871, 1891, 1901, 1908) zählen taxative jene Fälle auf, wo die Aufstellung der Wasseruhr obligatorisch ist. Laut der im Jahre 1908 ausgegebenen Verordnung sind jene Lokalitäten und die zu ihnen gehörenden Räume verpflichtet, Wasseruhren aufzustellen, die a) das Wasser zu gewerblichen oder zu geschäftlichen Zwecken gebrauchen, b) wo der Wasserverbrauch das in den gewöhnlichen Haushaltungen übliche Maß überschreitet, c) die das Wasser zu Vorzugspreisen beziehen, und endlich jene Lokale, d) die das Wasser aus höher gelegenen Reservoirs erhalten. Unter a) gehören die Gasthäuser, die Kaffeehäuser, die Hotels, die Theater, Werkstätten, die in Läden untergebracht sind, Fabrik- oder Gewerbelokalitäten und Niederlassungen, Gärten, die Profite abwerfen usw.; unter b) gehören die Kasinos, die Klubs, die Geselligkeitsvereine usw.; unter c) gehören die Wohltätigkeits- und die gemeinnützigen Kulturvereine, die Ämter, die Kasernen usw.

In allen anderen Fällen ist es dem Verbraucher, d. h. den Hauseigentümern anheimgestellt, ob sie die Wassergebühren auf Grund der verbrauchten Menge (Wasseruhr) oder auf Grund des Pauschaliensystems entrichten wollen. Die Pauschalien wurden nach Art, Zahl und Größe der Lokalitäten festgesetzt.

Bei der Bemessung dieser zwei verschiedenen Gebührarten wollte man

[1] Vorschläge zur Abänderung der auf die Wasserversorgung bezüglichen Verordnung. Budapest 1907.

folgendes Prinzip zur Geltung bringen: überall wo das Wasser im Rahmen des ordentlichen Haushaltes verbraucht wird und in einem Maße, das diesem entspricht, wird das Pauschaliensystem angewandt, ohne Rücksicht auf die verbrauchte Menge; dagegen überall, wo dieses Maß überschritten und das Wasser auch zu gewerblichen, oder durch das Gewerbe bedingten Zwecken verbraucht wird, dort ist die Menge des Verbrauchs maßgebend.

Auf Grund der im Jahre 1908 herausgegebenen Verordnung sind zurzeit die Wassergebühren wie folgt bemessen:

Der Preis des mittels Wasseruhr gelieferten Wassers beträgt im ganzen Stadtgebiet 16 h pro 1 cbm. Wird das Wasser in größeren Mengen verbraucht, so kann der Verbraucher eine Begünstigung beanspruchen. Diese beträgt bei einem vierteljährlichen Verbrauch von

cbm	%
1 000	5
1 000— 2 000	10
2 000— 4 000	12
4 000— 6 000	14
6 000— 8 000	16
8 000—12 000	18
12 000—16 000	20
16 000—20 000	22
über 20 000	25

Auf Grund des Pauschaliensystems werden folgende Gebühren behoben:

a) Nach jedem im Hause befindlichen Lokal, dessen Flächeninhalt nicht größer ist als 40 qm, 3 K 20 h;

b) Nach Lokalitäten, die größer sind als 40 qm, pro jede weiteren 10 qm 80 h; die nicht vollständigen 10 qm werden für 10 qm berechnet;

c) Nach einer Badestube 12 K; wird eine solche von den Einwohnern gemeinsam benutzt, so ist nach einer jeden im Hause befindlichen Wohnung je 2 K zu entrichten. Die Gebühr nach einer gemeinsamen Badestube darf jedoch nie weniger als 12 K betragen;

d) Nach den mit Wasserspülungen versehenen Pissoirs und Klosetts 6 K pro Muschel oder Öffnung;

e) Nach Pissoirs, die mit Wasserspülung versehen sind, jedoch keine Muscheln besitzen, 12 K pro Meter;

f) Nach jedem Pferd oder Hornvieh 3 K;

g) Nach einem Esel oder Maultier 1 K 50 h;

h) Nach je einem Schwein, einer Ziege, einem Schaf 70 h;

i) Nach jedem Fiaker, Omnibus, überhaupt nach jedem Fuhrwerk, das Personen befördert 6 K;

j) Nach einem jeden Hof, der gepflastert und mit einem Wasserhahn versehen ist, 4 h pro qm;

k) Nach jedem ungepflasterten oder beschotterten Hof, der mit einem Wasserhahn versehen ist, 2 h pro qm;

l) Nach einem jeden mit Wasserhahn ausgerüsteten Zinsgarten oder Hof, der zum Garten dient, 12 h pro qm;

m) Nach Treibhäusern 10 h pro qm Fläche;

n) Nach Springbrunnen, und zwar:

mit $2^1/_2$ m Springhöhe:

bei einem Durchmesser von	2 mm	24 K
" " " "	3 "	40 K
" " " "	4 "	72 K
" " " "	6 "	100 K

Diese Gebührenbemessung unterscheidet sich nur wenig von ihren Vorgängerinnen. Die ganze Änderung, die im Laufe der Jahre vorgenommen wurde, besteht darin, daß bis zum Jahre 1901 für Lokale, die einen Flächeninhalt von 40 qm hatten, nur 3 K, und für jede weiteren 10 qm 75 h entrichtet wurde, dagegen betrug der Einheitspreis in den Ofener äußeren Vierteln 20 h. Diese Änderung wurde deshalb vorgenommen, damit das Mißverhältnis zwischen denen, die auf Grund des Pauschaliensystems die Wassergebühren entrichten und denen, die Wasseruhren benützen (s. weiter unten) einigermaßen gelindert wird.

Sehen wir uns einmal an, wieviel 1 cbm Wasser kostet, wenn es auf Grund des Pauschaliensystems oder auf Grund des Wasseruhrsystems bezogen wird?

Im Jahre 1908 wurden insgesamt 67,57 Millionen Kubikmeter Wasser verbraucht. Davon entfallen 18,31 Millionen Kubikmeter auf die Wasseruhren, das übrige Quantum wurde auf Grund des Pauschaliensystems — von Privaten und Behörden (Straßenbespritzung) — verbraucht. Über die zu öffentlichen Zwecken verbrauchten Wassermengen besitzen wir keine Statistik, weil diese nicht gemessen werden. Die Direktion der Wasserwerke schätzt diese auf 10 % der Gesamterzeugung [1]. Wenn wir diese Schätzung zur Grundlage nehmen, so dürfte die zu öffentlichen Zwecken verbrauchte Wassermenge 6 757 000 cbm betragen. Wenn wir nun diese

[1] Vorschläge zur Abänderung der auf die Wasserversorgung bezüglichen Verordnung. Budapest 1907.

Summe von der oben angegebenen abziehen, so verbleiben für den Privatverbrauch auf Grund des Pauschaliensystems 42 503 000 cbm.

Im Jahre 1908 wurde für das vermittelst Wasseruhren verabreichte Wasser 2 294 354 K vereinnahmt, dagegen für das Wasser, das auf Grund des Pauschaliensystems bezogen wurde (das Pauschale des zu öffentlichen Zwecken verbrauchten Wassers nicht mitgerechnet) 2 830 516 K. Wird also das Wasser nach Menge berechnet, so kostet 1 cbm 12,5 h; wird es auf Grund des Pauschaliensystems bezogen, so kostet 1 cbm 6,6 h. (Im Durchschnitt vereinnahmte die Stadt 8,4 h pro Kubikmeter.)

Demgegenüber betragen die Produktionskosten eines Kubikmeter Wassers (die Annuität mit eingerechnet) 5,55 h. Wir sehen also, daß diejenigen, die das Wasser nach Menge beziehen, eine reichliche Profite entrichten, dagegen bezahlen diejenigen, die das Wasser auf Grund des Pauschaliensystems zugeführt bekommen, kaum etwas mehr, als die Produktionskosten ausmachen. Weil nun die Uhren fast ausschließlich bei gewerblichen Niederlassungen verwendet werden, dagegen die Haushaltungen das Pauschaliensystem genießen, so erhellt daraus sehr kraß die Tarifpolitik der Wasserwerke: niedrige, fast Selbstkostenpreise für Haushaltungen, hohe Preise für gewerblichen Verbraucher. An dem Wasser, das für die Haushaltungen geliefert wird, will die Stadt nichts verdienen, dagegen läßt sie das Geschäftsprinzip obwalten Betrieben gegenüber, die dazu bestimmt sind, Profite abzuwerfen. Diese bezahlen das Wasser ungefähr um 100 % teurer; diese erhalten das Gleichgewicht in den Finanzen der Wasserwerke. Dieser Umstand geht aus den älteren Daten noch krasser hervor. Der frühere Fehlbetrag der Wasserwerke war der Tarifpolitik der Wasserwerke geschuldet. Im Jahre 1902 wurde für 1 cbm Wasser vereinnahmt

auf Grund der Wasseruhren . . . 11,059 h
" " des Pauschaliensystems . 6,824 h[1],

wo doch die Produktionskosten selber 7,153 h betrugen.

Man sieht also: die Pauschaliengebühren decken nicht einmal die Selbstkosten. Wenn in diesem Jahre für 1 cbm Wasser im Durchschnitt 7,783 h eingelaufen sind (das zu öffentlichen Zwecken verbrauchte Wasser nicht mit eingerechnet), so ist dies einzig und allein dem Umstande zuzuschreiben, daß die gewerblichen Verbraucher höhere Preise zahlen mußten. Daraus geht klar hervor, daß der frühere Fehlbetrag dem Pauschaliensystem, oder richtiger: den niedrig bemessenen Pauschalien zu danken war.

[1] Vorschläge zur Abänderung der auf die Wasserversorgung bezüglichen Verordnung S. 14. Budapest 1907.

Darauf ist es zurückzuführen, daß die Direktion der Wasserwerke, das Ministerium des Innern und der Magistrat früher für die Abschaffung des Pauschaliensystems und die allgemeine obligatorische Einführung des Uhrensystems eingetreten sind. Das wurde als die einzige Lösung betrachtet, um das Defizit los zu werden, das auf dem ohnehin überbürdeten hauptstädtischen Haushalt lastete. Die Direktion der Wasserwerke argumentierte damit, daß in Budapest pro Kopf unverhältnismäßig viel Wasser verwendet wird, ein Drittel davon wird also gewiß vergeudet[1]. Diese Wasservergeudung verschuldet den Fehlbetrag; die Wasservergeudung wird aber durch das Pauschaliensystem begünstigt, denn da das Wasser nicht nach Menge bemessen wird, so geht man damit verschwenderisch um, was gewiß nicht der Fall wäre, wenn man die verbrauchten Mengen bezahlen müßte. Anderseits trägt das Pauschaliensystem dafür die Schuld, daß die Ausrüstungen der Wasserleitungen in den Häusern sich in schlechten Zuständen befinden, wodurch — nach Ansicht der Direktion, welche Ansicht auf Erfahrung beruht — sehr viel Wasser nutzlos verloren geht. Die Direktion weist aus, daß es in Budapest pauschalierte Häuser gegeben hat:

1904	9735
1905	9371
1906	9585
1907	9579

Und bei einer einmaligen Durchsuchung wurden Wasserleitungen angetroffen, aus denen das Wasser stets rann:

1904	11 230
1905	11 287
1906	10 765
1907	11 845

Im Jahre 1904 wurde eine Probemessung vorgenommen, die sich auf 16 Häuser erstreckte. Es stellte sich heraus, daß diejenigen Häuser, in denen die Wasserleitung in Ordnung war, um 4—73 % mehr zahlten, als sie zahlen würden, wenn sie mit Uhren ausgerüstet wären. Dagegen zahlten jene Häuser, in denen die Wasserleitungen nicht in Ordnung waren, um 16—69 % weniger, als sie zu zahlen hätten, wenn ihnen die Menge des verbrauchten Wassers angerechnet würde. Auf Grund dieser Erscheinungen stellte sich die Direktion auf den Standpunkt, daß das entschwundene Wasser auf die schlechte Ausrüstung der Leitungen zurückzuführen ist, diese wird jedoch dadurch herbeigeführt, weil den Hauseigentümern an einer guten

[1] Bericht an den Magistrat in Angelegenheit der Peter Treitsschen Denkschrift.

Montierung nichts liegt; wird doch die Wassergebühr nicht nach der Menge des verbrauchten Wassers festgesetzt!

Wiewohl der Standpunkt der Direktion der Wasserwerke auch von den Sachverständigen geteilt wurde, und die finanziellen Interessen der Werke ohne Zweifel den Bruch mit dem bisherigen System erfordert hätten, dennoch wurde er weder vom Magistrat noch von der Generalversammlung geteilt. Diese Körperschaften dachten sich: aus finanziellen Gründen wäre die allgemeine Einführung des Uhrensystems zweifellos vorteilhafter, sie würde jedoch die Interessen der Hygiene schädigen. Wenn die ärmere Bevölkerung aus Sparsamkeitsrücksichten mit dem Wasser kargen sollte, so würden sich die gesundheitlichen (sanitären) Zustände, die nur durch einen dauerhaften Kampf gehoben werden konnten, wieder nach rückwärts entwickeln. Man beschloß daher, sich an folgendes Prinzip zu halten: es ist zwar richtig, daß das Uhrensystem das rationellere System bildet, „da jedoch das Kargen mit dem Wasser die gesundheitlichen Zustände der Bevölkerung, die allgemeine Sauberkeit beeinträchtigen würde, so wird von der Anwendung der Wasseruhr für den Verbrauch der Haushaltungen abgesehen. Um jedoch den finanziellen Interessen der Hauptstadt zu genügen, soll mit dem Wasser überall sparsam umgegangen werden, wo sich der Verbrauch nicht auf die Haushaltung beschränkt. Die Hauptstadt muß, selbst wenn sie dabei materielle Opfer bringen müßte, die gesundheitlichen Bedürfnisse der Bevölkerung befriedigen; sie ist verpflichtet das Publikum mit Trinkwasser und mit dem zur täglichen Haushaltung nötigen Wasser zu versorgen, koste es was es wolle. Es kann aber nicht die Aufgabe der Hauptstadt bilden, profitablen Unternehmungen, die das Wasser zu gewerblichen oder zu geschäftlichen Zwecken verbrauchen, das Wasser in unbeschränktem Maße zu solchen Preisen zu liefern, daß die öffentliche Kasse dabei draufzahlen muß. Sie kann diese daher mit Recht dazu anhalten, die vollen Gebühren des tatsächlich verbrauchten Wassers zu entrichten [1]."

Dieses Prinzip äußerte sich darin, daß die Hauptstadt im Laufe der Jahre immer neuere Kategorien ausfindig machte, denen die Pflicht auferlegt wurde, Wasseruhren aufzustellen, ferner, daß der Begriff des Haushaltungsverbrauchs immer enger und präziser gefaßt wurde. Die Verordnung vom Jahre 1871 schreibt die Aufstellung von Wasseruhren nur für solche „gewerbliche und Fabrikgeschäfte, wie überhaupt für jede Niederlassung vor, deren Wasserverbrauch den häuslich-üblichen Verbrauch übersteigt; desgleichen für solche Privathäuser, die über Hausgärten, Spring-

[1] Vorlage der II. Abteilung des Magistrats.

brunnen oder Pissoirs verfügen, die ständig mit Wasser gespült werden". Die Verordnung vom Jahre 1891 ändert nichts an diesem Zustand. Die Verordnung vom Jahre 1900 dehnte die Pflicht der Wasseruhrenaufstellung aus, indem sie erklärte, sämtliche fabrikmäßige und gewerbliche Niederlassungen, sämtliche Geschäfte, die mit Wasserverbrauch verbunden sind, ferner im inneren Stadtgebiet sämtliche profittragende Gärten, im äußeren Stadtgebiet auch solche, die keinen Profit abwerfen, ebenso Treibhäuser, Häuser mit Springbrunnen, außerdem Häuser, die das Wasser zu Vorzugspreisen beziehen oder sich auf höher gelegenen Orten befinden (in der Verordnung werden diese namhaft gemacht) — diese alle haben die Pflicht Wasseruhren aufzustellen. Die Verordnung vom Jahre 1908 engt das Gebiet des Pauschaliensystems noch weiter ein: die Gasthäuser, Kaffeehäuser, Klubs, Kasinos, sowie die Privat- und öffentlichen Anstalten, deren Wasserverbrauch das in den Haushaltungen übliche Maß übersteigt, müssen ebenfalls Wasseruhren aufstellen.

Die Wasseruhr wird von der Direktion der Wasserwerke besorgt und dem Verbraucher verpachtet: dafür entrichtet er die Wassergebühren. Diese werden durch die Verordnung festgesetzt. Zurzeit gelten folgende Sätze:

Nach	einer	12—15	mm	Wasseruhr	6 K
"	"	18—20	"	"	8 "
"	"	25	"	"	10 "
"	"	37—38	"	"	14 "
"	"	50	"	"	16 "
"	"	75	"	"	30 "
"	"	100	"	"	40 "
"	"	150	"	"	50 "

Die Beschränkungen und Verschärfungen erwiesen sich als hinlänglich, um die Fehlbeträge der Wasserwerke aufzuheben. In der Tat wird im letzten Jahrzehnt der Prozentsatz jener Häuser von Jahr zu Jahr größer, die mit Wasseruhren versehen sind. Dies geht aus folgender Zusammenstellung hervor:

Jahr	Häuser, die mit Wasser versorgt werden	Pauschalien entrichteten	%	Mit Wasseruhren versehen	%
1902	12 872	10 270	79,79	2 602	20,21
1903	12 962	9 736	75,12	3 226	24,88
1904	13 484	9 735	72,20	3 749	27,80
1905	13 453	9 371	69,66	4 082	30,34
1906	14 150	9 585	67,74	4 565	32,26
1907	14 439	9 579	66,34	4 860	33,65
1908	14 488	9 166	63,27	5 322	36,73

Diese sprunghafte Ausdehnung der Uhrenanwendung ist jedoch nur zum Teil auf die Verschärfung der Verordnung zurückzuführen, obwohl die Verschärfung darin eine große Rolle spielt; sie ist hauptsächlich auf die industrielle Entwicklung der Stadt zurückzuführen, denn dadurch sind solche Betriebe in immer größerer Zahl entstanden, die die Verordnung zur Aufstellung von Wasseruhren verpflichtet. Und weil die Wasserwerke um ungefähr 100 % mehr für das auf Grund von Wasseruhren gelieferte Wasser einnehmen, als für das Wasser, das auf Grund des Pauschaliensystems verabfolgt wird, so wurden durch diese Verschiebung die Finanzen der Wasserwerke ganz bedeutend verbessert. Jedoch trug dazu auch der Umstand bei, daß sich die Produktionskosten des Wassers verringert haben. Im Jahre 1902 betrug der Selbstkostenpreis für 1 cbm Wasser (die Amortisationskosten mit eingerechnet) 7,153 h, im Jahre 1903 6,59 h, im Jahre 1908 5,5 h.

Einen Hauptfaktor der verminderten Produktionskosten bildet die Verbesserung der Kreditverhältnisse der Hauptstadt. Die Investierungskosten konnten durch billigere Anleihen gedeckt werden, demzufolge wurden die Wasserwerke mit geringern Amortisationskosten belastet. So machten die Kosten für die Amortisation im Jahre 1903 3,98 h pro Kubikmeter Wasser aus, dagegen im Jahre 1908 3,4 h. Die Betriebskosten sanken während diesem Zeitraum von 2,09 nur auf 2,07 h.

Diese Änderungen bewirkten das Verschwinden der Fehlbeträge der Wasserwerke und so deuten alle Anzeichen darauf hin, daß die Hauptstadt auch fernerhin an ihrer heutigen Preispolitik festhalten wird.

II. Die Gaswerke.

1. Gründung und Entwicklung.

Am 21. Dezember 1856 brannten in Budapest zum erstenmal die Gasflammen. Im Mai 1855 schloß die königliche Freistadt Pest einen Vertrag mit der Triestiner Allgemeinen Österreichischen Gasgesellschaft (später Allgemeine Österreichisch-Ungarische Gasgesellschaft), wonach die Gesellschaft auf 25 Jahre (bis zum 23. Dezember 1881) das ausschließliche Recht erlangte auf die öffentliche und private Gasversorgung der Stadt Pest. Im Jahre 1862 erteilte Ofen, die damalige Hauptstadt, und im Jahre 1870 der Marktflecken Altofen, der dritte Bestandteil des vereinigten Budapest, derselben Gesellschaft die Konzession. Der Vertrag Ofens sollte im Jahre 1898, der Altofens im Jahre 1904 ablaufen. Als jedoch im Jahre 1872 diese drei Gemeinden zur Stadt Budapest vereinigt wurden, da wurde es allgemein empfunden, daß es doch nicht gut anginge, daß die Gasversorgung einer einzigen Stadt durch drei Verträge geregelt sei. Die Veränderung der drei Verträge durch einen einzigen, die einheitliche Regelung der Gasversorgung auf dem ganzen Gebiete der Hauptstadt wurde zur Notwendigkeit. Der einheitliche Vertrag wurde am 9. Juni 1879 abgeschlossen und nachdem er im Jahre 1891 durch einen Ergänzungsvertrag erweitert wurde, hatte er bis zum 15. Dezember 1910 Geltung, wo die Gaswerke laut einem im Mai 1908 gefaßten Beschluß in die Regie der Hauptstadt übergingen.

Durch die Ablösung wurden zum städtischen Eigentum: vier Kohlengasfabriken, eine Wassergasfabrik, zwei Gasbehälterstationen und drei Montierungsgeschäfte. Über die technische Einrichtung und über die Produktionsfähigkeit bei normalem Betriebsgang gibt folgende Tabelle Aufschluß:

Gasfabriken	Gaserzeugungsöfen	Retorten	Maximale tägliche Produktionsfähigkeit	Jahresproduktionsfähigkeit
			cbm	cbm
1. Josefstädter Gasfabrik . .	48	376	75 000	17 000 000
2. Franzstädter „ Nr. 1	48	432	85 000	18 000 000
3. „ „ Nr. 2	20	180	55 000	12 000 000
4. „ Wassergasfabrik	—	—	50 000	10 000 000
5. Ofener Gasfabrik	8	64	15 000	3 500 000
Zusammen	124	1052	280 000	60 500 000

Diese produzierte Menge kann durch bessere Ausnutzung des Betriebes noch gesteigert werden; bei einer äußersten Anspannung der Produktion kann täglich 311 700 cbm, bzw. in einem Jahre 63,5 Millionen Kubikmeter Gas erzeugt werden.

Jedoch wird diese Produktionsfähigkeit schon im Jahre 1911 kaum dazu auslangen, um den Konsum zu decken, viel weniger in den nächsten Jahren, insbesondere wenn der Gasverbrauch sich weiter so sprunghaft entwickelt, wie es bis jetzt der Fall war.

Der gesamte Gasverbrauch Budapests betrug:

1879	9 022 537	cbm	1903	42 843 900	cbm
1880	9 582 348	„	1904	44 011 000	„
1885	16 077 115	„	1905	46 108 400	„
1890	21 199 200	„	1906	48 401 000	„
1895	30 699 100	„	1907	52 549 400	„
1900	38 406 300	„	1908	56 530 000	„
1901	40 437 700	„	1909	58 684 700	„
1902	40 913 900	„	1910	61 916 000	„

Vom Jahre 1879—1910 stieg der Gasverbrauch um 586,20 %; im letzten Jahrzehnt (1900—1910) um 61,21 %. Demgegenüber stieg die Zahl der Bevölkerung, obwohl die rascheste Vermehrung in diese Epoche fällt (1880—1910), nur um 137,6 %, bzw. im Zeitraum 1900—1910 nur um 20,2 %. Auf je einen Einwohner entfiel der Verbrauch an Gas im Jahre 1880 25,8 cbm, 1890 41,8 cbm, 1900 52,3 cbm und im Jahre 1910 70,2 cbm.

Auf die einzelnen Verbrauchszweige verteilte sich der Konsum wie folgt (Tabelle 3).

Der Rest entfällt auf den eigenen Verbrauch und auf den Verlust. Seit dem Jahre 1905 wurde durch die Budapester Gaswerke auch nach dem benachbarten Neupest Gas geliefert, jedoch machte dies nur eine Menge aus, die kaum in Betracht kommt; im Jahre 1908 67 900 cbm oder 0,12 % des Gesamtkonsums.

Wie die untenstehende Tabelle zeigt, beruht der Schwerpunkt des Konsums auf dem Leuchtgas. Auf die Privatbeleuchtung wurde im Jahre 1908 58,68 % der Gesamterzeugung verwendet. Der Gesamtkonsum an Leuchtgas — das sowohl zu öffentlichen als auch zu Privatzwecken verwendet wurde — machte das Vierfünftel der Gesamterzeugung aus, wovon nur 17,20 % zu industriellen Zwecken verwendet wurde. Wiewohl nun der Verbrauch des Gases zu Industriezwecken verhältnismäßig nur ein geringes Quantum des Gesamtverbrauchs darstellt, so weist er doch eine rasch steigende Tendenz auf. Von allen Verbrauchszweigen entwickelte er sich am raschesten. Die Steigerung betrug:

	Privatbeleuchtung %	Industriegas %	öffentl. Beleuchtung %
1879—1908	446,80	651,21	418,32
1899—1908	43,84	101,58	48,36

In der Steigerung des Industriegases spielt das Heizgas die Hauptrolle; in den letzten sechs Jahren weist es eine 140,1 %ige Steigerung auf und es stieg von 6,75 % des Gesamtverbrauchs an Gas auf 12,28 %; dagegen weist die Verwendung des Motorgases einen absoluten Rückgang auf. Im Zeitraum zwischen 1903—1908 ist sie um 3,5 % gesunken.

Aus dem bisher Gesagten ergibt sich aber, daß, wenn die Steigerung des Konsums in dieser Weise anhält, dann die Gaswerke bei ihrer jetzigen Leistungsfähigkeit nicht mehr imstande sein werden, dem Konsum zu genügen. Nach offiziellen Schätzungen dürfte sich der Verbrauch in den nächsten Jahren also gestalten:

Tabelle 3.

Jahr	Privatverbrauch für Beleuchtung		Industriegas						Städtische Gebäude		Straßenbeleuchtung		Gesamt-Gasverkauf	
			Motorengas		Heizgas		Summa							
	cbm	%	cbm	%	cbm	%	cbm	%	cbm	%	cbm	%	cbm	%
1879	6 066 363	67,23	?	?	?	?	129 460	1,43	354 992	3,93	1 559 976	17,39	8 110 791	89,98
1880	6 504 336	67,87	?	?	?	?	138 921	1,44	372 233	3,88	1 646 066	17,17	8 661 556	90,39
1885	11 150 771	69,35	?	?	?	?	458 261	2,84	630 034	3,91	2 311 732	14,38	14 550 798	90,50
1890	14 128 223	66,64	?	?	?	?	793 687	3,74	873 706	4,11	3 274 478	15,63	19 070 094	89,96
1895	19 367 123	63,08	?	?	?	?	3 262 069	16,10	1 383 865	4,50	3 940 155	12,83	27 953 212	91,05
1900	22 807 673	59,39	?	?	?	?	5 081 712	13,23	1 433 542	3,73	5 803 793	15,11	35 126 720	91,46
1901	23 939 737	59,21	?	?	?	?	5 623 323	13,90	1 402 994	3,47	6 051 220	14,96	37 017 274	91,54
1902	24 528 598	59,95	?	?	?	?	5 713 636	13,98	1 444 890	3,53	6 199 190	15,14	37 886 314	92,60
1903	26 141 305	61,02	2 884 116	6,73	2 891 396	6,75	5 775 512	13,48	1 552 917	3,62	6 432 073	15,01	39 901 807	92,13
1904	27 247 794	61,92	2 906 386	6,60	3 482 200	7,91	6 388 586	14,51	1 573 149	3,57	6 770 797	15,39	41 980 326	95,39
1905	28 527 542	61,87	2 762 192	5,99	4 015 425	8,71	6 777 617	14,70	1 622 809	3,52	6 933 268	15,04	43 861 236	95,12
1906	30 227 602	62,46	2 895 920	5,99	4 529 437	9,35	7 425 357	15,34	1 624 200	3,35	7 267 715	15,01	46 544 874	96,16
1907	31 565 839	60,07	2 760 418	5,25	5 842 978	11,12	8 603 396	16,37	1 721 791	3,28	7 637 409	14,53	49 528 435	94,25
1908	33 170 774	58,68	2 780 897	4,92	6 944 295	12,28	9 725 192	17,20	1 782 090	3,15	8 085 669	14,31	52 763 725	93,34

1911	65 000 000	cbm
1912	66 124 000	„
1913	70 305 000	„
1914	75 887 000	„
1915	82 194 000	„

Jedoch wie erwähnt, beläuft sich die maximale Leistungsfähigkeit der Gaswerke auf 63,5 Millionen Kubikmeter. Es ist wahr, daß in den Monaten Januar und Februar 1911 die Gaswerke bei äußerster Anspannung der Leistungsfähigkeit und beinahe völliger Erschöpfung der Reserven den gesteigerten Ansprüchen noch genügen konnten, man ist jedoch erstlich darüber besorgt, daß die Werke in ihrer heutigen Beschaffenheit dem Verbrauch in den nächsten Wintermonaten nicht mehr genügen und demzufolge ernste Störungen eintreten würden. Hinzu kommt noch, daß das Rohrnetz nicht mehr genügt, die gesteigerte Gaserzeugung weiter zu befördern, und in den Monaten mit gesteigertem Verbrauch bedarf es eines größeren Druckes als der normale ist, damit in der Gasversorgung keine Unterbrechung eintrete.

Die Produktionsfähigkeit blieb hinter der Steigerung des Konsums zurück. Die daraus entstehenden Übel und Störungen müssen der Gasgesellschaft zur Last gelegt werden: diese rechnete auf die baldige Ablösung der Werke durch die Stadt, sie nahm daher von einer jeden Investierung Abstand. Diese Fehler wiederholen sich bei allen Betrieben, die durch Ablösung in den Besitz der Hauptstadt gelangten, es ist das eine charakteristische Folgeerscheinung des Unternehmungssystems[1], insbesondere, wenn der Vertrag die pflichtgemäße Ablösung vorschreibt, was übrigens eine notwendige und unausbleibliche Bedingung dieser Verträge bildet. In den letzten Jahren vor Ablauf des Vertrages wird der Betrieb stets durch Raubbau ruiniert. Der Unternehmer ist bestrebt, sämtliche Vorteile bis zum äußersten auszunützen, die der ablaufende Vertrag noch gewährt und er ist ängstlich bemüht, die Ausgaben für den Betrieb auf das Minimum zu reduzieren. In den letzten Jahren des Vertrages schwindet die Voraussicht und die ökonomische Bedachtsamkeit des Unternehmers und er kümmert sich nicht im geringsten um die Übel, die er durch seine Profitsucht der ablösenden Stadt und den Verbrauchern zufügt.

Um diese Übel zu vermeiden, hat die Stadt noch vor der Übernahme der Gaswerke Vorkehrungen getroffen, um die Gasproduktion zu steigern. Aus diesem Grunde wurde von der Hauptstadt beschlossen, eine neue

[1] S. Fuhrpark, Pferdemarkt usw.

zentrale Gasfabrik zu bauen, mit einem Kostenaufwand von ca. 40 Millionen Kronen, die imstande sein würde täglich 280 000 cbm Gas zu erzeugen.

Der Bau der neuen Gasfabrik wurde im Herbst 1910 in Angriff genommen, sie kann aber im besten Falle erst im Jahre 1914 in Betrieb gesetzt werden, bis dahin vergehen also zwei und ein halb Jahre, in denen der jetzige Betrieb den Bedarf nicht decken kann. Deshalb bewilligte eine im Januar 1911 abgehaltene Generalversammlung 1,06 Millionen Kronen (die von der französischen 100 Millionen-Franken-Anleihe gedeckt wurden), wovon die Franzstädter Kohlengasfabrik Nr. 1 (mit einem Kostenaufwande von 630 000 K) erweitert werden soll, so daß sie imstande sei, täglich 170 000 cbm Gas zu erzeugen, ebenso soll die Franzstädter Wassergasfabrik erweitert werden, deren Gaserzeugung auf 90 000 cbm gesteigert werden soll. Es wird außerdem eine Wassergasfabrik (mit einem Kostenaufwande von 220 000 K) mit einer täglichen Produktionsfähigkeit von 6000 cbm errichtet und die Gasbehälter auf dem rechten Donauufer werden (mit einem Kostenaufwande von 210 000 K) erweitert. Diese Bauten müssen bis Ende 1911 fertiggestellt sein. Zu gleicher Zeit bewilligte die Generalversammlung 1,015 Millionen Kronen für den Ausbau und die Erweiterung des Rohrnetzes.

Durch diese Erweiterungen der Anlagen wird die jährliche Gaserzeugung um 36—38 Millionen Kubikmeter gesteigert, so daß der voraussichtliche Bedarf bis zum Jahre 1915 bequem gedeckt werden kann.

Das gesamte Personal der Gaswerke beträgt: 158 Beamte, 38 Aufseher und ca. 900 Arbeiter.

2. Finanzen.

Als wir diese Zeilen schreiben, sind die Gaswerke erst kaum ein halbes Jahr im städtischen Besitz. Zur Beurteilung dieses hauptstädtischen Unternehmens stehen uns weder Erfahrungen noch Ergebnisse zur Verfügung. Zur Zeit wissen wir es nicht einmal mit Bestimmtheit, wieviel die Summe betragen wird, die die Hauptstadt für die Ablösung bezahlen muß. Laut dem Vertrage sollte der Ablösungspreis auf Grund des Urteils eines durch die Hauptstadt und die Gasgesellschaft gemeinsam entsandten Komitees festgesetzt werden, das sechs Monate vor der Übernahme zusammenzutreten habe. Aber das Komitee hat infolge der aufgetauchten Differenzen seine Arbeiten nicht beenden können. Und so stehen uns nur jene Daten zur Verfügung, die das Abschätzungskomitee bei einer probeweisen Abschätzung vor zwei Jahren veröffentlicht hatte. Das Komitee, das in seiner Arbeit durch die Gasgesellschaft nach Möglichkeit gehemmt wurde — es wurden ihm weder die Bücher zur Verfügung gestellt, noch wurden ihm die Bezugspreise eingestanden[1] — stellte einstimmig fest, daß der Wert der Budapester Gaswerke und ihrer Ausrüstung 17 905 681,48 K, der Bezugspreis der Grundstücke 648 827,23 K beträgt. Die Beauftragten der Gesellschaft wollten jedoch nicht den Bezugspreis, sondern den derzeitigen Wert der Grundstücke — 5 177 157 K — zur Grundlage nehmen, entgegen den klaren Bestimmungen des Vertrages, die besagten: der Ablösungspreis kann den Bezugspreis nicht übersteigen. Diese Frage ist noch heute unerledigt, weder das erste noch das zweite Abschätzungskomitee konnte darüber einig werden und dies ist der Grund, weshalb das zweite Komitee seine Arbeiten nicht beenden, weshalb keine Einigung in bezug auf den endgültigen Ablösungspreis erzielt werden konnte. Deshalb kam eine provisorische Einigung zustande zwischen der Hauptstadt und der Gasgesellschaft, wonach die Gesellschaft für die Gasfabriken, für die Behälter, für das Rohrnetz und Ausrüstungsgegenstände, für Werkzeuge und für die dazu gehörenden Mobilien und Immobilien 18 200 000 K als Vorschuß ausgezahlt bekommt; insofern die endgültige Vereinbarung einen höheren Ablösungspreis feststellen sollte, so ist die Hauptstadt verpflichtet, dieses Mehr mit einer, vom 16. Dezember 1910 an gerechnet, 5 %igen Verzinsung zu bezahlen, sollte er aber weniger betragen, so hat die Gesellschaft die überzahlte Summe zu denselben Bedingungen zurückzuerstatten.

Gleichzeitig kaufte die Hauptstadt die in dem benachbarten Neupest befindlichen Gasanlagen der Gasgesellschaft an, samt allen ihren Ausrüstungen, im Gesamtwerte von 437 990,14 K und seit dem 15. Dezember 1910 wird Neupest durch die Hauptstadt mit Gas versorgt.

Der Kaufpreis wurde von der 100 Millionen-Franken-Investierungsanleihe gedeckt.

Als diese Zeilen geschrieben werden, ist es noch kein Jahr her, daß die Gaswerke das Eigentum der Hauptstadt bilden. Darauf ist es zurückzuführen, daß uns die wichtigsten Daten noch nicht zur Verfügung stehen. Wir besitzen nur folgende: die Daten des Kostenvoranschlages für das Jahr 1911 und die auf Schätzungen beruhenden Daten, die bei der Ablösung zur Grundlage dienten. Wiewohl diese zur Beurteilung der Rentabilität eines von den Konjunkturen mehr oder minder beeinflußten Geschäftsunternehmens als höchst mangelhaft bezeichnet werden müssen, dazu sind sie dennoch geeignet, daß sie zur Bilanz des Unternehmungssystems und des Eigenbetriebs als Daten verwendet werden können.

---

[1] Michael Kajlinger, Die Budapester Gasfrage S. 16.

Der Konzessionsvertrag (1881—1895, d. h. bis 1910), bei dessen Ablauf die Gaswerke durch die Hauptstadt abgelöst wurden, gewährte der Gesellschaft ein totales, vollkommenes Monopol. Die Hauptstadt verpflichtete sich, daß sie in den ersten 10 Jahren des Vertrages niemanden das Recht erteilen würde, auf öffentlichem Gebiete Leitungen niederzulegen, sei es für Gas, sei es für andere Beleuchtung. Der Ergänzungsvertrag änderte diese Bestimmung dahin ab, daß das Monopol der Gesellschaft nur auf die Gasversorgung beschränkt sei. Die Stadt behielt sich das Recht, Gesellschaften Konzessionen zu gewähren, die eine andere Lichtversorgung betreiben (z. B. Elektrizität). Als Gegenleistung für das erwähnte Recht verpflichtete sich die Gesellschaft in dem Grundvertrage (1881—1895): 1. für die Hauptstadt (öffentliche Beleuchtung und die Beleuchtung der Amtslokale) das Gas billiger zu liefern, als für Private, und zwar für 14,84 h pro Kubikmeter; die Gesellschaft nimmt es auf sich, die zur öffentlichen Beleuchtung dienenden Gaslaternen auf eigene Kosten in der von den Behörden vorgeschriebenen Zahl und Orte aufzustellen (diese bilden das Eigentum der Gesellschaft und sind bei der Ablösung im Schätzungswerte abzulösen); 2. sie sorgt für ihre Instandhaltung; das Anzünden und Auslöschen wird von ihrem eigenen Personal besorgt; 3. daß sie das Gas an Private unter den im Vertrage festgesetzten Bedingungen lieferte, und zwar, sie setzt die Preise sofort herab, von 36 h pro Kubikmeter auf 32 h, im Jahre 1881 auf 30 h, 1882 auf 27 h; von da ab mäßigt sie die Preise im Verhältnis zum Wachstum des Verbrauchs, bzw. sie steigert sie im Verhältnis zur Abnahme des Verbrauchs, in der Weise, daß der Preis nicht mehr betragen darf als 27 h und hingegen braucht die Gesellschaft nicht unter 21 h — der bei einem Verbrauch von 40 Millionen Kubikmetern vorgeschrieben ist — hinabzugehen.

An diesen Abmachungen änderte der Ergänzungsvertrag einiges zugunsten der Stadt: von 1891 an liefert die Gesellschaft 23,4 % des Privatgasverbrauchs für die Stadt (öffentliche Beleuchtung und Amtslokalitäten) unentgeltlich, dagegen hat die Stadt im Verhältnis zur unentgeltlich gelieferten Menge für die Instandhaltung und Verwaltung der der öffentlichen Beleuchtung dienenden Laternen zu sorgen, bzw. die darauf bezüglichen Kosten der Gesellschaft zurückzuerstatten. Als Selbstkostenpreis wurde 5 h pro Kubikmeter festgestellt. Die Gaspreise für den Privatverbrauch wurden in der Weise festgesetzt, daß unabhängig vom Verbrauchsquantum, vom Jahre 1891 ab (wo der Gaspreis 25 h, der des Industriegases 20 h betrug) der Preis um 1 h pro Jahr herabgesetzt wird, solange das Minimum nicht erreicht wird. Dieses betrug für Leuchtgas 20 h, für

Industriegas 16 h. Das Minimum wurde im Jahre 1894 bzw. 1895 erreicht, seit dieser Zeit blieb der Preis unverändert (siehe Tabelle 4).

Tabelle 4. **Gaspreise.**

Jahr	Privatbeleuchtung h	Industriegas h	Städtische Gebäude und öffentliche Beleuchtung h
1858	40,60	—	22,24
1861	40,26	—	22,24
1862	39,90	—	22,24
1866	39,74	—	22,24
1867	39,56	—	21,01
1875	38	—	19,69
1878	36	—	18,36
1879	32 [1]	—	18,36
1881	30	—	18,36
1882	27	25	14,84
1883	26,50	24	14,84
1885	26	20	14,84
1887	25,50	20	14,84
1891	25 [2]	19 [1]	14,84
	24 [1]	19 [1]	14,84
1892	23 [3]	18 [1]	14,84
1893	22 [3]	17 [1]	14,84
1894	21 [3]	16 [1]	14,84
1895	20 [3]	16 [1]	14,84

[1] Vom 1. Juli. [2] Bis 1. Juli. [3] Vom 1. Mai.

Betrachten wir uns einmal näher den Wert der einzelnen Leistungen. Auf einer Seite befindet sich das ausschließliche Monopol, das die Gesellschaft von jedwedem Risiko befreit, dagegen ihr eine hohe Dividende sichert: diese betrug in den Jahren 1890/91—1893/94 32,5 %, 1894/95 40 %, 1895/96—1897/98 42,5 %, 1897/98—1900/01 45 %, 1901/02—1906/07 60 %. Auf der anderen Seite der Vorzugspreis 14,84 h, der der Hauptstadt als Verbraucher gesichert wurde. Jedoch können wir diese Begünstigung nur als Rabatt betrachten, der einem jeden Großkonsumenten zukommt, weil dieser Vorzugspreis die Selbstkosten, die nur 8,6 h betrugen, um vieles überschreitet. Ebensowenig können die für den Privatverbrauch festgesetzten Preise als Gegenleistungen betrachtet werden, weil diese stets sehr hoch waren und die Preisherabsetzungen hatten nie ein so rasches Tempo innegehalten, als daß sie durch die Steigerung des Verbrauchs und infolgedessen: Herabsetzung der Herstellungskosten nicht reichlich wettgemacht worden wären. Die Preise sind vom Jahre 1890 bis zum Jahre 1906 um

20 % gesunken, im selben Zeitraum stiegen die Dividenden um 84 %. Von Gegenleistungen, die als Begünstigungen aufgefaßt werden könnten, kann also gar nicht gesprochen werden.

Als wirkliche Gegenleistung bliebe nur die unentgeltlich gelieferte Gasmenge zum Zwecke der öffentlichen Beleuchtung. Diese betrug im Jahre 1908 7 761 961 cbm (23,4 % des 33 170 774 cbm verbrauchten Gases für Privatzwecke, 75 % des durch die Stadt verbrauchten Gases), dessen Geldwert — wenn wir 14,84 h pro Kubikmeter rechnen — 1 151 875 K beträgt. Dazu kommen noch die Kosten der Instandhaltung und Verwaltung der für die öffentliche Beleuchtung dienenden Gaslaternen. Wenn wir diese Kosten mit 5 h pro Kubikmeter berechnen — so viel wurde nämlich, wie erwähnt, für die Stadt berechnet — so gelangen wir zu folgendem Ergebnis: im Jahre 1908 wurden für die öffentliche Beleuchtung 8 085 669 cbm Gas verwendet, davon muß die Menge des unentgeltlich gelieferten Gases, wofür die Stadt die Instandhaltung der Laternen usw. besorgte, abgerechnet werden, wonach 323 708 cbm verbleiben; für diese Menge hatte die Gesellschaft die Laternen usw. zu besorgen. Die Instandhaltung der Laternen usw. würde also der Stadt 16 185 K Ausgaben verursacht haben.

Die Gegenleistungen der Gesellschaft gestalteten sich im Jahre 1908 am günstigsten für die Hauptstadt 1 151 875 + 16 185 = 1 168 060 K. Das war beiläufig die Summe, die die Gasversorgung vor der Ablösung der Gaswerke der Stadt Budapest eintrug.

Mit Rücksicht auf das Risiko des ersten Jahres beschloß die Direktion der städtischen Gasfabrik, von erheblichen sozialpolitischen Maßnahmen und Finanzreformen Abstand zu nehmen und sich im Rahmen ihres Vorgängers zu bewegen. Die Hauptstadt hat sämtliche Angestellten und Arbeiter der Gesellschaft übernommen mit denselben Bedingungen, womit sie bei der Gesellschaft angestellt waren. Die einzige Besserung, die durch die Ablösung den Arbeitern zuteil wurde, ist die Erhöhung der Koksbezüge für die Arbeiter und die Aufbesserung der Kleidungsbezüge für die Lampenanzünder, wodurch eine jährliche Mehrausgabe von 76 600 K entsteht. Desgleichen bleibt vorläufig der Preis des Gases unverändert (Leuchtgas 20 h, Industriegas 16 h). Erst wenn die Ergebnisse und Erfahrungen des ersten Jahres bekannt sein werden, dann erst wird der Magistrat Vorschläge machen für eine Preispolitik.

Mit der Anschaffung der Gasfabrik wollte die Stadt in erster Linie einen rentablen Betrieb anwerben, der einerseits sämtliche Lasten tragen soll, die durch die Ablösung und Verwaltung der Stadt aufgebürdet wurden, anderseits soll aber auch das investierte Kapital die entsprechenden Zinsen tragen.

Um diese Rentabilität zu sichern wurde durch eine Munizipalverordnung vom 4. November 1910 die Gasversorgung zu einem ausschließlichen Recht der Hauptstadt gemacht. Es heißt hier:

„Die Legung von Gasrohren in den öffentlichen Gebieten der Hauptstadt und die Gasversorgung des hauptstädtischen Publikums durch diese bildet ein ausschließliches Recht der Hauptstadt. Desgleichen bildet es ein ausschließliches Recht der Hauptstadt, die Verbindung des in den öffentlichen Gebieten gelegten Rohrnetzes mit den Rohrleitungen der Immobilien herzustellen, und zwar bis zur Gasuhr, d. h. also die Verfertigung der sogenannten Verbindungsrohre, ebenso die Aufstellung, Ausrüstung und Instandhaltung der Gasuhr, desgleichen die Lieferung des Hauptzapfens und die Verbindung des Gasmessers mit der Privatleitung. Die Preise dieser Leistungen werden durch den Magistrat von Zeit zu Zeit festgesetzt."

Laut dem Kostenvoranschlag des ersten Jahres (siehe Tabelle 5) soll

Tabelle 5.

Kostenvoranschlag der Gaswerke für das Jahr 1911.

Ausgaben.	K	Einnahmen:	K
Bezüge der Angestellten	1 606 660	Verwertung der Nebenprodukte:	
Material für Gaserzeugung	5 447 804	Koks	3 624 150
Wassergasproduktion	352 355	Teer	408 330
Heizung der Gasöfen und Gaskessel	1 103 060	Chemische Produkte	193 235
Gasreinigung	131 600	Vom Gasverkauf	9 308 000
Allgemeine Betriebskosten	217 600	Leihgebühren der Gasuhren	230 000
Reparaturen usw.	672 400	Die Einnahmen der Ausrüstungsgeschäfte	44 000
Annuität der Ablösungssumme und Zinsen des zirkulierenden Kapitals	1 050 000	Diverse	14 500
Die Erhaltung der öffentlichen Beleuchtung	1 116 561		
Die Erhaltung des Rohrnetzes	119 400		
Steuern	100 000		
Diverse	264 775		
Rückerstattung dem Gemeindefonds die Summen für die Verwaltung des Betriebes	40 000		
Erneuerungsfonds	1 000 000		
Gewinn	600 000		
Summe	13 822 215	Summe	13 822 215

die Bruttoeinnahme 13 822 215 K betragen. Davon entfallen 31 % (4 225 715 K) auf die Verwertung der Nebenprodukte, 67 % (9 308 000 K) auf den Gasverkauf, 1,7 % (230 000 K) auf die Einnahmen für die Instandhaltung der Gasuhren und für die Anleihegebühren und 0,3 % (44 000 K) auf die Einnahmen des Ausrüstungsgeschäftes.

Davon werden nebst den Produktions- und Verwaltungskosten die Annuität der Ablösungssumme, die Zinsen des auf 2 000 000 K festgesetzten zirkulierenden Kapitals, die dem Gemeindefonds entlehnt wurde (insgesamt 1 050 000 K), gedeckt, mit 40 000 K wird die für die Verwaltung der Gasfabrik aufgewandte Arbeit der aus dem Gemeindefonds erhaltenen städtischen Ämter (wie das Rechnungsamt, Magistrat) entlohnt, es wird die öffentliche Beleuchtung davon gedeckt, davon wird die Petroleum- und elektrische Beleuchtung der Straßen verwaltet (1 116 561 K), das Gas für die öffentliche Beleuchtung (8 600 000 cbm = 910 000 K) und die Beleuchtung der Gemeindebauten (2 500 000 cbm = 264 000 K) unentgeltlich geliefert. (Zur Berechnung letzterer Summen dienten uns 10,584 h pro Kubikmeter Selbstkostenpreis zur Grundlage.) Außerdem sollen davon noch 1 100 000 K dem Erneuerungsfonds und 600 000 K reiner geschäftlicher Überschuß der Gemeindekasse zufließen.

Wenn wir die unentgeltliche Gaslieferung für die Hauptstadt (die Erhaltung der öffentlichen Beleuchtung, die unentgeltliche Gaslieferung und die Vergütung der Verwaltungskosten) dem Reinertrage hinzurechnen, so würde der Reinertrag der Gaswerke 2 900 000 K betragen, bzw. im Gelde und in Naturalien bringen die Gaswerke dem hauptstädtischen Haushalt so viel ein. Wie groß die Investierung sein wird, die einen solchen Ertrag abwerfen wird, das können wir jetzt, wo die Verhandlungen noch nicht abgeschlossen sind, nicht genau wissen, jedoch beiläufig auf Grund der im Voranschlag veranschlagten amortisierenden Annuität können wir mit 23 000 000 K rechnen. In diesem Falle würde das investierte Kapital im Jahre 1911 12,6 % reinen Ertrag abwerfen, abgesehen davon, daß die 1 050 000 K Amortisation und die 1 100 000 K Erneuerungsfonds einen 2 150 000 K Vermögenszuwachs zur Folge hätte. Wenn wir damit die Gegenleistungen der allgemeinen Österreichisch-Ungarischen Gasgesellschaft vergleichen, die wir oben mit 1 168 060 K bemessen haben, dann sehen wir, daß durch den häuslichen Betrieb der Gasversorgung der Gemeindehaushalt schon im ersten Jahre, und zwar rein, nach Abrechnung sämtlicher neuen Lasten, um beiläufig 2 000 000 K verbessert und das städtische Vermögen um 2 150 000 K vermehrt wird. Dieses Mehr an Einnahmen macht 3,2 % aller ordentlichen Einnahmen (61 860 000 K) des Jahres 1911 aus.

III. Die Straßenbahnen.

In Budapest wird der Straßenverkehr von drei verschiedenen Straßenbahnen abgewickelt (siehe Tabelle 6 S. 51), die alle im Besitze von Privatunternehmungen sind. Von diesen Verkehrsunternehmungen sind zwei bedeutend: Die Budapester Straßenbahn und die Budapester Elektrische Stadtbahn. Auf diese beiden fällt der überwiegende Teil des Straßenverkehrs; 91 % aller beförderten Personen fahren auf den Linien der Budapester Straßenbahn und der Budapester Elektrischen Stadtbahn; 81 % des gesamten Schienennetzes ist im Besitze dieser beiden Gesellschaften und 91 % der gesamten Wagenkilometer wurden auf deren Schienenstrecken zurückgelegt.

Von den beiden genannten Gesellschaften ist die Budapester Straßenbahn von größerer Wichtigkeit, denn sie übertrifft die andere Gesellschaft nicht bloß durch die Länge ihrer Linien, die Anzahl der beförderten Personen und der zurückgelegten Wagenkilometer (56 % der gesamten Budapester Strecke, 60 % des ganzen Personenverkehrs, 72 % aller zurückgelegten Wagenkilometer entfallen auf die Budapester Straßenbahn), sondern auch durch den Umstand, daß auf den bedeutendsten Linien — jener, die die Peripherie und dichtbevölkerten Arbeiterbezirke mit der inneren Stadt verbinden — die Wagen dieser Gesellschaft verkehren.

Die Untergrundbahn ist im Vergleich zu den beiden bisher behandelten Gesellschaften von untergeordneter Bedeutung, da ihr bloß eine einzige, verhältnismäßig kurze Strecke zur Verfügung steht und diese außerdem das Stadtwäldchen und die dazwischenliegenden vornehmen Stadtteile mit der inneren Stadt verbindet.

Die Gesellschaften benützen das Gemeingebiet auf Grund der mit der Stadt geschlossenen Konzessionsverträge. All diese Verträge bedingen für die Hauptstadt, daß alle Geleise der Gesellschaften, alle deren Zwecken dienenden Realitäten, Gebäude, Elektrizitätswerke, mit einem Worte all jene Verkehrsausstattungen und Verkehrsmittel, die zum Bahnbetriebe gehören, lastenfrei, unentgeltlich und ohne jedweden Ersatzanspruch in vollkommen betriebsfähigem und brauchbarem Zustande in den Besitz der Hauptstadt übergehen, wenn die Konzession abläuft. Die Übergabe findet statt: Betreffs der Budapester Straßenbahn im Jahre 1948, betreffs der Budapester Elektrischen Stadtbahn im Jahre 1940, betreffs der Untergrundbahn im Jahre 1984.

Doch auch vor Ablauf der Konzession kann die Stadt die einzelnen

Tabelle 6. **Straßenbahnen 1908.**

Spezifikation	Budapester Straßenbahn	Budapester Elektrische Stadtbahn	Franz Josef Elektrische Untergrundbahn
Übersicht:			
Gründungsjahr	1866	1889	1896
Länge der Strecke (Kilometer)	71,85	48,16	3,70
Länge der Geleise (Kilometer)	159,34	104,57	8,60
Invest.-Kapital (K) zusammen	57 065 284	26 856 275	7 200 000
Invest.-Kapital (K) pro km Str.	794 228	557 646	1 945 940
Anzahl der Fahrten	4 059 650	2 076 507	242 044
Zurückgelegte Wagenkilometer	24 771 979	11 842 031	885 596
Beförderte Personen	74 667 664	37 883 245	3 867 686
Betriebsmittel:			
Personenwagen: mit einem Motor	25	90	—
mit zwei Motoren	426	21	20
Drehgestellwagen	29	22	—
Längeachsenwagen	—	140	—
Anhängewagen	143	40	—
zur Dampfbahn	—	8	—
Zusammen	623	321	20
Lastenwagen, Lowry	27	3	—
Schneepflug usw.	11	11	—
Sonstige Wagen	46	5	—
Zusammen	707	340	20
Geschäftsgebaren:			
1. Einnahmen.			
Personenbeförderung	11 420 996	5 616 529	597 607
Zinsen	587 058	348 481	14 533
Revenuen der Liegenschaften	631 083	23 796	—
Sonstige	1 381 852	12 364	6 597
Zusammen	12 020 989	6 001 170	618 737
2. Ausgaben.			
Betriebsauslagen	6 230 773	3 321 287	323 862
Anteil der Kommune	897 359	168 496	—
Steuern	568 453	534 284	19 142
Kapitalamortisation	628 400	290 200	7 800
Sonstige	1 679 522	190 736	8 715
Zusammen	10 004 512	4 505 003	359 519
3. Reingewinn.	4 016 477	1 496 167	259 218
Vermögensstand:			
Investitionen	62 108 594	26 856 276	7 200 000
Materialien	617 340	375 095	13 999
Forderungen	5 305 762	374 212	321 482
Wertpapiere, eigene Titres	60 096 832	7 582 960	4 800
Liegenschaften	11 587 944	563 136	—
Einlagen	14 214 507	—	—
Barkassa	193 680	11 759	—
Sonstige	221 644	100 000	—
Zusammen	154 346 303	35 863 438	7 540 281

Straßenbahnen, und zwar die Budapester Straßenbahn vom Jahre 1923, die Budapester Elektrische Stadtbahn vom Jahre 1917, die Untergrundbahn vom Jahre 1940 an zu jeder Zeit einlösen.

Die Bedingungen der Einlösung sind im Grunde bei allen Gesellschaften dieselben. Die Hauptstadt ist verpflichtet, die noch nicht ausgelosten Aktien der Gesellschaft im Nennungswert anzukaufen, die Investitionsanleihen fortlaufend abzutragen, vom Momente der Einlösung an die Zinsen der noch nicht ausgelosten Policen zu bezahlen, und ferner die Dividenden für die Aktien und Anteilscheine bis zum gänzlichen Ablauf der Konzession, und zwar in der Höhe, als sie in den letzten sieben Jahren vor der Kündigung — die zwei schlechtesten Jahre abgerechnet — von der Gesellschaft gezahlt wurden. Doch kann bei der Budapester Straßenbahn nur von jenem Einkommen Dividende gefordert werden, das vom Personen- und Warentransport einläuft und damit die Unternehmungen die Dividende in den letzten Jahren nicht künstlich hinaufschrauben können, bestimmen die Verträge der Budapester Elektrischen Stadtbahn und der Untergrundbahn, daß die Gesellschaften jene Ausgaben, die sonst usuell aus den ordentlichen laufenden Einkünften bestritten werden, nicht aus dem Reservefonds decken dürfen.

Die von der Hauptstadt nach der Einlösung zu zahlende Dividende darf bei der Budapester Straßenbahn 11 % des Nominalwertes nicht übersteigen und bei der Budapester Elektrischen Stadtbahn und der Untergrundbahn nicht weniger als 5 % des Nominalwertes sein.

Als Gegenwert der Konzession hat die Hauptstadt Anteil am Bruttogewinn der Gesellschaften, und zwar:

Von dem Bruttogewinn der Budapester Straßenbahn:

Bis zur Höhe von	4	Millionen Kronen	3 %
„ „ „ „	4—5	„ „	4 %
„ „ „ „	5—6	„ „	5 %
„ „ „ „	6—7	„ „	7 %
„ „ „ „	7—8	„ „	10 %
„ „ „ „	8—9	„ „	13 %
„	9	„ aufwärts	16 %

Von dem Bruttogewinn der Budapester Elektrischen Stadtbahn:

In den ersten	10	Jahren	(1895—1904)	2 %
„ „ zweiten	10	„	(1905—1914)	3 %
„ „ dritten	10	„	(1915—1924)	4 %
„ „ letzten	15	„	(1925—1939)	5 %

Von dem Bruttogewinn der Untergrundbahn:

In den	ersten	10	Jahren	1 %
„ „	zweiten	10	„	2 %
„ „	dritten	10	„	3 %
„ „	vierten	10	„	4 %
von da ab				5 %

Als Ergebnis dieser Gewinnanteile flossen in die Kasse der Hauptstadt (1910):

Von der Budapester Straßenbahn	1 121 153 K
„ „ „ Elektrischen Stadtbahn .	204 297 K
„ „ Untergrundbahn	500 K

Die Hauptstadt kann also das Recht der Einlösung bei der Budapester Straßenbahn nach 12, bei der Budapester Elektrischen Stadtbahn nach 6 und bei der Untergrundbahn nach 29 Jahren ausüben, und erst nach 37 bzw. 29 und 73 Jahren gehen die Verkehrsmittel in den Besitz der Hauptstadt über. Und obwohl derart die Zeit noch ferne liegt, da die Frage der Eigenverwaltung aktuell würde, beschäftigt sich der Magistrat in den letzten Jahren viel damit, wie es möglich wäre, der Hauptstadt in den Verkehrsunternehmungen führenden Einfluß zu sichern. Denn die Verträge sichern der Hauptstadt nicht bloß gar keinen Einfluß auf die Entwicklung des Verkehrs, sondern selbst solchen Wünschen des Publikums kann nur mit Mühe Geltung verschafft werden, deren Durchführung die Verträge möglich machen.

Die Verträge bedingen den Ausbau einiger Linien, es sind dies jedoch gerade die wichtigsten Strecken, die im Laufe der Zeit ohnehin unbedingt ausgebaut worden wären. Sonst überlassen es die Verträge vollständig der Initiative der Gesellschaften, ob sie neue Linien ausbauen wollen und wo dieselben geführt werden sollen, und die Hauptstadt behält bloß das negative Recht, das Verlangen der Gesellschaften abzuschlagen — bzw. zu gewähren. Die durch die Verträge ausbedungenen Linien wurden (mit wenigen Ausnahmen) schon alle ausgebaut, die meisten schon ziemlich lange vorher. Außerdem aber hat die Hauptstadt nicht das Recht, den Bau anderer Linien zu fordern. Die Linien, deren Ausbau bedungen wurde, wurden danach festgestellt, wie die Entwicklung der Hauptstadt im Anfang der 90er Jahre des vorigen Jahrhunderts vorausgesehen werden konnte. Gerade in diesen letzten 20 Jahren jedoch nahm die Entwicklung der Hauptstadt besonderen Aufschwung; damals noch kaum bewohnte Gebiete wurden dicht bevölkert und in dieser Zwischenzeit bildeten sich in Budapest die

Probleme der Wohnungspolitik und der Stadtregulierung, die heute zu den brennendsten und dringendsten der von der Stadtverwaltung zu erledigenden Fragen gehören. In dieser Zwischenzeit schärfte sich der Gegensatz zwischen Wohnungs- und Geschäftsvierteln und begann der Prozeß der City-Bildung, lauter Probleme und Aufgaben, zu deren Lösung die Regulierung des Verkehrs den Schlüssel bildet. Und gerade in diesen kritischen und ereignisreichen zwei Jahrzehnten stand die Stadtverwaltung wehrlos da, denn die Verträge gewähren der Hauptstadt gar keinen derartigen Einfluß, daß sie an der Leitung der Verkehrspolitik ausschlaggebender Faktor hätte sein können und diese den veränderten Verhältnissen entsprechend dirigiert hätte.

Die Gesellschaften berücksichtigen selbstverständlich in erster Reihe ihr Geschäftsinteresse und verlangen nur die Konzession zum Ausbau jener Strecken, deren Rentabilität sofort gesichert erscheint. Demgegenüber liegt es oft im Interesse der Stadtverwaltung und des Publikums, daß gewisse Linien aus Gründen der Stadtregulierung und der Wohnungspolitik auch dann ausgebaut werden, wenn diese nicht sofort lohnend sind, oder es weniger sind, als die anderen. Das Publikum urgierte und der Magistrat regte aus diesen Gründen oft schon den Ausbau dieser oder jener Linie an. Die Gesellschaften aber, die man ja nicht dazu zwingen konnte, verlangten derartige Gegenleistungen (vor allem die Verlängerung der Verträge), daß die Hauptstadt sie weder gewähren konnte noch wollte.

Gleichwenig Einfluß gewährten die Verträge der Hauptstadt auf die Dirigierung der Tarifpolitik. Die Verträge bestimmen die Fahrtaxen (die im allgemeinen ziemlich hoch sind) und bedingen: daß, wenn die Dividende in fünf aufeinanderfolgenden Jahren bei der Budapester Straßenbahn 10 % des nominellen Aktienkapitals, bei der Budapester Elektrischen Stadtbahn 8 % des eingezahlten Aktienkapitals übersteigt, die Fahrpreistarife revidiert werden können. Die Hauptstadt hat also nur geringe Prärogative in dieser Hinsicht: spezielle Fahrtaxen, sei es für gewisse Linien oder für gewisse Kategorien der Bevölkerung, kann sie auf Grund dieser Bedingungen nicht verlangen, was aber sowohl für die städtische Sozialpolitik als für die Stadtregulierung ein recht wirksames und wichtiges Mittel wäre. Jahre hindurch urgierte das Publikum die billigen Arbeiterabonnements und billigen Arbeiterkarten und die Hauptstadt selbst unterstützte diesen Wunsch.

Da aber die Verträge der Hauptstadt gar keine Rechte auf die Richtung der Tarifpolitik gewähren, blieben alle diese Wünsche erfolglos. Die Verkehrsabteilung des Stadtrats sagt in einer ihrer Unterbreitungen:

„Die Behörden der Hauptstadt strebten wiederholt an, dem Publikum bei den Tarifen und der Billetbehandlung einige Vorteile zu sichern, doch mißlangen diese Bestrebungen der Behörden in letzter Zeit zum größten Teile.

In nicht geringem Maße wird auch der Nachteil dessen empfunden, daß die Verkehrsmittel ausschließlich in den Händen von Privatunternehmungen sich befinden, bei deren Verwaltung natürlicherweise die geschäftlichen Interessen ausschlaggebend sind.

In Zukunft aber wird sich dieser Zustand voraussichtlich noch ungünstiger gestalten.

Je näher nämlich der Zeitpunkt rückt, da die Verkehrsunternehmungen ihre ganzen Einrichtungen unentgeltlich und lastenfrei der Hauptstadt zu übergeben verpflichtet sind, um so eher folgt daraus jener Standpunkt der Unternehmungen, daß sie nur in solchem Falle geneigt sind, den Bau neuer Linien zu unternehmen, wenn sie die vollständige Abtragung der neuen Investition nebst reichlichem Zinsenerträgnis bis zum Ablauf der Konzession gesichert sehen.

Daher kommt es, daß die Errichtung neuer Verkehrslinien in Gegenden, wo sie teils die Entwicklung der Stadt, teils Wohnungs- und andere Verhältnisse wünschenswert erscheinen ließen, infolge des Verhaltens der Privatunternehmungen und des Umstandes, daß die Behörden ihrem Willen mit gesetzlichen Mitteln keine Geltung verschaffen können, in der Regel nicht durchgeführt werden kann.

Es ist daher zweifellos, daß die mit den Gesellschaften geschlossenen Terrainnutznießungsverträge, die nicht mit dem jetzigen raschen und großzügigen Aufschwung rechneten, sondern viel bescheidenere Änderungen voraussahen, den heutigen Ansprüchen nicht entsprechen, hauptsächlich aus dem Grunde, weil sie der Hauptstadt als konzessionierender Behörde und als Vertragspartei keinen genügenden Einfluß auf den Betrieb der Verkehrsunternehmungen sichern [1]."

Bei den bestehenden Linien kann die Stadt nur geringere Verbesserungen und Nachtragungen verlangen. So kann sie die Gesellschaften dazu verpflichten, zweite Geleise zu legen und (in bestimmten Grenzen) die Verlängerung der Linien und Errichtung der notwendigen Abzweigungen verlangen.

Die sonstigen Rechte der Stadt beschränken sich auf die notwendige Aufsicht und Kontrolle, und auch diese mehr auf dem Gebiete der Hygiene und der allgemeinen Sicherheit, als auf wirtschaftlichem Gebiete.

[1] Unterbreitung des Stadtrats in Angelegenheit des Ankaufes eines Teiles der Aktien der Budapester Elektrischen Stadtbahn 1911.

Die Rechte bevollmächtigen die Stadt dazu: daß sie den Verkehr direkter Wagen anordnet und bestimmt; Zahl und Ort der Haltestellen bestimmt; auf die Sauberkeit der Wagen achtet; in Gemeinschaft mit den Gesellschaften die Fahrordnung festsetzt und auf deren Einhaltung achtet; die Ungestörtheit und Kontinuierlichkeit des Verkehrs beobachtet, die Betriebsfähigkeit und die genügende Menge der Verkehrsmittel prüft.

Ferner hat die Hauptstadt das Recht, in das Geschäftsgebaren der Straßenbahnen Einblick zu nehmen und es zu kontrollieren, doch auch dieses Vorrecht dient nur zum Schutze der finanziellen Interessen der Hauptstadt (als teilhabendem und einlösendem Faktor).

Es wird ersichtlich, daß all diese Rechte der Hauptstadt nur sekundärer Bedeutung sind, nur für die Erhaltung des Verkehrs, der Hygiene und der Ordnung und dem Schutz der eignen finanziellen Interessen gelten.

Die wesentlichen, wichtigen Rechte und Freiheiten, die Leitung der Verkehrs- und Tarifpolitik, die nach Wissenschaft und Erfahrung eines der wirksamsten Mittel der Kommunalpolitik sind, und die auch der Bürgermeister in seiner die Sanierung der Wohnungskalamität bezweckenden Unterbreitung als eines der wertvollsten Mittel anführte: diese Rechte wurden der Hauptstadt nicht eingeräumt. Sie empfindet deren Mangel um so mehr, als der Widerspruch zwischen der mächtigen Entwicklung der Stadt und der Bevölkerung einerseits und der Langfristigkeit der Verträge anderseits sehr groß ist.

Die Hauptstadt hat aber selbst dort mit Schwierigkeiten zu kämpfen, wo sie die Gesellschaften zur Einhaltung der Verträge drängen muß.

Das Publikum klagt oft über das Verhalten der Gesellschaften; darüber, daß diese weder den Fahrplan einhalten, noch auch die Verkehrsmittel in einem Zustande erhalten, der die ungestörte Abwicklung des Verkehrs sichern würde.

Da also die heutige Verkehrspolitik die Interessen des Publikums nicht befriedigt und es der Hauptstadt nicht möglich ist, dem Übel auf Grund der Verträge abzuhelfen, gewann in den Leitern des Magistrats die Überzeugung die Oberhand, daß die Sache nur saniert werden kann, wenn die Hauptstadt an Stelle der Verträge die Rechte des Besitzers ausübt.

Da jedoch der Ablauf der Verträge noch ferne liegt (und das Übel akut ist), die finanziellen Bedingungen der Einlösung aber auch nicht günstig für die Hauptstadt sind, studierte der Stadtrat die Möglichkeit, wie die Hauptstadt in den Besitz der Mehrzahl der Aktien der einen oder anderen Gesellschaft gelangen könnte. Hierzu bot sich im Jahre 1911

Gelegenheit, als eine Budapester Bank 61,4 % der Aktien der Budapester Elektrischen Stadtbahn zum Kaufe anbot.

Damit wurde die Hauptstadt Herr der einen Gesellschaft, ja sie gewann auf diese Weise auch Einfluß auf die Untergrundbahn, da ja die Budapester Elektrische Stadtbahn ein Hauptaktionär der Untergrundbahn ist.

Seit dem Ankauf dieser Aktienmehrheit ist erst so wenig Zeit vergangen, daß noch nicht festgestellt werden kann, wie die Hauptstadt ihre Rechte in der Verkehrspolitik geltend machen wird. Doch auch bisher schon hat sie es auf den Linien der Budapester Elektrischen Stadtbahn durchgesetzt, daß am Morgen bis 7 Uhr, ohne Rücksicht auf die Länge der Fahrt, die geringste Taxe, 12 h, zu entrichten ist, was ein alter und anerkannter Wunsch der Arbeiterschaft war. Ferner besserte sie die Bezahlung der Angestellten, die bis dahin zur schlechtest bezahlten Arbeiterklasse gehört hatten. Schließlich begann sie mit den Vorarbeiten einer neuen Linie, die im Interesse des Verkehrs schon seit langem wünschenswert erschienen war, für deren Ausbau jedoch eine solche Gegenleistung gefordert wurde, daß die Hauptstadt sie nicht gewähren konnte.

Worin die Zukunftspolitik der Hauptstadt bestehen wird, läßt sich nicht mit Sicherheit sagen. Aber es ist natürlich und leicht vorauszusehen, daß sie bei Streckenbaukonzessionen jener Gesellschaft den Vorrang einräumen wird, bei der sie Einfluß ausübt und wo ein ansehnlicher Teil ihres Vermögens liegt.

IV. Die Plakatanstalt.

Bis zum Jahre 1886 war das Gewerbe, das sich mit den Plakatanschlägen befaßte, gar nicht geregelt. Laut dem Gewerbegesetz konnte es ein jeder frei betreiben, ohne daß er durch irgendwelche spezielle behördliche Regelung in bezug auf den Ort und die Art der Plakatanschläge behindert gewesen wäre. Die Anzeigen wurden an die Wände der Häuser, an die Planken usw. angeschlagen, ohne System und ohne Rücksicht auf ästhetische Gesichtspunkte. Die Verordnung vom Jahre 1886 machte diesem Zustand ein Ende; danach durften die Anzeigen nur auf Plakatsäulen, auf die Wände der Häuser und auf die ständigen Planken nur auf Tafeln angeschlagen werden. Die Aufstellung von Plakatsäulen, weil sich diese auf öffentlichem Gebiet befinden, wurde zum behördlichen Recht deklariert; dieses Recht wurde durch die Hauptstadt im Jahre 1888 einer Privatfirma auf 30 Jahre in Pacht gegeben.

Laut dem Vertrag war der Unternehmer verpflichtet, innerhalb zehn Jahren mindestens 80 Plakatsäulen und 100 Plakattafeln aufzustellen, die sofort nach deren Errichtung ohne Gegenleistung in das Eigentum der Hauptstadt übergehen sollten. Sollte jedoch die Hauptstadt in der Zwischenzeit die einheitliche Regulierung das Plakatwesens vornehmen und die Plakatierungen auf dem ganzen Gebiete der Hauptstadt mit ausschließlichem Rechte in die eigene Regie übernehmen, so hat sie das Recht, den Vertrag noch vor seinem Ablauf außer Kraft zu setzen, sie wäre jedoch in diesem Falle verpflichtet, für die in gutem Zustand erhaltenen Säulen und Tafeln jene Summe zu entrichten, die (eine 30jährige Amortisation zur Grundlage genommen) infolge der vorzeitigen Vertragslösung nicht mehr getilgt werden konnte.

Am 29. September 1909 beschloß denn auch die Hauptstadt, daß die Plakatanschläge ein rechtliches Monopol der Stadt bildeten. Die darauf bezügliche Verordnung erklärt, daß „eine jedwede Anzeige, die auf dem Gebiete der Hauptstadt in irgendwelcher Form zur öffentlichen Besichtigung ausgestellt wird (die sogenannten beweglichen Anzeigen mit inbegriffen, wie auch die sogenannten Flugannoncen), das ausschließliche Recht der Residenzstadt bilde". Also eine vom öffentlichen Gebiete aus sichtbare Anzeige kann ohne die Erlaubnis der Hauptstadt weder auf öffentlichem noch auf Privatgebiet angebracht werden. Eine Ausnahme bilden die behördlichen Kundmachungen, sowie Anzeigen, die sich im inneren Teile der Gebäude befinden, als auch die Annoncen und Aufschriften der Geschäfte und der Unternehmungen usw., die sich auf ihre im selben Hause befindlichen Geschäfte, Waren usw. beziehen.

Die Verordnung ermöglichte die Außerkraftsetzung des Vertrages. Auf diese Maßnahme drängte sowohl die öffentliche Meinung als auch die Generalversammlung, weil gegen den Privatunternehmer stets und ständig Klagen erhoben wurden. „Mit dem Plakatwesen" — schreibt die durch den Magistrat veröffentlichte Begründung — „sind polizeiliche, moralische, ästhetische, volkswirtschaftliche und kulturelle Interessen verknüpft, die alle gefährdet sind, wenn das Plakatwesen durch einen Privatunternehmer mit ausschließlichem Rechte rein nach geschäftlichen Gesichtspunkten verwaltet wird. Anderseits beansprucht das Unternehmen so wenig Kapital und eine so einfache Verwaltung, daß es sich für die Kommunalisierung sehr gut eignet und für den hauptstädtischen Haushalt bedeutende Einnahmen verspricht."

Aus diesen Gründen wurde der Vertrag gekündigt und am 1. März 1911 übernahm die Hauptstadt den Betrieb. In eigener Regie wurde durch diesen Betrieb nur das Plakatierungsgewerbe betrieben. Die übrigen Annoncierungsarten, auf die sich das Monopol der Stadt ebenfalls erstreckt, verbleiben weiterhin in den Händen der Privatunternehmer, weil sie sich für die kommunale Verwaltung nicht eignen. Jedoch wird für die Veröffentlichung dieser Anzeigen eine Erlaubnisgebühr erhoben, und zwar durch die Plakatierungsunternehmung der Hauptstadt, die diese Gelder verwaltet.

Bei der Ablösung übernahm die Stadt auf Grund des Vertrages 200 Stück Plakatsäulen und 118 Stück Plakattafeln. Diese Menge reichte jedoch schon vor der Ablösung nicht mehr aus, um den Bedarf zu decken, deshalb wurden sofort nach der Ablösung weitere 200 Säulen und 1200 Tafeln in Betrieb gesetzt. Außerdem wurden noch die Holzbuden, die sich über die Schächte der Hauptsammlungskanäle erheben (65 Stück), zu Plakatierungszwecken verwendet. Alles zusammengenommen, verfügt jetzt der Betrieb über folgenden Flächeninhalt, der zu Plakatierungszwecken verwendet werden kann:

Die Säulen 400 Stck. × à 11 qm = . .	4 400	qm
Die Kanalbuden 65 Stck. × à 15,4 qm =	1 000	"
Alte Tafeln 118 Stck.	821	"
Neue Tafeln 1200 Stck. × à 10 qm =	12 000	"
Insgesamt	18 221	qm

Als wir diese Zeilen schreiben, stehen uns in bezug auf die Rentabilität des Betriebes nur jene Daten zur Verfügung, auf die man sich stützte, als die Kommunalisierung des Betriebes beschlossen wurde.

Bei der Übernahme des Betriebes wurden die nötigen Kapitalien aus der zwei Millionen-Pfund-Sterling-Anleihe flüssig gemacht, die das Unternehmen aus den Betriebseinnahmen in 20 Jahren mit einer 5 %igen Verzinsung zurückzuerstatten habe. Insgesamt wurden dem Betrieb 305 362,34 K zur Verfügung gestellt, die in folgender Weise verwendet wurden:

Der Ablösungspreis (laut dem Vertrag)	55 362,34 K
200 neue Säulen à 500 K	100 000,— K
12 000 qm neue Tafeln à 5 K	60 000,— K
Die Ausrüstung der Säulen und Buden mit gemeinnützigen Einrichtungen (Uhr, Barometer)	40 000,— K
Die erste Einrichtung des Betriebes und das zirkulierende Kapital	50 000,— K
Summa	305 362,34 K

Die Raumgebühren wurden durch die Hauptstadt wie folgt festgesetzt (nach 100 Stück Säulen):

Tag	Bogen				
	1/4 (32/48) K	1/2 (48/63) K	1 (63/96) K	2 (96/126) K	3 (96/189) K
1	4	7	12	20	30
2— 5	20	35	60	100	150
6—10	30	54	90	150	220
11—15	40	72	120	200	290
16—20	50	90	160	260	430
21—30	60	104	180	300	450
31—40	90	158	270	450	670
41—50	110	194	340	560	880
51—60	120	208	360	600	900
61—70	150	262	450	750	1200
71—80	170	298	520	860	1330
81—90	180	312	540	900	1350

Anschlagegebühr nach 100 Stück:

Nach einer Anzeige mit	1/4 Bogen Größe	1 K
„ „ „ „	1/2 „ „	2 K
„ „ „ „	1 „ „	3 K
„ „ „ „	2 „ „	5 K
„ „ „ „	3 oder mehr	10 K

Für jene Anzeigen, die auf den Tafeln angebracht werden, wird nur der vierte Teil der Raumgebühren der Säulen entrichtet, die Anschlagegebühr ist jedoch hier wie dort dieselbe. Diese Raumgebühren sind erheblich billiger als die des Privatunternehmers waren. Für ein Plakat von 1/4 Bogen Größe, auf 100 Säulen 30 Tage hindurch angeschlagen, ließ sich der Unternehmer 100 K, für ein Plakat von 1/2 Bogen Größe 200 K, für 1 Bogen 300 K, für 2 Bogen 500 K, für 3 Bogen 676 K bezahlen. Diese Gebühren waren also um etwa 45 % teurer als die Gebühren der Hauptstadt.

Wenn wir das Ausgeführte zur Grundlage nehmen und voraussetzen, daß nur die Hälfte des verfügbaren Raumes im ganzen Jahre hindurch Verwendung findet, und daß die behördlichen Kundgebungen, die laut der Verordnung bis zu 2000 qm pro Tag keine Gebühren zu entrichten haben, stets das Maximum des ihnen verfügbaren Raumes in Anspruch nehmen, auf Grund dieser mäßigen und vorsichtigen Berechnung, verspricht uns die Gewinn- und Verlustrechnung des Plakatierungsbetriebes folgendes Bild:

Ausgaben.	K	Einnahmen.	K
Personalausgaben und Arbeitslöhne	70 000,00	Einnahmen für Säulen	123 428,40
Reale Ausgaben (Lokalmiete, Heizung, Beleuchtung, Material usw.)	65 000,00	Einnahmen für Tafeln	106 817,25
Kapitaltilgung	23 977,94		
Gewinn	71 267,71		
Summe	230 245,65	Summe	230 245,65

Der Gewinn beträgt also 71 267,71 K, was einer 23,34 %igen Verzinsung des Einlagekapitals entspricht. Dazu kamen noch 2428,92 K (so in der Schlußrechnung für das Jahr 1909), die für die behördlichen Kundgebungen verausgabt wurden, die jedoch jetzt unentgeltlich plakatiert werden, sowie die Kosten für die Instandhaltung der Kanalbuden, die von nun an den Plakatierungsbetrieb belasten. Im Etat für das Jahr 1911 wird der geschäftliche Überschuß des Plakatierungsbetriebes für das restliche Dreivierteljahr auf 54 000 K veranschlagt. Demgegenüber befinden sich 6912 K, die vom Unternehmer als Pachtgebühr entrichtet wurden.

Der Plakatierungsbetrieb beschäftigt 8 Beamte und 30 Arbeiter.

V. Betriebe zum Zwecke der Lebensmittelversorgung.

1. Die kommunale Brotfabrik.

Eigentlich hatte die Hauptstadt nur die Errichtung eines einzelnen Backofens geplant, um den häuslichen Bedarf zu decken. Sie wollte bei der Verpflegung der städtischen Krankenhäuser und sonstiger Anstalten finanzielle Ersparnisse machen. Jedoch die allgemeine Teuerung, die auch die Brotpreise nicht unberührt ließ, das Kartell der Bäckermeister, das die Gestaltung der Brotpreise von den Schwankungen der Mehlpreise unabhängig machte und eine künstliche Preisbildung ermöglichte, die primitive kleingewerbliche Form des Bäckergewerbes, wodurch die Produktion unnötigerweise verteuert und infolge der primitiven technischen Ausrüstung der Betriebe selbst den einfachsten sanitären Forderungen nicht Genüge geleistet wurde, die ständige Verschlechterung der Brotqualität: all diese Ursachen veranlaßten die Hauptstadt dazu, ihren ursprünglichen Plan fallen zu lassen und eine große, mit Maschinenbetrieb ausgerüstete Brotfabrik zu errichten. So wurde aus einem Plan, der ursprünglich eine kleine finanzielle Erleichterung erzielen wollte, eine wirtschaftliche und sozialpolitische Einrichtung.

Die Brotfabrik wurde am 23. August 1909 in Betrieb gesetzt. Ihre tägliche Produktionsfähigkeit beträgt 25 000 kg Brot; jedoch wurde der Bau in der Weise durchgeführt, daß die Fabrik, wenn nötig, auf eine tägliche Produktion von 80 000 kg erweitert werden könnte. Die Nachfrage nach kommunalem Brot war im ersten Jahre so groß, daß die Erweiterungsbauten schon in Angriff genommen wurden. Die Bau- und Einrichtungskosten der Fabrik beliefen sich, ohne Grundstück, auf 611 000 K. Davon entfallen auf das Gebäude 302 150 K; auf die Maschinen 236 541 K. Die Fabrik wurde auf städtischem Grundstück erbaut, dessen Inventarwert 82 000 K ausmacht. Der Flächeninhalt des Grundstückes beträgt 1617 Quadratklafter. Im Jahre 1910 wurde 6 467 926 kg Brot produziert.

Die Erzeugung des Brotes erfolgt ausschließlich auf mechanischem Wege. Bei der Einrichtung der Fabrik strebte man danach, daß das Brot bei der Erzeugung womöglich wenig von menschlichen Händen berührt werde.

Der Teig wird in zinkierten Muscheln, mit einem Hohlraum von je 475 l, vorbereitet, aus denen er bis zur Formierung nicht ausgehoben wird. Das Kneten wird von Knetmaschinen besorgt, die von elektrischen Motoren, die auf 5 P. S. eingerichtet sind, getrieben werden. Der zinkierte Arm der Knetmaschine besorgt das Kneten einer Teigmenge von 480 kg in 4—5 Minuten. Das Brot wird in 20 doppelten (telescocar) Backöfen gebacken. Diese werden nicht unmittelbar geheizt, sondern durch Dampf, der in Lötrohren verschlossen ist. Ein einziger Ofen produziert in einer Stunde 100 Stück à 2 kg. Der ganze Betrieb ist auf elektrische Kraft eingerichtet. Die Kraftmaschinen bestehen aus 2 Stück Dieselmotoren (H. P. 40); aus 2 Stück Dynamos (25 W. K.) und aus einer Akkumulatorenbatterie (mit 432—580 Ampère-Stunden-Kapazität).

Den Arbeitern stehen geräumige Bade- und Waschlokale zur Verfügung. Bevor diese an ihre Arbeit gehen, sind sie verpflichtet, sich zu waschen und die stets reingehaltenen Kleider der Brotfabrik anzulegen.

Das Brot wird teils durch die Hauptstadt selber, in ihren eigenen Lokalen, teils durch Zwischenhändler verkauft. Im Jahre 1910 besaß die Stadt 145 Verschleißorte. Diese sind in den Markthallen, auf offenem Markte und in den Pferdefleischbänken der Gemeinde untergebracht.

Das Personal der Fabrik besteht (1911) aus 70—100 Personen.

Durch die Errichtung der Brotfabrik wollte die Hauptstadt in den Besitz eines Mittels gelangen, mit dessen Hilfe sie in die Brotversorgung der Bevölkerung eingreifen könne, also: nicht durch polizeiliche Regelung, sondern durch die wirtschaftliche Konkurrenz. Die Behörde geht nicht auf Spekulation aus und sie beutet nicht aus die günstigen Konjunkturen. Der Brotpreis wird gemäß den jeweiligen Produktionskosten und der durchschnittlichen Profitrate bestimmt. Das Brot wird auch dann nicht teuerer verkauft, wenn die Marktkonjunkturen die Erreichung von höheren Preisen ermöglichten. Aber auch nicht billiger. Sie will keine unlautere Konkurrenz betreiben und die Preise unter die Produktionskosten herabdrücken. Die kommunale Brotfabrik nimmt in ihre Preiskalkulation alle jene Kosten auf, die den Privatunternehmer belasten, auch solche, die im Gemeindebetrieb in Wirklichkeit gar nicht in Betracht kommen (wie z. B. Steuer, Grundstückverzinsung). Ihre Preispolitik geht einzig und allein darauf aus, die Bildung von Monopolpreisen zu verhindern; einerseits will sie unmöglich machen, daß bei einer Steigerung der Rohmaterialpreise die Bäcker die Preise höher schrauben sollen, als dies durch den Preis des Mehls begründet wäre, anderseits versucht sie die Bäcker zu zwingen, bei einem Rückgang der Mehlpreise auch die Brotpreise herabzusetzen, was sie bis jetzt fast nie oder jedenfalls sehr selten taten.

Aber bei einer Regulierung der Preise muß die Behörde auch auf die Regulierung der Qualität bedacht sein. Den Bäckern steht die Möglichkeit offen, die Preissteigerung in verhüllter Form vorzunehmen: der Preis bleibt derselbe, aber das Brot wird aus schlechterem Material hergestellt. Zurzeit sind die verschiedensten Brotqualitäten im Umlauf, wodurch eine einheitliche Preisbildung erschwert wird. Dem Publikum wird es unmöglich gemacht, sich unter den vielen Brotsorten zurechtzufinden und ihren Wert zu beurteilen. Deshalb ist die kommunale Brotfabrik bestrebt, einen Normaltypus von Brot zu schaffen und durch ihre Konkurrenz die Bäckermeister dazu zu zwingen, ähnlichen Brottypus, aus ähnlichem Material zusammengesetzt, zu backen; anderseits will sie dem Publikum die Vergleichung und Bewertung ermöglichen.

Außerdem will die behördliche Konkurrenz die Hygiene der Produktion verbessern, sie will das Bäckergewerbe aus dem kleingewerblichen Zustand, der für die Gesundheit so viele Gefahren in sich birgt, emporheben, und es dazu bewegen, auf den produktiveren, reineren Maschinenbetrieb überzugehen.

Endlich will die kommunale Brotfabrik folgenden sozialpolitischen und das Armenwesen betreffenden Zweck verfolgen: in außergewöhnlichen Zeiten, in Zeiten der Hungersnot und außergewöhnlicher Teuerung sollen die ärmeren Bevölkerungsklassen billig oder umsonst mit Brot versehen werden.

Dies waren die Ursachen, die zur Gründung der kommunalen Brotfabrik führten, und nach einjährigem Bestehen dieser Brotfabrik können wir feststellen, daß sie in dieser Richtung bedeutende Erfolge aufzuweisen hatte. Dafür zeugt unter anderem auch die Tabelle 7, die die Preisschwankungen in den letzten Jahren verzeichnet.

Früher waren die Bäcker mit Hilfe ihrer Kartelle in der Lage, die Disharmonie zwischen Angebot und Nachfrage schrankenlos auszubeuten. Sobald die Mehlpreise gestiegen sind, steigerten sie sofort die Brotpreise, und zwar in einem Maße, das in gar keinem Verhältnis stand zu den gesteigerten Mehlpreisen; diese hohen Preise wurden auch dann beibehalten, als die Mehlpreise schon einen Rückgang aufzuweisen hatten. Die Jahre 1906 und 1907 zeugen für die Richtigkeit dieser Behauptung. Der Preis des Weißbrotes stieg vom Januar 1906 bis zum Juni 1909 (die kommunale Brotfabrik wurde am 23. August 1909 in Betrieb gesetzt) um 50 %, der des braunen Brotes um 66 %. Im Jahre 1906 (Januar—Dezember) fielen die Engrospreise des Brotmehls Nr. 5 um 14 %, des Brotmehls Nr. 6 um 9 %, des Brotmehls Nr. 7 um 12 %, des Roggenmehls um 7 % und gleichzeitig blieb der Preis des braunen Brotes unverändert, ja, das Weißbrot wies sogar (in den Monaten Oktober und November) eine Steigerung auf. Aber sobald im Jahre 1907 die Steigerung der Mehlpreise einsetzte — das Brotmehl Nr. 5 stieg um 83 % im Preise, das Nr. 6 um 87 %, das Nr. 7 um 98 %, das Roggenmehl um 89 % —, da gingen auch die Brotpreise in die Höhe, und zwar stieg der Preis des Weißbrotes um 33 % und der des braunen Brotes um 38 %. (Diese Zahlen geben kein klares Bild von der Preissteigerung, denn mit den steigenden Mehlpreisen wird zur Herstellung des Brotes ein schlechteres Material benutzt.)

Diese Tendenz herrschte nun bis zum August 1909 vor, wo plötzlich, genau von der Zeit an, wo die kommunale Brotfabrik ihre ersten Erzeugnisse an den Markt brachte, eine Änderung eintrat. Der Preis des Brotmehls Nr. 5 wies vom Juli bis Dezember 1909 einen Rückgang von 13 % auf, der des Brotmehls Nr. 6 14 %, der Preis des Brotmehls Nr. 7 13 %, das Roggenmehl blieb unverändert. Gleichzeitig ging der Preis des Weißbrotes um 9 %, der des braunen Brotes um 19 % zurück. Im Jahre 1910 (Januar—Dezember) hatte das Brotmehl Nr. 5 einen Preisrückgang von 23 %, das Nr. 6 einen solchen von ebenfalls 23 %, desgleichen das Brotmehl Nr. 7, das Roggenmehl hatte einen solchen von 18 % aufzuweisen, und gleichzeitig wurde das Weißbrot um 10 %, das braune Brot um 17 % billiger.

Tabelle 7.

Monat	Brotmehl Nr. 5				Brotmehl Nr. 6				Brotmehl Nr. 7				Kornmehl			
	1906	1907	1909	1910	1906	1907	1909	1910	1906	1907	1909	1910	1906	1907	1909	1910
Januar	22,58	19,94	34,80	39,33	20,78	19,34	33,00	37,33	19,13	17,44	31,00	34,83	20,80	19,40	31,41	32,02
Februar	22,28	20,03	35,29	38,73	20,40	19,43	36,36	36,80	18,69	16,90	30,69	34,80	20,31	19,75	30,40	32,02
März	21,72	20,47	37,73	37,20	19,91	19,64	35,73	35,60	18,06	13,08	32,74	33,60	20,00	19,80	31,32	32,00
April	21,52	22,11	39,29	35,93	19,72	21,11	36,41	34,33	17,79	19,38	33,94	32,54	20,00	19,86	31,86	32,02
Mai	21,27	25,82	39,91	33,06	19,47	24,50	36.42	31,46	17,37	22,50	33,48	30,17	19,44	22,80	32,00	32,00
Juni	20,53	26,28	44,56	30,03	18,52	25,40	41,67	28,89	16,91	23,60	38,10	27,65	19,22	24,38	32,00	32,02
Juli	20,30	28,65	45,76	28,36	18,33	27,67	43,78	27,04	16,75	26,18	40,43	25,78	19,09	25,09	32,00	32,12
August	19,55	31,31	42,72	28,17	18,14	30,31	40,80	26,64	16,20	28,91	37,28	24,59	18,57	25,90	32,00	31,40
September	19,09	31,38	39,53	28,97	17,89	30,60	37,69	26,97	15,85	28,95	34,02	24,97	18,50	25,90	32.00	25,85
Oktober	19,47	32,22	40,89	29,12	18,68	31,62	38,69	27,12	16,68	29,84	35,49	25,12	19,08	29,41	32,00	25,03
November	19,30	34,97	41,06	29,63	18,77	34,18	39,36	27,90	16,77	32,73	36,05	25,90	19,40	34,48	32,00	25,34
Dezember	19,40	36,60	39,62	30,28	18,80	36,20	37,64	28,55	16,80	34,60	34,92	26,68	19,40	36,67	32,00	26,01
Durchschnitt	20,58	27,48	40,10	34,89	19,12	26,68	37,88	30,72	17,25	24,93	34,85	28,88	19,48	25,29	31,75	29,81

Monat	Brot, weißes				Brot, braunes				Brot (kommunale Brotfabrik), weißes		Brot (kommunale Brotfabrik), halbbraunes		Brot (kommunale Brotfabrik), braunes	
	1906	1907	1909	1910	1906	1907	1909	1910	1909	1910	1909	1910	1909	1910
Januar	28	27	38	39,5	21	21	31	29,2	—	34	—	30	—	26
Februar	28	28	38	39,3	21	21	30	29,4	—	34	—	30	—	26
März	23	28	39	39,00	21	21	31	29,8	—	34	—	30	—	26
April	28	28	40	39,2	21	21	32	29,4	—	34	—	30	—	26
Mai	28	30	41	39,2	21	21	33	28,5	—	32	—	28	—	24
Juni	28	32	42	36,02	21	22	35	26,7	—	32	—	28	—	24
Juli	27	34	44	36,02	21	25	36	26,1	—	32	—	28	—	24
August	28	35	43	35,02	21	25	35	25,2	34	30	30	26	26	22
September	28	34	40	35,02	21	27	32	24,8	34	30	30	26	26	22
Oktober	29	38	40	35,6	21	28	28	24,5	34	30	30	26	26	22
November	29	36	40	34,8	21	29	31	23,6	34	30	30	26	26	22
Dezember	28	36	40	35,3	21	29	29	24,2	34	30	30	26	26	22
Durchschnitt	28	32	40	37,8	21	24	32	26,7	—	31,8	—	27,6	—	23,9

Diese Zahlen beweisen, daß die Stadt mit dieser ihrer Einrichtung ihr Ziel erreichte. Die Konkurrenz der Brotfabrik bewirkte, daß die Bäcker gezwungen sind, schon einem geringen Rückgang der Engrospreise Rechnung zu tragen, was sie früher unbeachtet ließen. Abgesehen von großen Preissteigerungen blieben bisher die Brotpreise den Schwankungen der Mehlpreise gegenüber so ziemlich unempfindlich, währenddem in den Jahren 1909—1910 die Brotpreise eine fortwährende Vibration aufweisen und sie reagieren auf die geringsten Schwankungen der Mehlpreise. Der Rückgang der Brotpreise vom Juni 1909 bis Dezember 1910 beläuft sich (wenn wir pro Kilogramm 8—10 h rechnen) auf ungefähr 20—25 000 K pro Tag, oder es macht eine Jahresersparnis in der Haushaltung der hauptstädtischen Bevölkerung von ungefähr 7—9 Millionen Kronen aus.

Die kommunale Brotfabrik, die dreierlei Brotqualitäten erzeugt (Weißbrot, braunes und halbbraunes Brot aus Weizenmehl gemischt mit Roggenmehl und ohne Kartoffeln), mäßigte seit ihrem Bestehen schon zweimal die Preise, wie dies aus folgender Tabelle hervorgeht:

	Die Brotpreise					
	der kommunalen Brotfabrik			der Privatbäcker		
	1909 13. Aug.	1910 15. Mai	1910 1. Aug.	1909 13. Aug.	1910 im Mai Durchschn.	1910 im Mai Durchschn.
	kg	kg	kg	kg	kg	kg
Braunes Brot . .	26	24	22	30—40	28,5	25,2
Halbbraunes Brot	30	28	26	—	—	—
Weißes Brot . .	34	32	30	40—50	39,2	35,0

Diese Tabelle zeigt uns wieder den Einfluß der kommunalen Brotfabrik: währenddem im August 1909 der Unterschied in den Preisen des kommunalen Brotes und denen des von den Privatbäckern erzeugten, beim braunen Brot 15—50 %, beim Weißbrot 20—50 % ausmachte, so schrumpfte dieser Unterschied im August 1910 auf 14,5 % beim braunen und auf 17 % beim Weißbrot zusammen. Der kommunalen Brotfabrik ist es also gelungen, die Marktpreise jenem Preisniveau näher zu bringen, das nach ihrer Berechnung, die jeweiligen Produktionskosten zur Grundlage genommen, der Billigkeit entspricht.

Der kommunalen Brotfabrik muß es ebenfalls zugute gerechnet werden, daß seit ihrem Bestehen zwei Brotfabriken, beide auf Maschinenbetrieb eingerichtet, entstanden sind. Es ist also zu hoffen, daß die Konkurrenz der Hauptstadt im Bäckergewerbe jene technische Umwälzung beschleunigen wird, die sowohl vom ökonomischen als auch vom hygienischen Standpunkte aus erwünscht ist.

Neben diesen bedeutenden wirtschaftlichen und sozialpolitischen Erfolgen konnte die kommunale Brotfabrik ihr erstes Geschäftsjahr mit Ergebnissen abschließen, die auch vom finanziellen Standpunkte aus als befriedigend bezeichnet werden können.

Wiewohl bei ihrer Errichtung nicht das finanzielle Interesse entscheidend war, so wurde für die Geschäftsleitung der Brotfabrik doch zum Prinzip gemacht: der Betrieb muß sämtliche Ausgaben decken, außerdem muß eine entsprechende Verzinsung des investierten Kapitals erreicht werden. Das investierte Kapital wurde von der 2 Millionen-Pfund-Sterling-Anleihe der Hauptstadt flüssig gemacht; die verwandte Summe, als auch der Grundstückwert wird durch die Brotfabrik mit 5%igen Amortisationszinsen getilgt. Sie muß ferner sorgen für die entsprechende Dotierung des Preisschwankungs- und Erneuerungsfonds. Es werden für das Gebäude 1%, für die Maschinen 5%, für die sonstigen Einrichtungen 10% abgeschrieben.

Die kommunale Brotfabrik konnte allen diesen Verpflichtungen genügen, ja, sie erreichte sogar einen kleinen Überschuß, wie dies aus den Jahresschlußrechnungen hervorgeht (Tabelle 8).

Tabelle 8. **Bilanzrechnung.**

Aktiva.	K	Passiva.	K
Fabrikgebäude, Maschinen usw.	545 326,65	Tilgungsanleihe des Gemeindefonds	545 326,65
Ausrüstungen und Möbel	60 063,13	Gläubiger	191 275,73
Bares Geld	3 216,15	Wertverminderungsfonds	62 664,52
Materialvorrat	37 268,98	Gewinn	9 150,41
Schuldner	162 542 40		
Summe	808 417,31	Summe	808 417,31

Gewinn- und Verlustrechnung.

Ausgaben.	K	Einnahmen.	K
Verwaltung, Personal- und Bureaukosten	45 047,45	Brotrechnung	519 892,30
Betriebskosten	421 527,84	Diverse Einnahmen	70 602,33
Anleihekapital und Zinstilgung	42 514,10		
Grundstückpacht und Zinsen des zirkulierenden Kapitals	8 602,11		
Zweifelhafte Forderungen	988,20		
Abschreibungen	62 664,52		
Gewinn	9 150,41		
Summe	590 494,63	Summe	590 494,63

Danach wurde durch die Brotfabrik außer den Personal- (45 047 K 45 h) und Betriebskosten (421 527 K 84 h) auch die Annuität des investierten Kapitals (42 514 K 10 h), sowie der Zins des Grundstückwertes und der Zins des von der Hauptstadt erhaltenen zirkulierenden Kapitals gedeckt (8602 K 11 h). Ferner wurden in Abschreibung gebracht: die zweifelhaften geschäftlichen Forderungen (988 K 20 h), sowie der Wertverminderungs- und Preisschwankungsfonds (62 664 K 52 h). Und nach alledem weist die Bilanz der Brotwerke einen Geschäftsüberschuß von 9150 K 41 h auf. Die Hauptstadt beschloß, diese Summe als besonderen Fonds für die Bedürfnisse der Brotfabrik fruchtbringend zu verwalten.

Die kommunale Brotfabrik, die ohne eigenes Kapital in Betrieb gesetzt wurde, verfügte Ende 1910 über ein reines Geschäftsvermögen von 71 814 K 93 h.

2. Das Marktwesen.

Ursprünglich gehörte das Recht zur Abhaltung von Märkten zu den fiskalischen Hoheitsrechten, zu den sogenannten kleineren Nutzungsrechten des Königs. Die Märkte stellten königliche Mautplätze dar, wo die königlichen Zöllner die Marktgebühren, die durch den König festgesetzt wurden, für das königliche Ärar einkassiert haben. Das Recht zur Abhaltung von Märkten wurde vom König an die Gutsherrschaften und an die Gemeinden als Privileg verliehen; mitunter erteilte er nur das Recht zur Abhaltung der Märkte, aber die Marktgebühren behielt er für sich; mitunter deklarierte er den Markt als liberum forum und erließ die Marktgebühren; mitunter verlieh er auch das Mautrecht an die privilegisierten Gutsherrschaften und Gemeinden als finanzielle Quelle[1].

Auch Budapest gelangte auf diese Weise, auf Grund königlicher Privilegienurkunden, zu seinen verschiedenen Marktabhaltungsrechten. Diese Privilegienurkunden stammen aus verschiedenen Zeiten und zwar:

Die Privilegienurkunden der königlichen Freistadt Ofen:

1.	Vom König	Adalbert IV.	24. November	1244
2.	„ „	Johann	28. März	1530
		(die Bestätigung der ersten Urkunde)		
3.	„ „	Ferdinand I.	11. November	1540
4.	„ „	Ferdinand I.	2. Oktober	1541
		(die Bestätigung der Urkunde von 1530)		
5.	Vom König	Leopold I.	6. Mai	1696
6.	„ „	Leopold I.	3. August	1698
7.	„ „	Josef II.	9. Dezember	1780
8.	„ „	Franz I.	12. Mai	1820
9.	„ „	Ferdinand V.	10. Juni	1845

[1] A. Timon, Ungarische Verfassungs- und Rechtsgeschichte.

Die Privilegienurkunden der königlichen Freistadt Pest:

1.	Vom König	Leopold I.	12. März	1694
2.	„ „	Leopold I.	13. Juli	1698
3.	„ „	Josef II.	9. Dezember	1780
4.	„ „	Franz I.	13. November	1817
5.	„ „	Ferdinand V.	6. Mai	1848

Die Urkunde Altofens:

Vom König Franz I. 30. Mai 1823

Diese Privilegien wurden in den Jahren 1882 und 1894 durch ministerielle Verordnungen neu geregelt.

Gegenwärtig befinden sich die Marktrechte im Besitze der Hauptstadt, die sie in häuslicher Regie verwertet.

3. Die Schlachthäuser und Viehmärkte.

a) Gründung und Entwicklung.

Die Hauptstadt besitzt zwei Schlachthäuser: das Rindviehschlachthaus und das Borstenviehschlachthaus, und drei Viehmarktplätze: den Rindvieh-, Borstenvieh- und Pferdemarktplatz.

1. Das Rindviehschlachthaus ist das ältere; es wurde im Jahre 1872 eröffnet. Bevor dieses öffentliche Schlachthaus errichtet wurde, wurden die Schlachtungen in den Privatschlachthäusern der Fleischer ausgeführt. Privatschlachthäuser konnten nur mit behördlicher Erlaubnis errichtet werden, diese wurde jedoch nie verweigert. Jedoch wurde dieser Zustand je länger um so mehr unvereinbar mit der Entwicklung der Stadt. Die Schlachthäuser verseuchten die Luft und infolge ihrer Zerstreutheit mußte das zur Abschlachtung bestimmte Vieh durch die Stadt geführt werden. Dabei befanden sich diese Schlachthäuser in schmutzigem und vernachlässigtem Zustande, ihre sanitär-polizeiliche Beaufsichtigung, eine ausgiebige Kontrolle war infolge ihrer Zerstreutheit unmöglich, so daß das Bürgertum schon anfangs der sechziger Jahre die Forderung aufstellte nach Errichtung von öffentlichen Schlachthäusern und Einführung des Schlachthausbenutzungszwanges. Der erste Erfolg dieser Bewegung war, daß die Stadt Pest im Jahre 1861 den Beschluß faßte, für die Errichtung von Privatschlachthäusern keine Erlaubnis mehr zu erteilen. Zur Zeit dieser Beschlußfassung existierten 32 Privatschlachthäuser, ihre Zahl wurde denn auch von dieser Zeit an nicht vermehrt. Diese wurden nun von sämtlichen Fleischern zur Schlachtung ihrer Tiere benutzt. Auf diese Weise besaßen die 32 Schlachthausbesitzer ein Monopol, und sie kämpften deshalb energisch

an gegen die Aufstellung des öffentlichen Schlachthauses. Gleichzeitig mit der Eröffnung des öffentlichen Schlachthauses ließ die Hauptstadt sämtliche Privatschlachthäuser schließen und führte den Schlachthausbenutzungszwang ein. „Die auf dem ganzen Gebiete der Hauptstadt existierenden Privatschlachthäuser müssen ihren Betrieb einstellen und es wird die Schlachtung jedweder Gattung Rind- und Kleinvieh, wie: Stier, Ochs, Kuh, Kalb, Schaf, Lamm, Ziege, für das ganze innere und äußere Gebiet der Hauptstadt untersagt." Zum Zweck wirksamerer Durchführung der gesundheitspolizeilichen Inspektion war es ursprünglich verboten, in die Hauptstadt Vieh in geschlachtetem Zustande einzuführen. Als sich aber der Schlachthauszwang auch in der Provinz verbreitet hat, gestattete die Hauptstadt die Einfuhr von Rind-, Kalb-, Schöpsen-, Lämmer- und Ziegenfleisch in die zentrale Markthalle bzw. auf den Viehmarkt. Das Schlachtgeld und die Marktgebühr muß jedoch auch nach den in geschlachtetem Zustande eingeführten Tieren wie auch nach dem importierten Fleisch entrichtet werden.

Gleichzeitig mit dem Schlachthaus wurde auch der heutige Rindviehmarktplatz fertiggestellt und der Öffentlichkeit übergeben. Dieser bildet den ergänzenden Teil des Schlachthauses.

Das Rindviehschlachthaus und der Marktplatz besteht (1908) aus folgenden Teilen:

Spezifikation	Anzahl der Gebäude	Größe des Grundes qm	verbaut qm	Baukosten K	Schätzungswert Gebäude K	Grund K	zusammen K
Rindvieh-Schlachthaus u. Viehmarkt							
Schlachthaus . . .	5	64 017	20 027	2 660 087	4 061 420	890 105	4 951 525
Viehmarkt-Manipulationsgebäude .	5	88 118 (zusammen)	5 247	1 049 284	1 404 726	857 654 (zusammen)	2 262 380
Viehmarkthalle . .	6		25 259	457 994	351 300		351 300
Viehstallungen . .	4	16 440	4 114	5 600	5 000	160 020	165 020
Neue Viehstallungen	8	35 590	6 856	295 600	180 000	346 395	526 395
Heumagazin, Wagehaus	4	35 996	1 598	12 000	8 000	600 600	608 600
Viehstallungen . .	4	34 423 (zusammen)	8 162	440 296	400 000	478 600 (zusammen)	1 118 600
Viehstallungen am Viehmarkt . . .	3		5 894	258 508	240 000		
Zusammen	39	274 584	77 157	5 179 369	6 650 446	3 333 374	9 983 820
Borstenvieh-Schlachthaus . .	23	223 880	7 473	4 800 954	4 800 954	1 120 600	5 921 554
Summe	62	498 464	84 630	9 980 323	11 451 400	4 453 974	15 905 374

Der Auftrieb auf den Rindviehmarktplatz verteilte sich wie folgt:

Jahr	Schlachtvieh						Kleinvieh				Haupt-summe
	Stiere	Ochsen	Kühe	Jungvieh	Büffel	Zu-sammen	Kälber	Schafe, Lämmer	Ziegen	Zu-sammen	
1874/1880	115 309						50 530	96 025		146 555	261 864
1881/1885	111 789						64 192	97 880		162 072	273 861
1886/1890	160 086						99 595	126 869		226 464	385 820
1891/1895	170 253						109 833	211 978		321 811	492 730
1895/1900	150 729						112 581	118 169		230 750	381 479
1901	6 472	91 138	30 059	3069	3740	134 478	111 130	98 394	580	210 104	357 108
1902	8 425	107 565	35 283	3665	5153	160 091	107 443	119 274	571	227 288	399 979
1903	7 669	122 425	32 976	2092	6523	171 685	93 187	89 760	732	183 679	364 548
1904	9 530	111 677	32 213	2413	4055	159 888	94 185	85 664	97	179 946	349 354
1905	10 417	106 215	37 681	1924	5976	162 213	99 699	77 891	1833	179 423	341 636
1906	8 220	73 421	27 333	1048	3804	113 826	82 177	70 545	32	152 754	266 985
1907	7 392	73 333	22 358	1244	3496	107 823	93 485	70 527	403	164 415	272 238
1908	8 859	78 501	28 658	2237	3703	121 958	123 411	88 851	122	212 384	334 342
1909	11 918	90 014	49 874	4381	9619	165 806	149 480	93 137	83	242 700	408 506
1910	9 791	73 491	45 462	2367	7955	139 066	121 947	53 490	116	175 553	314 619

Es wurden in dem Rindvieh-Schlachthaus geschlachtet:

Jahr	Großvieh					Kleinvieh					Haupt-summe
	Stiere	Ochsen	Büffel	Kühe	zusammen	Kälber	Schafe	Lämmer	Ziegen	zusammen	
1876	480	29 436	1091	17 633	48 640	48 912	19 999	21 682	134	90 727	139 367
1880	918	25 802	3613	21 513	51 846	55 773	25 101	22 121	126	103 121	154 967
1885	771	44 199	2381	13 887	61 238	81 290	26 549	26 914	105	134 858	196 096
1890	581	52 698	46	17 399	70 724	94 682	31 517	31 799	600	158 598	229 322
1895	1243	66 783	2603	17 361	87 990	133 698	34 543	57 264	5950	231 455	319 445
1900	4935	67 836	4080	25 103	101 954	112 471	17 596	33 428	204	163 699	265 653
1905	7963	59 949	4535	28 179	100 626	117 093	13 060	26 637	44	156 834	257 460
1906	7500	54 939	2804	23 129	88 372	93 576	11 944	27 976	36	133 532	221 904
1907	6964	54 223	2574	18 116	81 877	100 844	11 180	27 740	234	139 998	221 875
1908	8275	59 804	2189	21 240	91 508	136 367	17 180	27 123	80	180 750	272 258
1909	8491	55 991	6708	32 324	103 514	170 232	17 510	24 512	91	212 345	315 859
1910	7122	55 322	5808	33 358	101 610	140 670	16 968	24 665	129	182 432	284 042

2. Das Borstenviehschlachthaus, das einen ergänzenden Teil des Borstenviehmarktes darstellt (sie sind räumlich und organisatorisch getrennt vom Rindviehschlachthaus und Rindviehmarktplatz) wurde im Jahre 1902 eröffnet und gleichzeitig wurde der Schlachthauszwang auch auf das Borstenvieh ausgedehnt. Laut der daraufbezüglichen Maßregeln kann das Schlachten von Schweinen nur hier vorgenommen werden, ebenfalls müssen eine Reihe Arbeiten, die damit im Zusammenhang stehen, und zwar das Abbrühen, Enthaaren, Aufschneiden, das Sengen, die Reinigung der Eingeweide und die Entfernung der inneren Teile, hier vorgenommen und ausgeführt werden. Eine Ausnahme vom Schlachthauszwang bilden: das Zwangsstechen, die Säuge- und Bratenferkel und ausnahmsweise in den äußeren Stadtteilen, mit vorher eingeholter Erlaubnis der Behörde, das Stechen für den Privatgebrauch (höchstens 3 Stück im Jahr).

Der Borstenviehmarkt besteht aus zwei voneinander abgesonderten Teilen: aus dem Freimarkt und aus dem geschlossenen oder Konsummarkt. Auf dem geschlossenen Markte können nur solche Schweine zum Verkauf gelangen, die für den lokalen Verbrauch bestimmt sind; auf dem Freimarkt ist der Verkehr uneingeschränkt. Es ist verboten, daß das auf dem Gebiete der Hauptstadt vorhandene Borstenvieh anderwärts als auf dem hauptstädtischen Borstenviehmarkt verkauft werde; auch darf das Borstenvieh, das in lebendem Zustande zum Verkauf nach Budapest gebracht wurde, nicht anderwärts untergebracht werden. Dieses Verbot erstreckt sich nicht auf die Säugeferkel und auf jenes Borstenvieh, das nach den Marktstallungen in Steinbruch (X. Bezirk) zum Verkaufe oder zur Mästung eingeführt wurde.

Um die Wirkung des Schlachthauszwanges zu bekräftigen und zu sichern, wurde durch diese Maßregel verboten, Schweine in geschlachtetem Zustande nach dem Gebiete der Hauptstadt einzuführen, oder das Fleisch solcher Schweine zu verkaufen, die nicht im Borstenviehschlachthaus geschlachtet wurden. Dieses Verbot kennt auch einige Ausnahmen. So darf Schweinefleisch eingeführt werden: nach der Zentralmarkthalle, für Schweinefleischmärkte, die durch die Behörden erlaubt und angewiesen werden, für Institute, die sich in Staatsregie befinden oder unter staatlicher Kontrolle stehen, für Privatpersonen (bis 10 kg) zum Haushaltungsgebrauch, für die Salamifabriken. Das Schlachtgeld und die Marktgebühr muß auch in diesem Falle entrichtet werden. Desgleichen ist es erlaubt, die verarbeiteten Schlächter- und Fleischerwaren einzuführen. Diese Einfuhr ist derart geregelt, daß die polizei-sanitäre Kontrolle in jedem Falle vorgenommen werden kann.

Der Verkehr des Vorstenviehmarktes gestaltete sich wie folgt:

Jahr	Geschlossener Markt	Freimarkt	Zusammen	Privater Vorstenviehmarkt in Steinbruch
1902	155 093	155	155 248	257 197
1903	180 794	—	180 794	224 078
1904	186 341	45	186 386	224 856
1905	198 928	17	198 945	208 838
1906	227 331	—	227 331	177 501
1907	304 371	—	304 371	102 738
1908	332 776	—	332 776	112 870
1909	347 330	—	347 330	?
1910	339 909	—	339 909	?

Der Verkehr der Freimärkte war so gering, daß er kaum in Betracht kommt. Das rührt von der Konkurrenz der Steinbrucher (X. Bezirk) Marktstallungen her, die sich im Privateigentum befinden: hier spielt sich der Landes- und internationale Verkehr ab.

Es wurden in dem Vorstenschlachtviehhaus geschlachtet:

Jahr	Schweine	Frischlinge	Ferkel	Hauptsumme
1902[1]	206 969	—	91	207 060
1903	263 793	3 278	60	267 131
1904	250 046	9 911	337	260 294
1905	236 401	16 191	731	253 323
1906	268 959	7 963	319	277 241
1907	297 062	12 981	805	310 848
1908	320 490	12 232	838	333 560
1909	341 669	9 081	615	351 365
1910	334 468	8 486	476	343 430

[1] Vom 1. Mai bis 31. Dezember.

Die Schlachthäuser und Marktplätze beschäftigen folgendes Personal: 27 Beamte, 68 Aufseher und 39 Arbeiter.

3. Der Pferdemarktplatz wurde durch die Hauptstadt im Jahre 1909 provisorisch und versuchsweise in eigne Regie übernommen. Das Ergebnis war ein derart günstiges, daß nach Ablauf der Probezeit die eigne Regie verlängert wurde. Der Pferdemarkt wurde am 10. Juni 1880 einer Aktiengesellschaft in Pacht gegeben; sie verfügte darüber bis zu der Übernahme. Laut den Bestimmungen des Pachtvertrages gelangte der Marktplatz samt den Investierungen des Unternehmers kostenlos in den Besitz der Hauptstadt. Jedoch nutzte der Unternehmer in den letzten Jahren den

Marktplatz derart aus, daß er sich bei der Übernahme in „einem Zustande befand, der nicht nur nicht modern genannt werden kann, sondern nicht einmal den bescheidensten Interessen entsprach". (Amtlicher Bericht.)

Auf dem Pferdemarktplatze finden Jahres- und Wochenpferdemärkte statt, es werden Auktionen veranstaltet in Luxuspferden und Hengsten, in Vollblut- und Mutterstuten, auch werden hier die überzähligen Pferde der staatlichen Gestütsinstitute versteigert. Außerdem werden hier Kommissionsstallungen und im Winter eine gesuchte Schlittschuhlaufbahn erhalten.

Der Auftrieb auf den Pferdemarkt gestaltete sich wie folgt:

Jahr	Landes- und Wochen-märkte	Verkauft %	Luxus-Pferde-markt	Verkauft %	Hengst-markt	Verkauft %	Vollblutsfüllen	Verkauft %	Überzählige Pferde der Gestütsinstitutionen zur Versteigerung	Verkauft %
1907	38 843	50,8	1510	40,5	54	58	174	89	84	100
1908	41 690	50,6	1349	40	49	40	222	89	93	98
1909	46 202	55,5	—	—	—	–	—	—	—	—
1910	54 019	59,7	.1424	46,2	67	62,6	—	–	98	100

Diese Tabelle beweist, daß der Pferdemarktverkehr in häuslicher Regie in jedem Geschäftszweig sowohl in bezug auf den Auftrieb, als auch in bezug auf den Verkauf, eine erhebliche Steigerung aufweist und daß sich die häusliche Regie vom volkswirtschaftlichen Standpunkte aus bewährte.

b) Finanzielle Ergebnisse und Tarifpolitik.

1. Die Viehmärkte und Schlachthäuser (mit Ausnahme des Pferdemarktes) gehören auch zu jenen Betrieben, die ihre Ausgaben und Einnahmen rein nach der kameralistischen Methode verwalten und ausweisen, und nicht nach den Prinzipien der Handelsbuchführung. So nehmen sie keine Abschreibungen vor, sie sammeln keine Reserven, sie weisen die Zinsen und die Tilgungen des investierten Kapitals nicht gesondert aus, sondern sie sind verzeichnet in einem Posten mit den gesamten Schuldentilgungen der Hauptstadt. Wir wissen nicht einmal genau, wie groß das investierte Kapital ist. Wir besitzen nur in bezug auf den Rindviehmarkt und das Rindviehschlachthaus genaue Ausweise, aber auch diese erstrecken sich nur bis zum Jahre 1902. Außerdem aber: weil das Schlachthaus und der Markt sich unter einer Verwaltung befinden (zwei Betriebe, die sich vermöge ihrer finanziellen Natur voneinander sehr unterscheiden), weisen sie ihren Verkehr gemeinsam aus; nur für den Zeitraum 1873—1902 besitzen wir Ausweise, die die Einnahmen und Ausgaben des Rindviehmarktes gesondert aufzählen.

Jedoch auch die mangelhaften Daten gewähren uns einen Einblick in die Finanz- und Tarifpolitik dieser Betriebe.

Zur Errichtung dieser Betriebe wurde die Hauptstadt nicht durch Profitsucht getrieben. Sanitär-polizeiliche und Verpflegsinteressen spielten dabei die Hauptrolle; diese Gesichtspunkte schließen von vornherein aus, daß diese Betriebe einseitig, von finanziellen Interessen aus geleitet werden. Denn einerseits würde eine derartige Politik die Verpflegung der Hauptstadt verteuern, anderseits würde sie einen Anreiz bilden, den Schlachthaus- und Marktzwang auszuspielen, wodurch eine direkte Gefahr für die Hygiene der Stadt entstehen könnte; man würde also das gerade Gegenteil von dem erreichen, was mit der Errichtung dieser Betriebe bezweckt werden sollte. Die Hauptstadt nahm also von Anfang an folgenden Standpunkt ein: „damit diese neue Institution mit keinen fühlbaren Lasten für die Fleischer verbunden, dagegen ihre Vorteile um so vorstehender seien, setzte die Behörde die Gebühren in der Weise fest, daß diese nur die Amortisation des investierten Kapitals und die Verwaltungskosten decken sollten; um den sanitär-polizeilichen Charakter dieser Institution noch wirksamer zu verkünden, wurde bei der Festsetzung des investierten Kapitals der Wert des Grundstückes nicht berücksichtigt. Bei der Festsetzung der Gebühren herrschte die Tendenz vor, daß die Errichtung des Schlachthauses und des Rindviehmarktplatzes nicht aus Rücksicht auf Einnahmen, sondern aus sanitär-polizeilichen und volkswirtschaftlichen Rücksichten erfolgt sei, deshalb, wenn es nötig sein sollte, die Stadt auch Opfer bringen müßte[1]".

Diese Politik wurde nur bezüglich der Schlachthäuser konsequent durchgeführt; bei der Verwaltung der Märkte kam das finanzielle Interesse mehr zur Geltung, weil das Marktabhaltungsrecht, schon durch seinen historischen Ursprung, dazu berufen war, die Einnahmen der Stadt zu vermehren. Diese Abweichung zwischen den beiden miteinander verbundenen Betrieben geht aus der Tabelle 9 (S. 76 u. 77), trotz ihrer Mangelhaftigkeit deutlich hervor.

Wie wir sehen, kommt das Selbstkostenprinzip bei den Schlachthäusern in voller Reinheit zur Geltung. Die Verzinsung des investierten Kapitals (der Wert des Grundstückes nicht eingerechnet) schwankt zwischen 2,98 % und 7,344 %; der Jahresdurchschnitt in den Jahren 1873—1902 betrug 4,71 %. Wenn wir nun zur Berechnung der Amortisationslasten jene Tabelle heranziehen, die das hauptstädtische Rechnungsamt in bezug auf

[1] Die Budapester öffentlichen Schlachthäuser und Viehmärkte 1873—1903, S. 20.

Tabelle 9.

Jahr	Schlachthof					Viehhof	
	Einnahmen K	Ausgaben K	Reine Einnahme K	Investiertes Kapital (ohne Grundwert) K	Rentabilität %	Einnahmen K	Ausgaben K
1873	160 666,78	86 540,34	74 126,44	2 481 480	2,98	196 370,50	70 805,72
1875	141 497,44	64 441,16	77 056,28	2 722 338	2,83	172 941,32	52 724,58
1880	145 449,24	55 955,28	89 493,96	2 724 926	3,28	177 771,28	45 781,60
1885	196 868,86	87 355,24	109 513,62	2 724 926	4,019	240 617,52	71 472,48
1890	287 271,50	160 696,36	126 575,14	2 822 138	4,485	396 708,26	160 696,36
1895	435 394,36	228 414,68	206 979,68	2 822 138	7,334	653 091,56	279 173,50
1900	536 384,90	321 691,68	214 693,22	3 546 932	6,05	804 577,36	393 178,70
1901	466 056,48	283 707,38	182 349,10	3 600 210	5,06	699 084,72	346 753,46
1902	573 105,02	343 144,74	229 960,28	3 628 060	6,33	859 657,54	419 399,14
1903	?	?	?	?	?	?	?
1904	?	?	?	?	?	?	?
1905	?	?	?	?	?	?	?
1906	?	?	?	?	?	?	?
1907	?	?	?	?	?	?	?
1908	?	?	?	?	?	?	?
1909	?	?	?	?	?	?	?
1910	?	?	?	?	?	?	?

die Wasserwerke aufgestellt hat (und wir haben das Recht dies zu tun, denn die Investierungskosten der Schlachthäuser und Marktplätze wurden in den entsprechenden Jahren von denselben Anleihen gedeckt, wie die Kosten der Wasserwerke), so kommen wir zu folgenden Ergebnissen: die Annuität betrug in den Jahren 1873—75 6,345 %, 1880 7,068 %, 1885 6,7 %, 1890 6,51 %, 1895 6,15 %, 1900 5,77 %, 1901 5,75 %, 1902 5,73 %. Wenn wir diese Prozente von den Bruttoeinnahmen abziehen, dann ergibt sich, daß die Schlachthäuser, von den Jahren 1895, 1900 und 1902 abgesehen, wo sie 1,184 % bzw. 0,28 % und 0,60 % Reingewinn aufweisen, mit Fehlbeträgen gearbeitet haben. Und diese Summen enthalten nicht einmal die Zinsen des Grundstückes, noch auch die munizipalen Verwaltungskosten, noch die Abschreibungen. Wenn wir uns auch diese Ausgaben vergegenwärtigen, so können wir die Behauptung aufstellen: die Hauptstadt hat von der Einführung des Schlachtzwanges und der Errichtung des Schlachthausbetriebes nicht nur keinen Nutzen erzielt, sondern vielmehr noch Opfer gebracht.

Bei der Leitung des Rindviehmarktes kommen andere Prinzipien zur

Viehhof			Schlacht- und Viehhof zusammen				
Reine Einnahme K	Investiertes Kapital (ohne Grundwert) K	Rentabilität %	Einnahmen K	Ausgaben K	Reine Einnahme K	Investiertes Kapital (ohne Grundwert) K	Rentabilität %
125 564,78	721 070	17,414	347 037,28	147 346,06	199 691,20	3 202 560	6,235
120 216,74	794 486	15,131	314 438,76	117 165,74	197 273,02	3 516 824	5,609
131 989,68	797 074	16,559	323 220,52	101 736,88	221 483,64	3 522 000	6,289
169 145,04	797 074	21,221	437 486,38	158 827,72	278 658,66	3 522 000	7,912
236 011,90	1 142 714	20,653	683 979,76	321 392,72	362 587,04	3 964 852	9,145
373 918,06	1 695 714	22,05	1 088 485,92	507 588,18	580 897,74	4 517 852	12,857
411 398,66	2 663 910	15,449	1 340 962,26	714 870,38	626 091,88	6 211 020	10,08
352 331,26	2 706 324	13,018	1 165 141,20	630 460,84	534 680,36	6 306 534	8,478
440 258,40	2 856 856	15,41	1 432 763,56	762 543,88	670 218,68	6 484 916	10,335
?	?	?	1 490 454	781 865	708 589	?	?
?	?	?	1 465 206	835 941	629 265	?	?
?	?	?	1 425 941	840 288	585 653	?	?
?	?	?	966 767	629 720	337 047	?	?
?	?	?	910 052	674 941	235 111	?	?
?	?	?	1 143 334	717 767	425 567	?	?
?	?	?	1 428 698	914 337	514 361	?	?
?	?	?	1 232 958	833 808	399 150	?	?

Geltung. Wenn wir die oben aufgezählten Annuitäten zur Grundlage nehmen und diese von den Einnahmen abziehen, so gestaltete sich der Reinertrag des Viehmarktplatzes wie folgt (%):

Jahr	1873	11,069
„	1875	8,786
„	1880	9,491
„	1885	14,521
„	1890	14,14
„	1895	15,90
„	1900	9,67
„	1901	7,26
„	1902	9,68

Und wiewohl die Einnahmen große Schwankungen aufweisen, so bleiben sie doch stets auf einem ziemlich hohen Niveau, und sie beweisen klar, daß hier die finanziellen Interessen stärker zur Geltung kommen, als bei den Schlachthäusern.

Bezüglich des Borstenviehmarktes und -Schlachthauses besitzen wir keine gesonderten Ausweise. Der Geldverkehr dieser Betriebe zeigt folgendes Bild:

Jahr	Einnahmen K	Ausgaben K	Überschuß K
1901	—	4 024	— 4 024
1902	811 758	198 701	+ 613 057
1903	1 095 339	323 481	+ 771 858
1904	1 020 505	338 521	+ 681 984
1905	978 184	338 470	+ 639 714
1906	1 123 584	364 836	+ 758 748
1907	1 198 372	373 843	+ 824 529
1908	1 321 424	432 044	+ 889 380
1909	1 356 171	476 152	+ 880 019
1910	1 362 835	552 283	+ 810 552

Der Gebührentarif für das Rindviehschlachthaus und den Rindviehmarkt stammt aus dem Jahre 1872, der für das Borstenviehschlachthaus und Borstenviehmarkt aus dem Jahre 1902. Bedeutende Änderungen wurden an ihnen kaum vorgenommen.

Für die Marktplätze gelten zurzeit folgende Gebühren:

	Marktgebühren K	Stallgeld auf 24 Stund. K	Zentnergebühren für die Benutzung der städtischen Wage K	Absteigegebühren K	Herde- und Standgebühren auf 24 Stunden K
Ein Stück Großvieh . .	1,60	0,20	0,20	—	0,10
Jungvieh, Kalb	0,30	0,04	0,04	—	—
Schaf, Lamm, Ziege . .	0,02	0,04	0,04	—	—
Borstenvieh:					
bis 20 kg	0,15	—	0,05	0,05	—
20—50 kg	0,50	—	0,05	0,05	—
über 50 kg.	1,—	—	0,10	0,10	—
Schweinefleisch 1 kg. .	0,02	—	—	—	—

Die Preise der Futtermittel werden von Zeit zu Zeit festgesetzt auf Grund der Preise, die bei der öffentlichen Versteigerung gezahlt wurden. Für die Zeit vom 1. November 1910 bis zum 31. Oktober 1911 wurden vom Magistrat folgende Futterpreise festgesetzt:

1 Portion Heu (5 kg)	0,44 K
1 „ Stroh (6 kg)	0,29 „
1 kg Mais	0,15 „

10 kg	Mais	1,43 K
1 „	Kukuruzgrieß	0,17 „
10 „	Kukuruzgrieß	1,66 „
1 „	Gerstengrieß	0,19 „
10 „	Gerstengrieß	1,84 „

Im Jahre 1909 wurde für den Verschleiß von Futtermitteln vereinnahmt 616 298,43 K; der Bezugspreis betrug 528 531,67 K. Die Differenz macht also 87 866,76 K.

Wie erwähnt, sind die Marktgebühren auf dem Rindviehmarkte dieselben geblieben, wie sie im Jahre 1872 waren. Die ganze Änderung, die vorgenommen wurde, besteht darin, daß die Gebühren für das Großvieh von 1 K auf 1,60 K erhöht wurden — was damit begründet wurde, daß neue und vollkommenere Einrichtungen geschaffen wurden —, und daß die Gebühren für Schafe, Lämmer und Ziegen von 4 h auf 2 h herabgesetzt wurden.

Die Schlachthausgebühren des Rindviehschlachthauses sind wie folgt bemessen:

	Schlachtgebühren K	Stallgebühren K	Die Benutzung der Wanstreste K
Ein Stück Großvieh	2,—	0,20	0,10
Ein Kalb	0,40	0,04	—
Ein Schaf, Widder, Bock, Lamm, Zicklein, Ziege	0,10	0,04	—
Fleisch und geschlachtetes Vieh (Marktgebühr inbegriffen) 1 kg	0,02	—	—

Die Wagegebühren und Futtermittelpreise sind hier dieselben wie die auf dem Marktplatz.

Die Schlachtgebühren des Borstenviehschlachthauses betragen:

für Schweine über 50 kg	pro Stück	2,— K
„ Frischlinge zwischen 20—50 kg	„ „	1,— „
„ Ferkel unter 20 kg	„ „	0,30 „
„ Schweinefleisch	1 kg	0,02 „

Die Stall- und Wagegebühren, sowie die Futtermittelpreise sind dieselben wie auf dem Marktplatz.

Die Schlachtgebühren des Rindviehschlachthauses schließen auch das Recht der Benutzung der Schlachtkammern in sich ein. Auf dem Schweineschlachthause verteilen sich die Gebühren für die Kühlräume wie folgt:

	pro Tag K	pro Monat zur Saison K	pro Monat außerhalb der Saison K	Jahr K
Fleischkühlraum:				
1 qm Fläche	0,50	—	—	—
Kleines Fach 3,91 qm	2,—	36,—	54,—	350,—
Mittleres Fach 4,60 qm	2,30	42,—	63,—	410,—
Großes Fach 5,00 qm	2,50	48,—	72,—	450,—
Speckkühlraum:				
1 qm Fläche	0,30	—	—	—
10 qm Fläche	—	70,—	70,—	700,—
Über 10 qm Fläche für jeden weiteren Quadratmeter	—	5,—	5,—	60,—
Vorkühlraum:				
1 qm Fläche	0,30	—	—	—
Speck- und Fettlager:				
1 qm Fläche	0,03	0,50	0,50	5,60

2. Das erste Geschäftsjahr des Pferdemarktes (es umfaßt 14 Monate) führte zu folgenden finanziellen Ergebnissen:

Gewinn- und Verlustrechnung.

Soll.	K	Haben.	K
1. Personal und Verwaltung	34 148,13	1. Marktrecht	110 661,62
2. Betriebskosten	19 724,87	2. Schlittschuhlaufbahn	3 970,39
3. Abschreibungen	60 500,—	3. Mietseinnahme	13 481,66
4. Saldo als Gewinn	13 740,67		
Summe	128 113,67	Summe	128 113,67

Bilanzrechnung.

Vermögen.	K	Lasten.	K
1. Geldvorrat	589,56	1. Gleichwert der übernommenen Gebäude	565 438,80
2. Wert der übernommenen Gebäude	565 438,80	2. Kreditoren	10 776,08
3. Futtermittelvorrat	11 922,02	3. Zur Restaurierung der Mobilien	1 500,—
4. Debitoren der Kontokorrente	58 778,63	4. Zur Restaurierung der Immobilien	45 000,—
5. Inventarwert d. Mobilien	13 726,54	5. Neue Investierungen	14 000,—
		6. Saldo als Gewinn	13 740,67
Summe	650 455,55	Summe	650 455,55

Der Reingewinn betrug 13 740,67 K; diese Summe wurde zu einem besonderen Fonds verwendet, der zu Investierungszwecken dienen wird.

Die Marktgebühren sind folgende:

auf dem Jahres- und Wochenmarkte für Pferde	I. Klasse	1,20 K
" " " " " " "	II. "	0,40 "
" " " " " " "	III. "	0,20 "

Auf dem Luxuspferdemarkt wird 2 %, auf dem Hengstenmarkt und bei der Versteigerung der überzähligen Pferde der staatlichen Gestütsinstitute wird 1 % Vermittlungsgebühr behoben.

4. Die Markthallen.

Bevor die städtischen Markthallen erbaut wurden, bezog die Einwohnerschaft Budapests ihre täglichen Lebensmittel von den offenen Märkten, die durch die Behörden verwaltet wurden und von den Hausierern. Der Ort und die Zahl der Märkte wurde durch die Behörde im Verhältnis zur Einwohnerzahl der einzelnen Bezirke festgesetzt; sie übte die Aufsicht und die Kontrolle über sie aus. Der konzentrierte Lebensmittelhandel verteilte sich auf zwanzig solche Märkte, und außerdem gingen etwa 10 000 Hausierer von Haus zu Haus und verkauften allerlei Lebensmittel, mit Ausnahme von Fleisch. Diese Märkte waren so weit voneinander entfernt und hatten so wenig Beziehungen zueinander, daß sich die Preise auf jedem Markte selbständig bildeten, je nach der Gestaltung von Angebot und Nachfrage der einzelnen Märkte. Die zerstreuten Märkte der Hauptstadt stellten in ihrer Gesamtheit keinen einzigen hauptstädtischen Markt dar. Die Lebensmittelpreise gestalteten sich in Budapest nicht einheitlich, denn es fehlte an einer Institution, die die zerstreuten Märkte zusammengefaßt hätte. Die Preisschwingungen und Schwankungen wiesen eine launige Tendenz auf, die getreu die Unsicherheit aufzeigte, die in der Lebensmittelversorgung der Hauptstadt herrschte. Unter solchen Verhältnissen konnte sich der wahre Lebensmittelhandel nicht entwickeln; die Provinz nahm an der Lebensmittelversorgung der Hauptstadt nicht in dem Maße teil, wie dies die Interessen der rasch anwachsenden Bevölkerung erfordert hätten. Der Großhandel beschränkte sich fast ausschließlich auf das Exportgeschäft. Für die ferner liegenden Gegenden, die Lebensmittel produzierten, war die Lieferung nach dem Budapester Markte, infolge der unsicheren Preisschwankungen, ein sehr riskantes Geschäft. Die Lebensmittelzufuhr bedeutete nur für jene ein einträgliches und sicheres Geschäft, die den Budapester Markt persönlich besuchen und die Konjunkturen an Ort und Stelle studieren konnten. So wurde die Mehrzahl der Budapester Bevölkerung durch einige, in der Umgebung der Hauptstadt liegende Ortschaften, mit Lebensmitteln versorgt. Im Jahre 1897 wurden die Markthallen Budapests, das damals schon über 618 000 Einwohner verfügte, durch 9 Gemeinden mit Fischen, durch 14 mit Geflügel, 10 mit Eiern, 14 mit Kartoffeln, 13 mit Grünzeug, 19 mit Obst und 5 mit Gemüse versorgt. An der Versorgung des größten inländischen Marktes waren insgesamt 84 Gemeinden (die mindestens 100 q einführten) beteiligt — in einem Lande, wo die Bevölkerung fast ausschließlich Ackerbau betreibt. Diese paar Gemeinden hatten fast ein Monopol auf den hauptstädtischen Markt, dessen sie sich sehr wohl bewußt waren und sich auch danach richteten. Durch die Unorganisiertheit des Marktes konzentrierte sich der Budapester Lebensmittelhandel in den Händen von Hökerinnen und Kleinhändlern, die über so wenig Kapital verfügten, daß sie nicht imstande waren, Vorräte zu halten, was übrigens auch dadurch erschwert wurde, weil es auch an Einrichtungen fehlte, die die Lebensmittel zu konservieren imstande gewesen wären. Die Hauptstadt lebte fast ausschließlich von dem, was die Hökerinnen und die Kleinhändler auf ihrem Rücken herbeischleppten; die kleinste Störung, die kleinste Verschiebung im Angebot, erzeugte sofort einen Mangel an dieser oder jener Ware, was selbstverständlich eine abnorme Preissteigerung der betreffenden Waren zur Folge hatte.

Dazu kam noch, daß bei einem solchen Zustande der Märkte unmöglich war, die Lebensmittel gewissenhaft zu kontrollieren. Im Jahre 1896 hausierten 10 000 Hausierer — es war eine technische Unmöglichkeit all diese zu beaufsichtigen, zu kontrollieren und zu erwischen.

Diesem Zustande wollte die Hauptstadt ein Ende machen, als sie im Jahre 1894 zur Organisierung des Lebensmittelhandels und zur Ermöglichung einer energischen Lebensmittelkontrolle beschloß, Markthallen zu erbauen. Im Februar 1897 wurde die Zentralmarkthalle eröffnet, deren Bestimmung in erster Linie in der Abwicklung des Großhandels besteht, gleichzeitig erfolgte die Eröffnung von 4 Bezirksmarkthallen, die für den Detailhandel bestimmt wurden. In den Jahren 1899, 1902 und 1903 wurde noch je eine Bezirksmarkthalle eröffnet. Zurzeit existieren also außer der Zentralmarkthalle noch 7 Bezirksmarkthallen. Die Ausdehnung und der Fassungsraum der Markthallen beträgt:

(Siehe nebenstehende Tabellen.)

Das investierte Kapital verteilt sich also: 71 % entfallen auf die Baukosten, 29 % auf die Expropriationskosten der Grundstücke. Die Hallen wurden, mit einer einzigen Ausnahme, auf expropriiertem Gebiete

Stand der Markthallen. — 1908.

Benennung der Markthallen	Baufläche der Halle: Halle qm	Baufläche der Halle: Zinshaus qm	Für die Verkäufer vorhandene Fläche: Parterre qm	Für die Verkäufer vorhandene Fläche: Keller qm	Für die Verkäufer vorhandene Fläche: Galerie qm	Für die Verkäufer vorhandene Fläche: zus. qm	Verkaufsstellen: Verschließbare Kaufläden	Verkaufsstellen: Umzäunte Verkaufsstellen	Verkaufsstellen: Offene Verkaufsstellen	Verkaufsstellen: Kühlkammern	Verkaufsstellen: Fischverkaufsplätze	Verkaufsstellen: Verschließbare Kellerräume	Verkaufsstellen: Offene Kellerräume	Verkaufsstellen: Zusammen
I. Zentrale { Großhändler	10 400	—	8 524	7 453	1360	17 337	52	—	276	87	42	36	37	530
I. Zentrale { Kleinhändler							92	508	553	—	13	95	9	1270
II. Rákócziplatz	5 520	—	3 932	3 771	—	7 703	46	211	125	—	12	63	100	557
III. Istvánplatz	3 060	890	2 632	2 506	—	5 138	40	96	136	—	10	47	3	332
IV. Hunyadyplatz	2 200	1290	2 000	1 900	—	3 900	42	98	130	—	8	41	—	319
V. Holdstraße	2 190	570	1 800	1 840	—	3 640	34	80	42	—	6	27	—	189
VI. Bombaplatz	3 156	—	1 004	—	595	1 599	25	57	652	—	6	12	11	763
Gedeckter Markt in der Innenstadt	1 355	—	447	—	—	447	11	—	100	—	2	—	—	113
Zusammen	27 881	2759	20 339	17 470	1955	39 764	342	1050	2014	87	99	321	160	4073

Die Baukosten der Markthallen und die Expropriationskosten ihrer Grundstücke beliefen sich auf:

Benennung der Markthallen	Bau- (Kosten in Kronen)	Expropriations- (Kosten in Kronen)	Gesamte (Kosten in Kronen)
I. Zentrale	3 616 325	1 156 760	4 773 085
II. Rákócziplatz	1 235 570	500 242	1 735 812
III. Istvánplatz	994 772	381 378	1 376 150
IV. Hunyadyplatz	946 690	484 600	1 431 290
V. Holdstraße	709 284	460 680	1 169 964
VI. Bombaplatz	698 398	351 040	1 049 438
Gedeckter Markt in der Innenstadt	54 000	—	54 000
Zusammen	8 255 039	3 334 700	11 589 739

erbaut, damit die Plätze, die durch die offenen Märkte besetzt waren, dem Publikum zurückgegeben werden konnten.

Die Zentralmarkthalle ist dazu bestimmt, den Lebensmittelverkehr im großen abzuwickeln; sie muß für die Verbindung mit den übrigen Markthallen sorgen, die hauptsächlich die polizeilichen Aufgaben, die sich bei der Lebensmittelversorgung ergeben, zu erledigen haben. Auch in der Zentralmarkthalle gibt es Kleinhändler, sie sind jedoch von den Großhändlern streng abgesondert. In einer Verordnung wurde jenes minimale Quantum festgesetzt, das an diesem Standorte der Großhändler feilgeboten werden dürfe.

Die Zentralmarkthalle befindet sich am Donauufer. Die Schiffe, die die Lebensmitteltransporte besorgen, landen unmittelbar vor der Markthalle. Auch führt ein Eisenbahngeleise hinein in die Halle. Die Waggons, die mit Waren beladen sind, die der Zentralmarkthalle zugeführt werden sollen, gelangen ganz hinein in die Halle. Dadurch wird es ermöglicht, daß der Verkehr der leicht verderblichen Waren rasch, glatt und billig abgewickelt werden kann. Durch den anwachsenden Verkehr reichen die Transportmittel nicht mehr aus; zurzeit läßt der Magistrat Studien anstellen über die Erweiterung der Zentralmarkthalle und über den Bau des zweiten Geleises.

Ein ansehnlicher Teil der Lebensmittelversorgung der Hauptstadt erfolgt vermittelst der Zentralmarkthalle. Hier konzentriert sich die Verpflegsware, die der Hauptstadt aus der Provinz zugeführt wird; von hier aus beziehen die Bezirksmarkthallen und ein ansehnlicher Teil der Privatgeschäfte ihren Bedarf an Lebensmitteln. Die Hauptstadt selbst verfügt über keine Institution, die den Lebensmittelhandel leiten und organisieren würde. Der Verkehr wird in der Zentralmarkthalle teils durch die Produzenten, teils durch Privatkommissäre und Großhändler, teils durch behördliche Vermittler abgewickelt. Letztere sind Privatfirmen, die im Auftrag und unter der Kontrolle der Hauptstadt für eine angemessene Provision die Waren versteigern, die an ihre oder an die Adresse der Markthalle geschickt wurden. Der Produzent in der Provinz braucht die Ware nur nach der Markthalle zu senden, für deren Verwertung müssen die behördlichen Vermittler sorgen. Ihre Provision, deren Ausmaß übrigens durch eine Verordnung festgesetzt wird, darf zurzeit 8 % nicht übersteigen. Diese Vermittler dürfen auf eigene Rechnung keinen Lebensmittelhandel betreiben; das Recht der Versteigerung steht dagegen ihnen allein zu. Die Hauptstadt wollte durch diese Institution die Lebensmittelversorgung Budapests fördern, indem sie für jene Produzenten in der

Provinz, die ihre Ware nicht persönlich verkaufen können, Vermittler zur Verfügung stellt, die sich unter behördlicher Kontrolle befinden.

Die Zentralmarkthalle erleichterte auf diese Weise die Lebensmittelversorgung der Hauptstadt: durch die Zentralisation des Marktes wurde die Preisbildung vereinheitlicht und durch die offiziellen Preisverzeichnisse erfährt der Produzent ganz genau, was für Preise er für seine Waren bekommen könne, mit welchem Risiko der Warentransport verbunden sei. Durch die Institution der behördlichen Vermittler bekommt er die Garantie dafür, daß seine Ware in verläßliche, unter behördlicher Kontrolle stehenden Hände gelangt, gegen ihren Mißbrauch er bei den Behörden Schutz verlangen könne.

Der Verkehr der Zentralmarkthalle gestaltete sich in den letzten Jahren wie folgt:

(Siehe Tabelle S. 86.)

Der Gesamtverkehr hat sich in 13 Jahren beinahe vervierfacht, so daß, wenn wir die Zufuhr vom Jahre 1897 100 gleichsetzen, in den folgenden Jahren nachstehende Verhältniszahlen herauskommen:

1897	100	1901	209	1905	273
1898	166	1902	227	1906	266
1899	213	1903	240	1907	284
1900	223	1904	264	1908	316
				1909	342

Aber es hat auch die Zahl jener Gemeinden zugenommen, die der Hauptstadt Lebensmittel zuführen: im Jahre 1897 waren an der Lebensmittelversorgung der Markthallen 84 Gemeinden beteiligt, im Jahre 1909 dagegen 333. Kartoffeln wurden aus 231 Gemeinden, Obst aus 75, Gemüse aus 12, Grünzeug aus 92 eingeführt.

Die Markthallen zählten im Jahre 1909 insgesamt 236 Angestellte. Davon befanden sich in fester Stellung 115, in provisorischer Stellung 11 Beamte; die Zahl der Hilfsarbeiter betrug 37, die der Tagelöhner 73. Die Personalausgaben beliefen sich in diesem Jahre auf 411515,77 K, das ist 63,9 % der Gesamtausgaben. Im Jahre 1897 machten sie nur 57,2 % der Gesamtausgaben aus.

Die Haupteinnahmen der Markthallen fließen aus den Mietgeldern für die Verkaufsstellen. Im Jahre 1910 stammte nicht weniger als 60 % der Einnahmen von den Verkaufsstellenmieten. Die übrigen Einnahmen verteilen sich wie folgt: 18 % entfielen auf die Saisonverkäufer, 8 % auf die Wohnungen, Läden, Gast- und Kaffeehauslokalitäten, 4 % auf die

Jahr	Zufuhr			Wegfuhr per Bahn	Umsatz durch behördl. Vermittler	Zufuhr der wichtigeren Artikel						
	Bahn	Schiffe	zusammen			Fleisch	Geflügel	Eier	Grünzeug	Obst	Gemüse	Kartoffeln
	Meterzentner											
1897	218 881	64 408	283 289	12 019	22 344	12 605	15 064	11 250	68 598	89 570	6 118	46 276
1898	395 350	75 651	471 001	23 277	35 821	24 714	35 058	23 704	85 326	155 566	7 202	86 773
1899	525 449	78 997	604 446	36 504	42 134	24 173	42 204	31 813	106 806	192 473	5 741	147 944
1900	542 671	91 028	633 699	80 127	43 121	27 455	44 235	38 427	100 270	212 318	14 242	141 619
1901	510 341	82 770	593 111	84 951	50 636	25 816	51 956	43 222	91 282	215 205	16 035	99 576
1902	559 040	86 063	645 103	97 775	55 990	32 670	56 691	50 771	115 644	173 606	12 778	140 200
1903	593 949	86 852	680 801	102 820	60 437	35 614	49 316	58 426	126 748	220 136	15 273	113 305
1904	654 184	96 096	750 280	103 108	61 107	37 595	53 252	55 493	126 467	219 682	11 127	186 224
1905	702 971	72 454	775 425	117 740	59 175	52 421	48 178	47 733	122 269	237 894	15 416	240 064
1906	667 348	88 280	755 628	96 472	49 119	44 088	52 471	49 028	158 820	231 302	16 092	179 696
1907	726 807	79 602	806 409	138 091	35 842	46 588	55 112	52 872	153 744	230 823	14 669	186 074
1908	848 409	47 179	895 588	108 258	18 428	61 172	56 745	48 747	144 720	271 710	14 965	222 461
1909	883 562	85 785	969 347	114 965	18 715	51 097	59 632	59 832	173 113	288 810	20 909	238 417

Lagerplätze und Magazine, das übrige auf die Hausierergebühren, Wagegebühren usw.

Die Gebühren für die Verkaufsstellen werden nach Warengattungen, und innerhalb dieser Einteilung nach der Einrichtung und Größe der Verkaufsstellen (Quadratmeterfläche) bestimmt. Es existieren dreierlei Verkaufsstellen: verschließbare Abteile, umzäunte Stellen und uneingerichtete Stellen. Diese werden je nachdem auf Tage oder auf Monate verpachtet. Die Gebühren betragen pro Tag und Quadratmeterfläche: in der ersten Abteilung (Fleischwaren, Getränke) in täglicher Pacht 50 h, in monatlicher Pacht 40 h. In der zweiten Abteilung (Eingeweide von Tieren, Konserven, Fischkonserven, Mehl- und Backwaren, billige Haushaltungsartikel) in täglicher Pacht 30 h, in monatlicher Pacht 24 h. In der dritten Abteilung (Geflügel, Milchprodukte, Eier, Obst, Grünzeug) in täglicher Pacht 16 h, in monatlicher Pacht 14 h. In der zweiten und dritten Abteilung sind für verschließbare Abteile 50 h bzw. 40 h zu entrichten. In der vierten Abteilung, wo lebende Fische verkauft werden, wird für Verkaufsstellen, die eigens dafür eingerichtet sind, in täglicher Pacht 50 h, in monatlicher Pacht 40 h, für Verkaufsstellen, die nicht eigens dafür eingerichtet sind, in täglicher Pacht 30 h bezahlt. Die Miete für Keller und Magazinräume beträgt in täglicher Pacht 20 h, in monatlicher Pacht 10 h. Wenn die gemieteten Kellerräume mehr als 20 qm betragen und mindestens auf drei Monate gemietet wurden, so beträgt die Jahresmiete dafür 20 K per Quadratmeter. Die Gebühren für die Kühlräume betragen pro Tag und Quadratmeter in täglicher Pacht 50 h, in monatlicher Pacht 40 h. Auf dem zur Zentralmarkthalle gehörenden Außengebiet werden zur Zeit der Saisonmärkte folgende Gebühren behoben: bis 10 qm in täglicher Pacht 12 h, für jeden weitern $1/2$ qm 4 h. Wenn der Verschleiß vom Wagen oder vom Schiff aus erfolgt, so wird von jedem Wagen oder Schiff 50 h als Gebühr entrichtet. Die behördlichen Warenvermittler entrichten für die Verkaufs-, Versteigerungs- und Handkassenlokale pro Quadratmeter 40 K, für die Keller- und Magazinräume 20 K, für das Bureaulokal 80 K Jahresmiete. Durch all diese Gebühren werden gerade nur die Selbstkosten gedeckt (Tabelle 10 nächste Seite).

In den Jahren 1897—1909 betrug die Durchschnittsverzinsung des investierten Kapitals 4,78 %. Jedoch ist auch dieser Gewinn nur ein scheinbarer, weil die Zinsen und die Tilgung der Baukosten nicht mitgerechnet wurden. Die Markthallen wurden durch die Hauptstadt (die Markthallen Nr. I—V) aus der 25 Millionen-Gulden-Anleihe erbaut,

Tabelle 10.

Jahr	Einnahmen K	Ausgaben K	Reine Einnahme K	Investiertes Kapital K	Rentabilität %
1897	862 678	352 562	510 116	10 486 301	4,88
1898	953 082	495 800	457 282	10 486 301	4,36
1899	979 518	502 916	466 602	10 540 301	4,42
1900	1 010 448	507 714	502 734	10 540 301	4,67
1901	1 018 695	512 066	506 629	10 540 301	4,81
1902	1 065 606	522 482	543 124	11 589 739	4,68
1903	1 107 529	560 897	546 632	11 589 739	4,71
1904	1 085 390	561 284	524 106	11 589 739	4,52
1905	1 085 876	524 821	561 055	11 589 739	4,84
1906	1 105 920	556 743	549 177	11 589 739	4,73
1907	1 122 914	588 097	534 817	11 589 739	4,61
1908	1 199 875	625 108	574 767	11 589 739	4,96
1909	1 296 199	605 285	690 914	11 589 739	5,96
1910	1 320 207	694 506	625 701	11 589 739	5,39

deren Verzinsung 4,5 % betrug. Im besten Falle reichten also die Einnahmen nur zur Deckung der Ausgaben aus.

Durch die auf die Markthallen bezügliche Verordnung wird eine Markthallenzone festgesetzt. Innerhalb dieser Zone — so sagt die Verordnung — „dürfe weder auf öffentlichem noch auch auf Privatgebiet, die auf dem linken Donauufer landenden Schiffe oder sonstiger Fahrzeuge mit einbegriffen, ein Markt mit Markthallenwaren abgehalten werden". Es werden dann diese Waren taxative aufgezählt.

Außerhalb dieser Zone werden Tages- und Wochenmärkte abgehalten. Die Einwohnerschaft, die auf dem Gebiete außerhalb der Markthallenzone wohnt, bezieht von diesen ihre Lebensmittel. Derzeitig beläuft sich die Zahl dieser Märkte auf 18.

5. Die Viehmarktkasse.

Um den Handel des Viehmarktes zu heben und zu organisieren, erteilte die Hauptstadt im Jahre 1892 den drei Budapester Großbanken eine Konzession zur Errichtung einer Viehmarktkasse. Die Aufgabe dieser Kasse besteht in der Förderung und Steigerung des Viehverkehrs, der Versorgung des Marktes mit guter Viehqualität, was dadurch erreicht werden soll, daß sie den Vieheigentümern Vorschüsse gewährt auf die Tiere, die auf den Budapester Markt aufgetrieben werden; daß sie den Käufern, nämlich den Fleischern, bei einem durch die Behörden festgesetzten Zinsfuße Kredit gewährt, wovon sie ihren Wochenbedarf decken können; ferner, daß sie ein Kommissionsgeschäft betreibt; sie verkauft die ihr zugesandten Tiere bei behördlicher Aufsicht, wofür sie die behördlich festgesetzten Kommissionsgebühren bekommt. Überhaupt soll die Kasse einen Faktor der Viehzucht, der Viehmästung und des Viehhandels darstellen und die Organisierung der Lebensmittelversorgung der Hauptstadt in hohem Maßstabe betreiben. Eine derartige Institution war sehr vonnöten. Schon im Jahre 1861 wurde durch die Hauptstadt ein darauf bezüglicher Beschluß gefaßt, der jedoch den Widerstand der Regierung gegen sich hatte und deshalb auch scheitern mußte. Seit dieser Zeit drängten die Interessenten immer mehr darauf, denn sowohl die Produzenten als auch die Käufer waren infolge ihrer Kapitalarmut sehr stark auf Kredit angewiesen, den sie bei den Privatbanken entweder überhaupt nicht bekommen konnten, oder nur unter schlechten Bedingungen. Die Folge dieses Zustandes war, daß der Verkehr des Viehmarktes keinen solchen Aufschwung nehmen konnte, wie er im Interesse der Verbraucher nötig gewesen wäre. Durch die Unorganisiertheit der Kreditverhältnisse wurde die Anziehungskraft der ausländischen Märkte noch gesteigert: das beste Vieh wurde mit Umgehung von Budapest nach Wien und dem Zollausland geschickt, denn die Produzenten waren auf Vorschüsse angewiesen, die ihnen von den Budapester Fleischern nicht gewährt werden konnten. Anderseits konnten auch die Fleischer in Ermangelung von Kapital und Kredit die Konjunkturen nicht ausnützen und sie waren nicht in der Lage, den Verkäufern eine ständige und sichere Nachfrage zu schaffen. Die Folge von alledem war, daß das Angebot ein stets schwankendes und die Qualität der aufgetriebenen Tiere eine nicht genügende war.

Die Hauptstadt wollte also durch die Organisierung der Viehmarktkasse eine Institution ins Leben rufen, die frei von überspannten Spekulationsabsichten, in erster Linie für die billige und reichliche Beköstigung der Budapester Einwohnerschaft sorgt und den Budapester Markt konkurrenzfähig macht gegenüber dem Wiener und den ausländischen Märkten, die verbrauchsfähiger waren und auch höhere Preise ertragen konnten.

Das Unternehmungssystem konnte jedoch diese Aufgaben nicht erfüllen. Nach den Intentionen der Hauptstadt sollte eine volkswirtschaftliche Institution geschaffen werden, die imstande wäre, den Lockungen der Konjunkturen Widerstand zu leisten und die unter allen Umständen in erster Linie die Interessen der konsumierenden städtischen Bevölkerung zu wahren hätte, auch in dem Falle, wenn die Konjunkturen, wenn die Aussicht auf überreichlichen Gewinn den Viehverkehr nach anderen Märkten lenken würden.

Aber der Privatunternehmer konnte dem nicht widerstehen. Die Interessenten aller Kategorien empörten sich über die Politik der Viehmarktkasse, und ihre Klagen bewogen das Munizipium dazu, daß es am 1. September 1905 eine Kommission einsetzte, um die Klagen zu untersuchen, die gegen die Viehmarktkasse vorgebracht wurden. Diese Kommission konstatierte, daß die Viehmarktkasse den Vertrag gebrochen und die Interessen der Stadt verraten habe. Es stellte sich heraus, daß der Direktor der Viehmarktkasse Mitglied einer Wiener Exportfirma war, und daß die Viehmarktkasse für diese Firma lieferte, obwohl der Vertrag ausdrücklich verbietet, daß die Kasse oder ihre Angestellten auf eigene Rechnung arbeiteten. Der Direktor der Kasse gewann infolge der Kreditgeschäfte und des Auftreibedienstes der Kasse Einblick in die Geschäftsgeheimnisse der Privatkommissionäre und er verwertete die so gewonnenen Kenntnisse zugunsten der Wiener Firma. Es stellte sich heraus, daß die Viehmarktkasse mit Umgehung des Budapester Marktes Vieh nach Wien, nach Österreich und nach dem Zollauslande lieferte. Nicht nur, daß sie nicht versuchte, derartige Geschäfte zu verhindern, sondern sie animierte noch den Exporthandel. Nach dem exportierten Vieh ließ sie sich höhere Gebühren entrichten, als sie der Vertrag zuließ (sie ließ sich pro Stück 2—4 K geben, obwohl der Vertrag 1 K als höchste Grenze feststellt); um aus der Vermittlung große Summen herauszuschlagen, war sie bestrebt, viel nach dem Auslande zu exportieren. Es stellte sich heraus, daß die Kasse statt die Lebensmittelversorgung zu verbilligen, vielmehr selber dazu beiträgt, um die Preise in die Höhe zu treiben. Um die Vorschußgeschäfte zu heben, zahlte die Kasse den Produzenten große Vorschüsse aus, damit sie jedoch keinen Schaden erleide, das heißt damit die Vorschüsse ihre Deckung erhalten, wurden die Viehpreise am Tage vor dem Markte festgesetzt, ohne Rücksicht auf Angebot und Nachfrage. Diese Preise wurden von ihr ihren Unterhändlern diktiert, die zu materiellem Schadenersatz verpflichtet waren, wenn die Verkaufspreise die Vorschüsse nicht deckten. Unter den vernommenen Händlern und Produzenten befanden sich viele, die erklärten, daß sie geneigt gewesen wären, sich mit geringeren Preisen zufrieden zu geben, aber auf Zureden der Viehmarktkasse bestanden sie auf die höheren Preise. Außerdem verhinderten die Angestellten der Viehmarktkasse durch Preisaufgebote das Zustandekommen von Geschäften zwischen Fleischern und den Produzenten, sie sicherten dadurch ihren ausländischen Kunden das Vieh, oder sie machten diese Preistreiberei deshalb mit, damit die Vorschüsse gesichert oder aber damit der Preis der Schlachttiere, die sie auf ihre eigene Rechnung ankauften, in die Höhe gehe.

All das bewies, daß ein Privatunternehmen, das in erster Linie von der Profitsucht geleitet wird, den Intentionen der Hauptstadt nicht entsprechen kann. Ein Vertrag reicht nicht dazu aus, daß für die Tätigkeit der Viehmarktkasse die Hauptstadt die Richtung angeben könnte. Deshalb wurde im Jahre 1907 die Viehmarktkasse den Händen der Privatbanken entwunden und die Hauptstadt gründete selbst eine solche unter dem Titel: Budapester Viehmarktkasse A.-G.

Das Verhältnis der Aktiengesellschaft zur Hauptstadt und die Pflichten der Gesellschaft werden durch einen Vertrag geregelt, der auf die Dauer von 15 Jahren abgeschlossen wurde. Das Stammkapital beträgt 2 000 000 K, wovon laut einem Generalversammlungsbeschluß mindestens 55 % (in Wirklichkeit sind es aber 78,7 %) das unveräußerliche Eigentum der Stadt bilden muß; die verbleibenden Aktien wurden von den Interessenten, Fleischern und Produzenten, gezeichnet. Nachdem sich die Mehrheit der Aktien im Besitze der Hauptstadt befinden, besitzt sie ein derartiges Übergewicht in dem Unternehmen, als wäre es eine kommunale Institution. Die Gesellschaft ist durch den Vertrag verpflichtet, in die Direktion und in den Aufsichtsrat — und zwar was ihre Zahl anbelangt, mit e i n e m Mehr als die Hälfte der Mitglieder dieser Körperschaften beträgt —, als auch zum Vorsitzenden und Vorsitzendenstellvertreter jene Personen zu wählen, die durch den Magistrat dazu bestimmt werden, um die Hauptstadt in der Gesellschaft zu vertreten.

Durch die Viehmarktkasse werden laut dem Vertrage folgende Geschäftszweige betrieben:

a) Sie gewährt Vorschüsse und Kredite für Schlachtvieheigentümer, namentlich: für Viehzüchter, für Landwirte, für Mäster, für Händler, für Fleischer, für Schlächter und für sonstige Fleischgewerbetreibende und Fleischhändler, sowie für Vieh- und Schweinekommissäre.

Die Hauptaufgabe der Viehmarktkasse besteht darin, daß sie für die Budapester Fleischer — um ihren Einkauf von Vieh, der ihren Fleischbedarf von zwei Wochen deckt, zu ermöglichen — einen in zwei Wochen zurückzuerstattenden Personalkredit, und auf ihre Vorräte Vorschüsse gewährt, ferner, daß sie ihnen materiell womöglich immer zur Seite steht. Anderseits soll sie durch Gewährung der nötigen Kredite an die Landwirte der Provinz und die Händler die Viehzucht und die Mästung fördern und diese dazu anspornen, ihre Schlachttiere dem Budapester Markt zuzuführen. Den Vieheigentümern in der Provinz kann die Viehmarktkasse nur in dem Falle Vorschüsse gewähren, wenn sie sich dazu verpflichten, daß sie ihre mit Vorschuß belasteten Schlachttiere unmittelbar auf dem Budapester Markte verkaufen.

Die Viehmarktkasse ist verpflichtet für jedes Stück Vieh, das auf dem Markte ankommt, auch dann, wenn sie mit den Kommissionsfunktionen nicht betraut wurde, sämtliche, den Verkäufer belastenden Gebühren, Taxen, Zölle, Frachtgebühren usw., die sich bis zum Verkaufe ergeben sollten, auch ohne daß sie damit besonders betraut wurde, vorzuschießen, und zwar von dem Eintreffen des Viehes bis zum Schluß des nächsten Markttages unentgeltlich, vom auf den Markt folgenden Tage an gegen Zinsen, deren Höhe in dem Vertrage festgesetzt ist. Dagegen besitzt die Viehmarktkasse ein Pfandrecht und ein Zurückbehaltungsrecht auf alle jene Tiere und Waren, für die sie Vorschüsse oder Kredite gewährte. Desgleichen steht der Kasse bei der Abrechnung das Recht zu, von der Summe, die den Parteien zukommt, jede rechtmäßige und in dem Vertrag gesicherte Forderung abzuziehen.

b) Sie betreibt den Kommissionsverkauf von Tieren, eventuell von tierischen Rohprodukten und sie ist verpflichtet, die darauf bezüglichen Kommissionen in jedem Falle anzunehmen.

c) Sie besitzt das ausschließliche Recht auf die Abwicklung des Geldverkehrs des Marktes, worunter die Entgegennahme und die Ausbezahlung der Verkaufspreise sämtlicher auf den Markt gelangten Tiere zu verstehen ist. Die Viehmarktkasse ist verpflichtet, sämtliche Kauf- und Verkaufspreise einzukassieren bzw. auszuzahlen, auch dann, wenn sie an dem Zustandekommen des Geschäftes gar keinen Anteil hatte. Der Zweck dieser Bestimmung ist, daß jeder Verkäufer den Kaufpreis erhalten soll, auch dann, wenn der Käufer die Ware ohne Bargeld bezogen hat.

d) Auf dem Viehmarkt betreibt sie mit ausschließlichem Rechte den Tierauftreibungs- und Tierabstempelungsdienst, überhaupt sämtliche Arbeiten, die diesem Fach angehören, ebenso das Schieben der Eisenbahnwaggons auf dem Gebiete der Schlachthäuser. Im Ausfluß dieses Rechtes und dieser Pflicht sorgt die Kasse für das Abladen, für die Unterkunft, für die Bewirtung, für die Fütterung usw. der Tiere, von dem Zeitpunkt ihrer Ankunft bis zu ihrer Fortschaffung.

e) Sie betreibt auch das Bankgeschäft, sie nimmt Sparkasseneinlagen entgegen, sowie auch Wertpapiere; sie kauft und verkauft Gold- und Silbergeldsorten, sowie ausländische Banknoten; sie betreibt das Lombardgeschäft, sie löst Coupons ein; sie stellt Kreditbriefe aus auf in- und ausländische Geldmärkte; sie diskontiert Wechsel, sie gründet Kreditvereine.

Für diese Dienstleistungen erhält die Viehmarktkasse Zinsen und Gebühren, deren Ausmaß im Vertrage festgesetzt ist. Das Maximum an

Zins, das sie nach Krediten und Vorschüssen nehmen darf, beträgt 1¼ % über dem jeweiligen Diskontsatz der Notenbank, das Minimum an Zins muß jedoch 5 % betragen. Als Verwaltungsprovision kann sie höchstens ⅛—¼ % der kreditierten Summe aufrechnen; für den Kredit, der für die Budapester Fleischer gewährt wurde, darf die Verwaltungsprovision ½ pro Mille nicht übersteigen; wenn der Verkäufer den Verkaufspreis bis spätestens 12 Uhr mittags des darauffolgenden Wochentages der Fleischkasse entrichtet, so braucht er weder Zins noch Provision zu entrichten. Außer den Zinsen und Provisionen darf die Viehmarktkasse für die Kredite und Vorschüsse keine anderen Gebühren fordern. Die Einkassierungsgebühren, die der Verkäufer bezahlen muß, betragen

bei Großvieh	2¾	pro Mille des Bruttopreises
„ Kleinvieh	5	„ „ „ „
„ Borstenvieh	3	„ „ „ „

Die Aufsichtsgebühren, die durch den Verkäufer für nicht verkaufte Tiere bezahlt werden, betragen:

	Pro Stück und Tag K	Das Maximum für die ganze Zeit K
bei Großvieh	0,20	1,00
„ Jungvieh	0,10	0,50
„ Kälbern	0,08	0,40
„ Lämmern, Schafen, Ziegen, Zicklein	0,04	0,12
„ Borstenvieh	0,10	0,50

Die Kommissionsgebühren, die durch den Auftragerteilenden zu tragen sind, belaufen sich:

	Bruttopreise pro Mille	Minimalgebühren K
bei Großvieh	3½	1,50
„ Jungvieh	3½	1,00
„ Kälbern	3½	0,50
„ Lämmern, Schafen, Ziegen, Zicklein	3½	0,20
„ Borstenvieh	5	0,60
„ Ferkeln (bis 20 kg)	—	0,20

Die Viehmarktkasse hatte in ihrem Geschäftsjahr 1910 folgende finanzielle Ergebnisse aufzuweisen:

(Siehe Tabelle S. 94.)

Im Jahre 1910 betrug der Gewinn 181 954 K 84 h; davon wurden 130 000 K oder 6½ % des Aktienkapitals als Dividenden ausgezahlt; 23 792 K wurden dem Reservefonds zugeführt; 10 000 K wurden der

Bilanzrechnung.

Aktiva.	K	Passiva.	K
Kassenvorrat	338 165,18	Aktienkapital (10 000 Stück à 200 K)	2 000 000,—
Akzepte	3 370,—	Reservefonds	26 208,—
Wertpapiere des Pensionsfonds	68 625,—	Steuerreservefonds	32 000,—
Debitoren	3 258 425,06	Pensionsfonds	87 915,83
		Außerordentlicher Unterstützungsfonds	10 000,—
		Nichtbehobene Dividende	897,—
		Kreditoren	1 329 609,57
		Gewinn	181 954,84
Summe	3 668 585,24	Summe	3 668 585,24

Gewinn- und Verlustrechnung.

Ausgaben.	K	Einnahmen.	K
Kosten für Verwaltung und Personal	655 385,96	Gewinnübertragung vom Jahre 1909	2 442,59
Betriebskosten	84 702,34	Einkassierungsgebühren	357 255,82
Abschreibungen	72 344,82	Kommissionsgebühren	64 807,94
Steuerrechnung	56 947,97	Aufsichtsgebühren	3 571,82
Gewinn	181 954,84	Auftrieb- u. Abstempelungsgebühren	431 171,71
		Diverse	74 728,26
		Zinsen	117 357,79
Summe	1 051 335,93	Summe	1 051 335,93

Pensionsinstitution geschenkt; 15 000 K wurden unter die Beamten als Teuerungszulage verteilt und die verbleibenden 3162,84 K wurden auf das nächste Jahr übertragen. Das reine Geschäftsvermögen der Gesellschaft beträgt 2 338 078,67 K.

6. Die kommunale Pferdeschlächterei.

Der drückende Fleischmangel und die Teuerung zwangen die städtische Behörde für die Fleischversorgung der ärmeren Bevölkerung etwas zu unternehmen. Dieser Umstand veranlaßte sie dazu (im Jahre 1905), bei der Regierung zu erwirken, daß der Verschleiß von Pferdefleisch als menschliche Nahrung gestattet werde. Dadurch kam sie in die Lage, für die ärmere Bevölkerung eine billige und gesunde Fleischnahrung zu sichern. Damit jedoch das Pferdefleisch nicht in das Getriebe der allgemeinen Teuerung verstrickt werde, damit die steigende Konjunktur der Fleischpreise nicht von den Privatinteressen ausgebeutet werde, beschloß die Generalversammlung vom 1. September 1905, daß das Schlachten der Pferde, der Verschleiß und die Aufarbeitung des Pferdefleisches das ausschließliche Recht der Hauptstadt bilde. Das Schlachten und Aufarbeiten des Fleisches besorgt die Stadt im eigenen Betriebe und der Verschleiß erfolgt mit Ausschluß von Vermittlern zu Selbstkostenpreisen in den eigenen Fleischbänken. Jeder Privatperson wird das Schlachten von Pferden zu menschlichen Nahrungszwecken, die Aufarbeitung und der Verschleiß des Pferdefleisches verboten. Durch diesen Beschluß wird auch der Zwischenverkauf des Pferdefleisches verboten. Ein Käufer kann täglich nur ein Kilogramm Fleisch oder Wurstwaren beziehen. Diese Verbote wurden mit strafrechtlicher Sanktion versehen. Die Intentionen der Hauptstadt wurden auch vom Finanzministerium dadurch honoriert, daß es das Pferdefleisch von der Verbrauchssteuer befreite.

Die kommunale Pferdeschlächterei wurde am 1. Oktober 1905 in Betrieb gesetzt. Das Pferdeschlachthaus wurde in einem einstöckigen Gebäude des öffentlichen Schweineschlachthauses untergebracht; im Keller befinden sich der Stall der zum Schlachten gekauften Pferde und die Kühlräume, ebenerdig befindet sich das Schlachthaus und im Stockwerke sind die auf elektrische Kraft eingerichteten Aufarbeitungsräume untergebracht: die Wurstfabrik und die Räuchereien.

Zuerst zählte die Schlächterei drei Verschleißstellen, und heute, nach 6 Jahren, wird das Pferdefleisch durch 23 kommunale Fleischbänke (die sich in den Arbeitervierteln befinden) verkauft.

Die Abneigung und das Vorurteil, womit diese neue Nahrung seitens der Bevölkerung empfangen wurde, ist sehr bald gewichen und die Nachfrage, der Betrieb machten eine rasche Entwicklung durch. Das geht auch aus folgender Zusammenstellung hervor:

Jahr	Geschlachtete Pferde	Verkaufte Fleischmengen kg
1905 (3 Monate)	839	162 723
1906	3927	807 300
1907	4754	942 137
1908	4184	872 713
1909	5266	1 020 236
1910	7764	1 458 661

Die Verkaufspreise (ohne Zuwage) gestalteten sich im Jahre 1911 wie folgt:

1 kg	Suppenfleisch: aus der Brust, Rippenfleisch oder Nackenfleisch	64 h
1 „	aus Braten oder sonstigem Fleisch: Federspitz, Rostbraten, Schlegel, Schulterblatt, Hüftenfleisch, Garp, Zunge	80 „
1 „	Lungenbraten oder haschiertes Fleisch	100 „
1 „	Suppenknochen	20 „
1 „	Leber, Nieren, Hirn, Milz	30 „
1 „	Unschlik oder Schmalz	100 „
1 Paar	kleine Würstchen (Krennwürstchen)	4 „
1 Stück	rote Wurst (Safalade) oder weiße Wurst (Augsburger)	4 „
1 kg	kleine Würstchen, rote Wurst oder weiße Wurst .	64 „
1 „	Leber- oder Lungenwurst	64 „
1 „	Pariser, Kranz- oder Debreziner-Wurst	100 „
1 „	Sommer-Salami	80 „

Als der Betrieb anging, ließ die Hauptstadt 5000 K für die Investierung und 5000 K als zirkulierendes Kapital vorschießen. Jedoch die Nachfrage nach Pferdefleisch machte sehr bald die Erweiterung des Betriebes nötig. Noch im Jahre 1905 bewilligte die Hauptstadt zu diesem Zwecke fernere 10 000 K, im Jahre 1908 — vornehmlich um die technische Fortentwicklung des Betriebes zu ermöglichen — 64 000 K und endlich im Jahre 1910 133 500 K.

Die Produkte des Pferdefleischbetriebes werden zu Selbstkostenpreisen abgegeben (nicht einmal die Schlachtgebühren werden in die Kosten eingerechnet), auf einen Geschäftsprofit wird bei diesem Betrieb nicht abgesehen, er gehört deshalb nicht zu den profittragenden Unternehmungen der Hauptstadt. Die Geschäftsleitung ist einzig und allein darauf bedacht, daß das Gleichgewicht zwischen den Einnahmen und Ausgaben aufrechterhalten bleibt. Der eventuell entstehende Geschäftsüberschuß wird in erster Linie zur Tilgung des vom Gemeindefonds kreditierten Kapitals verwendet, dann zur technischen Fortentwicklung des Betriebes, zur Sammlung von Reserven, endlich zur entsprechenden Herabsetzung der Preise. Vom Standpunkt des Gemeindehaushaltes aus sind die Geldgebaren des Pferdefleischbetriebes ganz gleichgültig. Der Betrieb wird, vom Gemeindefonds ganz abgesondert, als selbständiges Unternehmen verwaltet. Dies kommt auch in den Jahresschlußrechnungen zum Ausdruck, die uns im Jahre 1910 folgendes Bild zeigen:

Bilanzrechnung.

Aktiva.	K	Passiva.	K
Aktiver Überschuß Ende 1910	40 082,54	Passive Rückstände	15 400,30
Aktive Rückstände	9 706,18	Reines Vermögen Ende 1910	226 041,85
Maschinen, Geschäftseinrichtungen, Ausrüstung, Wagen, Geschirre	80 693,10		
Bauinvestierungen	69 015,36		
Materialvorrat	41 944,97		
Summe	241 442,15	Summe	241 442,15

Gewinn- und Verlustrechnung.

Einnahmen.	K	Ausgaben.	K
Verschleiß in den Fleischbänken	958 660,85	Personal	107 527,93
Für Häute	128 429,20	Bureauausrüstung	1 236,73
Für Därme	15 440,50	Pferdeeinkäufe	807 197,10
Für Knochen	11 100,28	Darmwaren	53 501,03
Rückvergütung von Fuhrengebühren	41 461,40	Gewürze, Salz, Speck usw.	32 788,75
Diverse	11 015,37	Gespann	65 939,16
Zurückzahlung von angelegten Geldern	859 500,—	Verpflegung der Schlachtpferde	45 482,32
		Pachtgebühren des Betriebsgebäudes und der Geschäftslokalitäten	14 603,48
		Ergänzung der Betriebseinrichtungen und ihre Instandhaltung	12 023,84
		Reinigung, Desinfektionsmaterial und was dazu gehört	1 974,87
		Maschinen und Kesselbetrieb	11 725,19
		Feuerversicherung	264,28
		Diverse	11 564,39
		Investierung, Neubauten .	7 668,29
		Geldanlage bei der Fleischkasse	859 500,—
Summe	2 025 607,60	Summe	2 032 997,36
Kassenbestand Anfang 1910	47 472,30	Kassenbestand Ende 1910 .	40 082,54
Zusammen	2 073 079,90	Zusammen	2 073 079,90

Der Betrieb hat bis jetzt die vom Gemeindefonds erhaltenen Vorschüsse noch nicht getilgt. Aus seinen in den Jahren 1905—1907 erzielten Einnahmen wurde ein Pferdeeinkaufsfonds von 35 000 K geschaffen.

Gleichzeitig mit der Eröffnung des Pferdefleischbetriebes ließ die Hauptstadt probeweise auf zwei Monate drei behördliche Fleischbänke aufstellen, um einerseits den ärmeren Bevölkerungsschichten eine Erleichterung zu schaffen, anderseits aber um ganz genau zu ergründen, ob die Fleischteuerung durch die Agrarier oder durch die Fleischer hervorgerufen wird, ob die Fleischpreise im Verhältnis stehen zu den Preisen des lebenden Viehs? Diese Fleischbänke haben laut Beschluß nur billigere Sorten Rindfleisch und Schweinefleisch zum Verschleiß gebracht, unter denselben Bedingungen wie das Pferdefleisch. Der Betrieb, der von der Hauptstadt 50000 K Vorschuß erhielt, schloß seine Bilanz nach zweimonatlichem Bestehen mit einem Fehlbetrag von 4710,09 K. Wiewohl nun die Behörde die Fleischwaren zu Selbstkostenpreisen verkaufte — sie stellte weder die Steuern noch den Mietzins noch auch das Risiko in Rechnung, Dinge, die einen Privatfleischer notwendigerweise belasten —, war sie doch nicht imstande, die Preise so herabzudrücken (insgesamt konnte sie eine Reduktion von 5—15 % erreichen), daß die ärmere Bevölkerung imstande gewesen wäre, diese Preise zu erschwingen. Die Nachfrage war sehr gering (von den Bessersituierten wurde die Fleischbank selbstverständlich gar nicht besucht) und auch diese wies eine rückgängige Tendenz auf, so daß es sich nicht auszahlte, den Betrieb länger im Gange zu halten.

7. Kommunaler Lebensmittelverschleiß.

Im November 1911 ließ die Hauptstadt in der Nähe der Markthallen, auf den offenen Marktplätzen und noch auf anderen öffentlichen Plätzen 14 Verkaufshallen errichten, in denen zur Bekämpfung und Linderung der Teuerung von Gemeinde wegen Lebensmittel verkauft werden. Der ursprüngliche Plan ging dahin, daß in diesen Rindfleisch und Schweinefleisch, Wild, Wurstwaren, Kartoffeln, Grünzeug, Hülsenfrüchte usw. durch die Stadt zum Verschleiß gebracht werden. Die Stadtverordnetenversammlung nahm jedoch den Standpunkt ein, daß für die Lebensmittelteuerung, soweit diese durch den Handel verursacht wird, nicht die Kleinhändler und die Marktverschleißer, sondern die Großhändler die Schuld trifft, die die Lebensmittelzufuhr planmäßig verhindern. Daher soll die Hauptstadt mit ihrer Konkurrenz nicht auf die Kleinhändler und Marktverschleißer einen Druck ausüben, sie soll nicht gegen diese eine Konkurrenz organisieren, sondern gegen die Großhändler. Deshalb richtet die Hauptstadt ihre Aktion in erster Linie gegen das Monopol der Großhändler. Zu diesem Zwecke wurde durch die Stadtverordnetenversammlung die Gründung einer Lebensmittelgroßhandlung A.-G. beschlossen, mit einem Stammkapital von 4 000 000 K; 60 % der Aktien übernimmt die Hauptstadt, die übrigen 40 % werden den interessierten Produzenten und Kaufleuten zum Ankauf angeboten werden. Zurzeit ist diese Aktiengesellschaft in Gründung begriffen. Ihre Aufgabe wird darin bestehen, durch billiges und reichliches Angebot in erster Linie die Kleinhändler mit Waren zu versorgen, um auf diese Weise sowohl die Engros-, als auch die Detailpreise zu mäßigen.

In den Verkaufshallen gelangen im Kleinhandel folgende Lebensmittel zum Verschleiß: Schaf-, Hammel- und Wildfleisch, mit deren Verschleiß sich die Kleinhändler bisher noch nicht abgegeben haben und deren Verbrauch in letzter Zeit sehr zurückgegangen ist; dann Eier, geschlachtete Hühner und Wurstwaren, die aus Rind- und Schaffleisch, ohne Surrogate, die den Zweck verfolgen, das Gewicht zu erhöhen, durch die Stadt selbst erzeugt werden; endlich wird hier auch kommunales Brot verkauft.

Der kommunale Lebensmittelverschleiß ging am 2. Dezember 1911 an mit einem Kapital von 500 000 K, wovon 200 000 K zum Bau der Hallen und für die Einrichtung verwendet wurden, 300 000 K verblieben als zirkulierendes Kapital. Im ersten Monat wurden verkauft: Schaffleisch, vorderes 15 141 kg, Schaffleisch, hinteres 10 595 kg, Eingeweide 1147 kg; Schaffleisch insgesamt 26 883 kg. Hasen 11 116 Stück; Wildenten 300 Stück. Wurstwaren wurden verkauft: Pariser Wurst 1019 kg, Kranzwurst 697 kg, Sommersalami 753 kg, Debreziner Wurst 5077 kg, Krenwürstchen 4265 kg, rote Wurst 18 406 kg, Dürrewurst 307 kg, insgesamt 14 310 kg. Brot aus der kommunalen Brotfabrik wurden 18 406 kg verkauft.

Das Rohmaterial wird durch die Stadt von den Produzenten und Großhändlern im großen eingekauft und nach Abzug sämtlicher Auslagen zu Selbstkostenpreisen verkauft. Die Preise der einzelnen Waren gestalten sich im März 1912 wie folgt:

	Preise der komm. Verkaufshallen K	Detailpreise der Markthallen K
Schaffleisch, Vorderteil, 1 kg	1,44	1,00—1,44
Hammelfleisch, Rückgrat und Schlegel, 1 kg	1,68	—
Lammfleisch, Vorderteil, 1 kg	1,80	1,80—2,60
Lammfleisch, Hinterteil, 1 kg	2,20	2,40—3,00
Leber, Milz, Niere, Lunge, Herzstück, 1 kg	0,64	—
Schafskopf	0,30	—
Debrezinerwurst, Sommersalami, 1 kg . .	2,40	1,60—2,40
Pariser- und Kranzwurst, 1 kg	2,00	1,68—2,00
Preßwurst, 1 kg.	1,60	1,60—2,00

	Preise der komm. Verkaufshallen K		Detailpreise der Markthallen K
Dürrewurst, 1 kg	1,60		—
Kleine Krenwürstchen, 1 Paar (5 dkg) . .	0,10		0,10—0,12
Große Krenwürstchen, 1 Paar (10 dkg) . .	0,20		—
Kleine Zervelade, 1 Stück (7 dkg). . . .	0,10		0,08—0,10
Große Zervelade, 1 Stück (15 dkg. . . .	0,20		—
Geschlachtete Hühner, 1 kg	2,60		—
Hase, Qualität I, 1 Stück.	2,50		3,20—3,80
Hase, Qualität II, 1 Stück	2,20		2,20—2,80
Wildente, 1 Stück	2,00		2,20—2,40
Eier, 25—33,3 Stück.	2,00	14—24 Stck.	2,00
Eier, 1 Stück	0,06—0,08		0,09—0,10

Sobald die Gründung der Lebensmittelgroßhandlung A.-G. vollzogen sein wird, so wird diese auch den Betrieb der Verkaufshallen übernehmen und in ihnen auch den Verschleiß im kleinen besorgen.

8. Die Gemeindelagerhäuser.

Um den Warenverkehr und den Warenhandel in Budapest zu konzentrieren, ließ die Hauptstadt öffentliche Magazine errichten, die im Jahre 1881 dem Verkehr übergeben wurden. Diese befinden sich auf dem linken Donauufer, auf einem Gebiete von 14 684 Quadratklafter, ihr Fassungsvermögen beträgt 750 000 q. Die Bau- und Einrichtungskosten beliefen sich auf 7,470 Millionen Kronen. Die Lagerhäuser befinden sich nicht in häuslicher Regie. Sie wurden im Jahre 1882 auf 60 Jahre einer hiesigen Großbank in Pacht gegeben. Als Pachtpauschale entrichtete die Bank 7,470 Millionen Kronen, eine Summe, die den Baukosten entspricht, und sie ist verpflichtet, beim Ablauf des Vertrages die Magazine ohne Entschädigung der Hauptstadt zu überlassen. Die Hälfte der 6 % übersteigenden Einkommen fällt der Stadt zu; dagegen ist die Hauptstadt in den ersten 30 Jahren verpflichtet, im Falle die Einnahmen der Lagerhäuser keine 5 % ergeben sollten, diese auf 5 % zu ergänzen. Jedoch kann die Subvention der Stadt 100 000 K nicht übersteigen.

Im Jahre 1908 wurden in den Magazinen 1,578 Millionen q Waren eingelagert, deren Wert 45,499 Millionen Kronen betrug.

9. Tandlermarkthalle.

Die Hauptstadt errichtete auf dem Telekiplatze eine Tandlerhalle, worin nur jene verkaufen dürfen, die einen allen Vorschriften entsprechenden Gewerbeschein besitzen.

In der Halle dürfen Kleidungsstücke und alle Gegenstände verkauft werden, die der Verkäufer selbst hineintragen kann. Größere Gegenstände und Möbel dürfen in der Halle nicht verkauft werden. Jeder Tandler darf höchstens 1 qm Raum einnehmen. Die Verkaufsplätze sind weder eingerichtet noch abgegrenzt. Jeder Tandler zahlt täglich 20 h, jährlich 72 K Pacht. Die Baukosten der Halle mit den interkalarischen Zinsen zusammen machten 76 000 K, die innerhalb 20 Jahren mit 5 % Annuität abgezahlt werden. Auf demselben Platze errichtete die Hauptstadt um die Halle herum Tandlerbuden, die auf öffentlichen Auktionen vermietet werden. Der Geschäftsumsatz der Halle und der Buden war:

Jahr	Ausgaben K	Einnahmen K	Überschuß K
1900	32 260	92 178	59 918
1905	30 826	91 927	61 101
1906	31 570	89 339	57 769
1907	31 397	92 434	61 037
1908	34 958	96 715	61 757
1909	41 533	97 734	56 201
1910	46 570	96 516	49 946

Das Personal beträgt sieben Aufseher und acht Arbeiter.

VI. Betriebe zur Pflege der öffentlichen Gesundheit.

1. Die Kanalisation.

Die Kanalisation wurde in Budapest gegen Mitte des 18. Jahrhunderts in Angriff genommen. Das alte Kanalisationsnetz wurde nach den Prinzipien des tout à l'égout-Systems durchgeführt (nur auf dem gebirgigen rechten Donauufer wurde das Meteorwasser gesondert in offenen Gräben abgeleitet). Die Kanäle hatten die Form eines Strahlenbüschels und mündeten an mehreren Orten in die Donau.

Dieses System hatte viele Nachteile und verursachte viele Schäden. Bei hohem Wasserstande auf der Pester Seite, die sich auf einer Ebene befindet, ja sogar bei mittlerem Wasserstande der Donau, ist das Wasser durch die Öffnungen der Kanäle in die Stadt eingedrungen, verhinderte den Abfluß der Kanäle, die die Gestalt einer Abzugsgrube annahmen und dadurch die Hygiene der Stadt bedrohten. Zwei Drittel dieses Stadtgebietes hatten unter diesem Zustand zu leiden. Um diese Fehler zu beheben, wurde — nach langen Vorstudien — im Jahre 1891 das linke Donauufer neu kanalisiert, und zwar nach den neuen technischen Prinzipien. Es wurde das sogenannte gemeinsame Kanalisationssystem verbunden mit dem tout à l'égout-System durchgeführt. Es wird das ganze häusliche Schmutzwasser, das Regenwasser, das Wasser von der Straßenbespritzung, der Abfluß aus den Fabriken in eine Zentrale, an einem einzigen Orte, angesammelt und der Donau zugeführt.

Das linke Ufergebiet wurde in zwei Teile geteilt: auf ein höher gelegenes und auf ein tiefer gelegenes Gebiet. Das tiefer gelegene Gebiet (1218 ha) besitzt zwei Sammelkanäle (der eine befindet sich unter dem Uferrand, der andere unter der Großenringstraße), die auf dem Boráosplatz in den Hauptsammelkanal münden, von wo aus durch die zentrale Pumpstation das Schmutzwasser in die Donau gepumpt wird. Die höher gelegenen Stadtteile (1000 ha) besitzen ebenfalls einen Sammelkanal, der gleichfalls in den Hauptsammelkanal mündet.

Das ausgepumpte Schmutzwasser betrug im Jahre

1895	47,5	Millionen cbm
1900	27,6	„ „
1905	44,8	„ „
1906	59,2	„ „
1907	43,5	„ „

Der Gehalt der Kanäle wird zurzeit durch die Hauptstadt nicht verwertet. Das Schmutzwasser wird durch die Pumpstation in die Donau gepumpt. Die schlammigen Reste werden durch den Schickfang aufgefangen. Sein Inhalt wird monatlich auf ein neben der Pumpstation befindliches Freigebiet entleert. Den in der Umgebung angesessenen Grundbesitzern ist es gestattet, den Schlamm zu Düngungszwecken abzutragen.

Die Länge des Hauptkanals beträgt gegenwärtig (1908) 34 131 m, die der Nebenkanäle 314 870 m. Davon wurden 160 100 m aus Beton, das übrige aus Ziegeln hergestellt. Die Länge des ganzen Kanalisationsnetzes betrug also 1908 349 001 m, währenddem sie im Jahre 1860 nur 50 300 m betrug. Der Wert des Hauptkanals beläuft sich auf 5,128 Millionen Kronen, der der Nebenkanäle auf 6,481 Millionen Kronen.

Die Kanalisationskosten belasten zum Teil die Hauptstadt, zum Teil die Eigentümer von Immobilien, an denen der Kanal vorbeiführt. Die Hauptstadt muß aufkommen a) für sämtliche Baukosten der Sammelkanäle; b) für sämtliche Ausgaben der Seitenkanäle, die die Niederschläge in den gemeinsamen Kanal leiten, ebenfalls für die Straßensinkkästen und ihre Ausrüstung; c) für die Umbau- und Austauschkosten jener gemeinsamen Seitenkanäle, die innerhalb dreißig Jahren nach ihrer Verfertigung, den Zeitpunkt von der behördlichen Übernahme an gerechnet, unbrauchbar werden; d) für die Erhaltungs- und Reinigungskosten der Sammel- und der gemeinsamen Seitenkanäle.

Die Besitzer von Immobilien müssen aufkommen für die Gesamtkosten der neuen gemeinsamen Seitenkanäle in den Straßen, für ihre Einsteigeschächte und für ihre Deckplatten. Die Umbau- oder Neubaukosten von gemeinsamen Kanälen, die durch die Stadt- oder Straßenregulierung bedingt werden, werden innerhalb 50 Jahren, von der Übernahme des alten Kanals an gerechnet, von der Stadt getragen; nach Ablauf dieses Termins müssen dafür die Eigentümer der umliegenden Immobilien aufkommen. In folgenden Fällen werden die Kosten gemeinsam durch die Stadt und durch die Eigentümer von Immobilien getragen: a) wenn der gemeinsame Seitenkanal nach 30 Jahren nach der Übernahme unbrauchbar wurde, und zwar in der Weise, daß von 30—50 Jahren die Eigentümer von Immobilien 25 %, von 50—60 Jahren 50 %, über 60 Jahre nach der Übernahme 100 % zu zahlen haben; b) wenn der Umbau des gemeinsamen Kanals wegen des Sammelkanalbaues erfolgen muß, und zwar wieder in der Weise, daß die Immobilienbesitzer innerhalb 30 Jahren nach Fertigstellung des gemeinsamen Kanals 50 %, darüber hinaus für die Gesamtkosten aufkommen müssen; c) wenn der Sammelkanal gleichzeitig zum gemeinsamen Straßenkanal dient, oder wenn der gemeinsame Seitenkanal einen größeren Durchmesser besitzt als der Durchmesser 96/63 des Normalprofils; in diesen Fällen müssen die Immobilienbesitzer nur für die Kosten des Normalprofils aufkommen.

Die Kanalisationsgebühren werden auf die Immobilienbesitzer, deren Grundstücke und Häuser rechts und links die Straße einsäumen, im Verhältnis ihrer Fassaden verteilt. Dort, wo sich nur auf der einen Seite der Straße Liegenschaften befinden, die in das Grundbuch eingetragen sind, oder wo mehr als ein Kanal erbaut wurde, dort müssen die auf der einen Seite befindlichen Immobilienbesitzer allein für die Kanalisationsgebühren aufkommen.

Der größere Teil der Kanalisationskosten und sämtliche Kosten der Erhaltung belasten den Etat der Hauptstadt; die Einnahmen für die Kanalisation bleiben weit hinter den Ausgaben zurück, wie dies aus der folgenden Zusammenstellung hervorgeht:

	1906 K	1908 K	1910 K
Die Kosten der Kanalbauten betrugen	401 273	397 143	459 225
Die Kosten ihrer Erhaltung betrugen	136 773	165 019	186 323
Die Kanalisationsgebühren betrugen .	62 227	165 733	247 007

In der Pumpstation und bei den Reinigungsarbeiten werden 25 Arbeiter beschäftigt. Der Kanalbau wird durch die Gemeinde an Unternehmungen vergeben; die Arbeiten werden unter Aufsicht des hauptstädtischen Ingenieuramts ausgeführt.

2. Straßenreinigung.

Die Reinigung der Straßen und die damit im Zusammenhange stehenden Dienstleistungen (mit Ausnahme der Abfuhr) wurden von Anfang an durch die Stadt selber, d. h. in eigener Regie ausgeführt. Um diese Dienstleistungen einheitlich zu organisieren und zu disziplinieren, wurde im Jahre 1895 das öffentliche Reinlichkeitsamt errichtet, das als selbständiges Amt die Reinhaltung der Straßen zentralistisch besorgt und verwaltet. Dem Reinlichkeitsamt obliegen folgende Aufgaben: 1. das Fegen der Straßen; 2. die Besprengung der Straßen; 3. die Verhütung der Staubbildung auf den Makadamstraßen; 4. die Fortschaffung des Schnees; 5. die Überwachung der Abfuhr des häuslichen Unrats.

Das Straßenfegen erfolgt auf Grund des Ambulanzsystems, dessen Grundsatz lautet: Jeder Unrat soll womöglich gleich nach seiner Entstehung fortgeschafft werden. Deshalb sind die reinzuhaltenden Flächen auf Posten verteilt, die nach Lage und Verkehrsverhältnissen der Straße so bemessen sind, daß ihre Reinhaltung von einem Arbeiter besorgt werden kann. Das ganze Gebiet, dessen Reinhaltung dem Reinlichkeitsamt anvertraut ist, beträgt 4 218 118 qm und es ist auf 805 Posten verteilt.

Die Dienstzeit der Straßenfeger währt von morgens 6 Uhr bis es dunkel wird. Der während der Nacht angehäufte Unrat wird morgens zusammengefegt; zu dieser Arbeit werden Kardanussche Fegemaschinen verwendet. Der Unrat, der während des Tages angesammelt und frühmorgens zusammengefegt wird, wird in den Morgenstunden durch den Fuhrpark fortgeschafft.

Dem Reinlichkeitsamte obliegt nur die Reinigung des Fahrdammes. Für die Reinigung des Trottoirs müssen die Hausbesitzer sorgen; sie sind verpflichtet, dafür zu sorgen, daß das Trottoir bis 6 Uhr morgens (im Notfalle auch ein anderes Mal) gründlich gereinigt sei. Die Hauptstadt sorgt nur in den Hauptstraßen für die Reinhaltung des Trottoirs, besonders für das Sammeln der Abfälle. Es werden zu diesem Dienste Knaben im Alter von 12—15 Jahren verwendet, die, in Posten eingeteilt, die Reinhaltung von 125 822 qm Trottoirs besorgen.

Im Jahre 1910 wurden 53 976 734 kg Straßenunrat angesammelt. Die Straßenreinigung kostete im Jahre 1910 1 385 417 K, die Reinhaltungskosten für 1 qm betrugen in diesem Jahre 0,328 K. Auf je einen Einwohner entfallen also jährlich 1,57 K Reinigungskosten.

Die Besprengung der Straßen wird zum Teil durch Spritzwagen und Automobile besorgt, zum Teil unmittelbar vermittelst der Hydranten. Erstere Methode wird hauptsächlich in den Nebenstraßen, letztere in den breiten und verkehrsreichen Straßen angewandt. Im Sommer werden die Straßen täglich zwei- bis sechsmal, je nach Bedarf, bespritzt. Die mit Asphalt, Holz und Keramit gepflasterten Straßen werden täglich ein- bis zweimal aufgewaschen. Zu dieser Arbeit werden zum Teil Handgummischrubber, zum Teil Waschmaschinen verwendet, die durch Pferdekraft oder durch Elektrizität bewegt werden.

Die Kosten der Straßenbespritzung, die Wassergebühren mit eingerechnet, beliefen sich im Jahre 1910 auf 405 012 K; auf Quadratmeter berechnet ergibt das 0,10 K Selbstkosten für 1 qm. Auf je einen Einwohner entfallen 0,62 K pro Jahr.

Der Staub der Makadamstraßen wird während der Dürre in den Sommermonaten durch das sogenannte Blauöl festgehalten. Durchschnittlich wird eine Straße während einer Saison dreimal mit Öl bespritzt. Der Flächeninhalt der Makadamstraßen beträgt gegenwärtig 2 367 700 qm. Die Bespritzung eines Quadratmeters erfordert während einer Saison ungefähr 2 kg Öl, das einen Wert von 0,16 K präsentiert.

Für die Fortschaffung des Schnees von den Trottoirs müssen die Hauseigentümer sorgen, für jene von dem Fahrdamm sorgt das Reinlichkeitsamt, und zwar in der Weise, daß vorerst die Hauptstraßen, dann die Nebenstraßen gereinigt werden. Diese Arbeit erfolgt nach einem festgesetzten Plane. Der angesammelte Schnee wird zum Teil in die Kanäle, zum Teil in die Donau abgeführt. Für die schnellere Reinigung der Hauptstraßen werden 30 Schneepflüge verwendet.

Die für das Reinlichkeitsamt nötigen Fuhren und die zu den Maschinen benötigten Vorspanne stellt der Fuhrpark.

Vom Reinlichkeitsamte werden beschäftigt: 9 Beamte, 16 Aufseher, 34 Arbeitsleiter, 857 Arbeiter, dazu kommen im Sommer noch 164 Arbeiter, die die Bespritzung der Straßen besorgen. Die Aufseher erhalten

5 K täglich, die Arbeitsleiter 4 K, die Vorarbeiter 3,30 K, die Arbeiter 3 K, die Knaben, die das Trottoir reinhalten 1,60 K.

3. Der städtische Fuhrpark.

Müllabfuhr.

Seit dem Jahre 1906 läßt die Hauptstadt ihre sämtlichen Fuhren in eigener Regie besorgen durch den hauptstädtischen Fuhrpark. Die Hauptaufgabe des Fuhrparks bildet die Besorgung jener Fuhren, die die öffentliche Reinlichkeit erfordert; er sorgt für die Abfuhr des in den Privatwohnungen und auf den Straßen angesammelten Unrats. Dabei stellt er Spritzwagen, Vorspann für die Feuerwehr, Wagen für den Personenverkehr; er besorgt sämtliche Fuhren, die sich bei der städtischen Verwaltung, bei den öffentlichen Arbeiten oder in den Unternehmungen der Hauptstadt ergeben. Und soweit es seine Zeit erlaubt, nimmt er auch von Privatpersonen Aufträge entgegen, damit sich das Unternehmen besser rentiere.

Die Tabelle 11 weist jene Dienstleistungen aus, die der Fuhrpark in den ersten vier Jahren seines Bestehens ausführte. Der Betrieb wurde hauptsächlich durch die städtische Verwaltung in Anspruch genommen; für Fremde wurden im ganzen 2744 Fuhren verrichtet. In den verschiedenen Zweigen der Verwaltung wurde er, seiner Bestimmung gemäß, für den öffentlichen Reinlichkeitsdienst am meisten in Anspruch genommen (80 %). Außerdem stellte er für die behördliche Bautätigkeit die meisten Fuhren.

Der Pferdebestand des Parks betrug in den Jahren:

1908	485	Pferde
1909	510	„
1910	640	„

Der Stand des Personals belief sich im Jahre 1910 auf 552; davon entfallen 23 auf Beamten- und Aufsichtspersonal.

Der Fuhrpark selbst stellt eine kleine Agglomeration verschiedener Gemeindebetriebe dar. Er hat von der Hauptstadt Boden gemietet und baut Futtergewächse an. Der größte Teil des durch den Betrieb verbrauchten Futters wurde durch diesen Anbau gedeckt, was bei den hohen Futterpreisen der letzten Jahre eine erhebliche Ersparung bedeutet. Der Park besitzt eine Schmiedewerkstätte (es arbeiten darin 22—24 Gehilfen), eine Wagnerwerkstätte (5—6 Gehilfen), eine Tischlerei und Schlosserwerkstätte (4—5 Gehilfen), eine Sattlerwerkstätte (7—9 Gehilfen) und eine Malerwerkstätte (2 Gehilfen).

Tabelle 11.

Ausweis der gestellten Fuhren.

Jahr	Hausmüll	Straßen-unrat	Vorspann zu den Spreng-wagen	Fuhren für das Reinigungs-amt	Sand-fuhren	Schnee-fuhren und Schnee-pflüge	Mörtel-fuhren	Ziegel-fuhren	Garten-fuhren
1907	52 982	27 347	22 965	2066	—	—	—	—	—
1908	56 311	28 239	27 267	1348	550	1488	—	—	—
1909	56 198	32 281	24 473	1258	297	600	225	1877	2687
1910	62 431	31 762	17 926	583	270	257	—	—	2655

Jahr	Mist-fuhren	Kohlen-fuhren	Fuhren für den Park	Fuhren für Fremde	Be-spannungen für sonstige städtische Institutionen	Fuhren für die Pflaste-rung	Fuhren für Hoch-bauten	Fuhren für die Kanali-sation	Diverse	Summe
1907	1634	92	1369	866	2612	2956	712	107	—	115 708
1908	1870	837	1056	710	9786	—	—	—	—	129 462
1909	1384	1270	2252	774	—		5908		5234	137 218
1910	1180	1860	3419	2744	—	1116	9062		5412	140 677

Die Arbeitslöhne betragen: für Kutscher (Stand 372) 2,40—2,80 K pro Tag; für gewerbliche Hilfsarbeiter: Schmiede 3,50—5,50 K, Wagner 4,20—5,50 K, Tischler 4,40 K, Schlosser 3,60—4,60 K, Sattler 3 bis 4,40 K, Maler 3—3,80 K, Tagelöhner 2,80 K. Der geschäftliche Reinertrag des Parks (33 836,95 K) wurde durch die Hauptstadt im Jahre 1909 dem Arbeiterwohlfahrtsfonds zugeführt.

Im Jahre 1910 bei der Ausführung des kommunalen Bauprogramms ließ die Hauptstadt in der Nähe des Fuhrparks eine kleine Häuserkolonie aus ebenerdigen Gebäuden errichten, in erster Linie für die Arbeiter des Parks.

Es waren hauptsächlich finanzielle Gründe, die die Hauptstadt zur Errichtung des Fuhrparks veranlaßten. Sie wollte ein rentables Unternehmen schaffen, aus dessen Einnahmen die Kosten der Fortschaffung des häuslichen und Straßenunrats ein Gegengewicht erhalten sollten. Sie erwartet jedoch von ihm auch die Besserung und die Beschleunigung des Verwaltungs-, insbesondere des öffentlichen Reinlichkeitsdienstes, was unbedingt eintreten muß, wenn dieser wichtige Zweig der Verwaltung strenger unter die Aufsicht und Verantwortlichkeit der städtischen Behörden gestellt wird, als dies zur Zeit des Unternehmungssystems — die vielen Klagen der öffentlichen Reinlichkeitsbehörden zeugen dafür — möglich war.

Laut einem Vertrag, der im Jahre 1896 geschlossen wurde, wurde durch die Hauptstadt mit der Abfuhr des häuslichen und Straßenunrats, des Kotes und des Schlammes auf dem linken Donauufer eine Aktiengesellschaft betraut. Die Vertragsdauer lautete auf 10½ Jahre. Das Unternehmen besorgte die Abfuhr in ihren von den Behörden vorgeschriebenen Wagen des häuslichen und Straßenunrats bis zur Eisenbahnstation. Von hier aus wurde der Unrat in den Waggons der Gesellschaft nach dem benachbarten St. Lörincz befördert, wo er vom Unternehmer verarbeitet wurde. Für die Abfuhr des aus den Privatwohnungen stammenden Unrats in Wagen bezahlte die Hauptstadt 370 000 K als Pauschale, für das Umladen auf die Waggons und für Weiterbeförderung 380 K pro 100 M.-Ztr.

Auf dem rechten Donauufer wird die Abfuhr des Unrats seit 1902 durch die Stadt besorgt, und zwar mit Ergebnissen, die sowohl vom administrativen als auch vom finanziellen Gesichtspunkte aus sehr zufriedenstellend sind. Sie bildeten einen der Hauptgründe, die bei der Ablösung der Abfuhr mitgespielt haben. Nach erfolgter Ablösung ging der Fuhrpark auf dem rechten Donauufer in den neuen Park auf.

Der Unrat wird durch die Hauptstadt nur bis zur Bahnstation befördert. Täglich frühmorgens gehen die Unratswagen des Parks von Haus zu Haus, sie nehmen den angesammelten häuslichen und Straßenunrat in sich auf, befördern ihn bis zur Bahnstation, von hier aus wird er auch jetzt noch durch den Privatunternehmer weiter befördert, der dessen Aufarbeitung besorgt. Gerade zurzeit werden die vorbereitenden Verhandlungen gepflogen wegen der Ablösung.

Der Fuhrpark besorgt nur die Abfuhr des eigentlichen häuslichen Unrats. Dafür bezieht er weder von der Einwohnerschaft noch von den Hauseigentümern irgendwelche Gebühren. Die Kosten des Parks werden vom Gemeindefonds gedeckt. Dagegen werden die Hauseigentümer mit einer besonderen Müllabfuhrsteuer bedacht, die 0,4 % des Bruttomietzinses beträgt und gleichzeitig mit dem Hauszinskreuzer einkassiert wird. Aus dieser Steuer vereinnahmte die Stadt:

1900	416 940	K
1905	423 513	„
1906	426 417	„
1907	436 942	„
1908	489 880	„
1909	496 311	„
1910	561 788	„

Für die Abfuhr der Abfälle und des Unrats in den gewerblichen Unternehmungen, in den Fabriken und bei den Neubauten, muß von den betreffenden Parteien selber gesorgt werden. Diese Arbeit wird vom Fuhrpark laut freiem Übereinkommen zu den gewöhnlichen Marktpreisen übernommen.

Im Jahre 1910 wurden 144 616 310 kg häuslicher Unrat abgeführt; auf jeden Einwohner entfallen 164 kg.

Als der Park übernommen wurde, wurden durch die Hauptstadt 580 849,20 K flüssig gemacht; davon entfielen 480 849,20 K auf den Ablösungsbetrag und 100 000 K für die ersten, neu anzuschaffenden Einrichtungen. Das Geld wurde der 100 Millionen-Kronen-Anleihe entnommen mit der Bedingung, daß der Park aus den zu erzielenden reinen Einnahmen verpflichtet sei, diesen Betrag „auf Grund des Kurswerts (93,679 %) und des Zinsfußes (4 %) der 100 Millionen-Kronen-Anleihe nachträglich in halbjährigen Raten aufzubringen". Jedoch als der Park übernommen wurde, befand er sich in einem so verwahrlosten Zustande, daß die Hauptstadt gezwungen war, neue Investierungen vorzunehmen. „Die Gesellschaft wußte" — schreibt die Direktion des Fuhrparks in ihrem ersten Jahresbericht — „daß der Fuhrpark sowieso in die eigene Regie der Stadt übergehen würde, sie ließ daher an ihren inzwischen veralteten Einrichtungen nur soviel Verbesserungen anbringen, daß der Betrieb bis zum Tage der Ablösung mit Ach und Krach im Gange gehalten werden könne. Nach der Ablösung konnte der Betrieb noch gerade aus Gottes Gnaden fortgeführt werden. Deshalb mußten die notwendigsten Ausbesserungen sofort in Angriff genommen werden." Also auch dieser Betrieb hatte anfangs mit denselben Schwierigkeiten zu kämpfen, die wir im Zusammenhange mit der Gasfabrik besprochen haben. Wir können wieder konstatieren, daß solche Verträge, die die Ablösung der Betriebe ausbedingen oder sichern, der Stadt eher schaden als nützen. Aus diesem Grunde mußte die Hauptstadt immer wieder neue Investierungen, Ergänzungen und Verbesserungen vornehmen, um die Arbeitsfähigkeit des Betriebes zu sichern, wodurch die Finanzen des Unternehmens im ersten Jahre schwer belastet wurden. In den ersten Jahren warf das Unternehmen kaum einen nennenswerten Profit ab, das Jahr 1908 schloß sogar direkt mit einem Fehlbetrag. Dies wurde dadurch hervorgerufen, daß sich das Geschirr und die Wagen in einem verwahrlosten Zustande befanden, auf ihre Ausbesserung mußten 35 000 K verwendet werden, außerdem verursachte die Ausmusterung und das Fallen der alten Pferde eine Mehrausgabe von 34 120 K; dazu kam nun noch die Futternot: im Jahre 1908 stiegen die Futterpreise um 12,5 %, wodurch die Produktionskosten um 32 000 K erhöht wurden. Erst im Jahre 1910 ist es dem Betrieb gelungen, die alten Fehler abzustreifen und seine finanziellen und administrativen Vorteile zum Ausdruck zu bringen.

Das investierte Kapital trug folgende Zinsen:

Jahr	Investiertes Kapital K	Bruttogewinn K	Bruttogewinn %	Nach Dotierung der Reservefonds verbliebener Nettogewinn K	Nach Dotierung der Reservefonds verbliebener Nettogewinn %
1907	926 451,60	123 681,70	13,35	2 488,53	0,26
1908	956 369,00	120 185,67	12,5	— 14 478,30	—
1909	1 103 354,22	181 079,02	16,4	33 836,95	3
1910	1 232 287,90	272 334,97	22	135 351,07	10,98

Der große Unterschied zwischen den Einnahmen des Jahres 1910 und den übrigen Jahren rührt daher, weil die Hauptstadt in den ersten drei Jahren für die Dienstleistungen des Fuhrparks dieselben Preise entrichtete, die dem Unternehmer gegenüber noch im Jahre 1896 bedungen wurden.

Diese Preise sind so weit hinter den inzwischen gestiegenen Ausgaben zurückgeblieben (Futtermittelteuerung usw.), daß sie nicht einmal mehr die Selbstkosten deckten. Im Jahre 1909 zahlte die Hauptstadt für die Abfuhr des häuslichen und Straßenunrats die Pauschale von 536 000 K, das macht für ein Gespann berechnet 9,09 K aus, hingegen betrug sein Selbstkostenpreis 10,92 K. Auf diese Weise wurden auf den Hauptgeschäftszweig des Fuhrparks im Jahre 1909 107 944 K draufgezahlt (im Jahre 1908 100 148 K). Freilich kann das nur vom Standpunkte des Fuhrparks aus als Verlust betrachtet werden, der Gemeindehaushalt hat es nicht als solchen empfunden. Um jedoch die Rentabilität des Betriebes berechnen zu können, wurden im Jahre 1910 durch den Gemeindefonds die üblichen Unternehmungspreise gedeckt, und zwar für eine Tagesfuhre 12 K. Deshalb bietet uns die Bilanz (siehe Tabelle 12) das erstemal einen treuen Überblick über die Geschäftsergebnisse des Fuhrparks. Dieses Jahr schloß mit einem Bruttogewinn von 272 334,97 K, das ist 22 % des investierten Kapitals.

Von den Bruttoeinnahmen (mit Verrechnung innerhalb der Bilanz) müssen vorerst die Annuitätszinsen der vom Gemeindefonds erhaltenen Tilgungsanleihe gedeckt werden. Dann werden die verschiedenen Reserven und Erneuerungsfonds dotiert. Diese Dotierungen werden wie folgt verteilt: der Pferdeversicherungsfonds erhält 6000 K, der Pferdeerneuerungsfonds 8,5 % (im Jahre 1910 36 348,64 K); der Maschinenerneuerungsfonds 10 % (2259,18 K); der Wagenerneuerungsfonds 5 % (13 257,26 K); der Einrichtungserneuerungsfonds 5 % (600,86 K); der Gebäudeerneuerungsfonds 1 % (3700,58 K); der Geschirrfonds 4 % (1409,45 K). Der nach diesen Abzügen verbleibende Reingewinn (135 351,07 K) fällt dem Gemeindefonds zu als Ertrag.

Bis Ende 1910 tilgte der Fuhrpark von der Anleihe aus dem Gemeindefonds 115 984,05 K und er verfügt über einen Erneuerungsfonds von 89 770,19 K. Im Jahre 1910 betrugen seine Gesamtpassiven 1 256 587 K, diesen standen 1 631 530 K Aktiven gegenüber. Der Fuhrpark verfügt also in seinem vierten Geschäftsjahr schon über 374 943 K Reinvermögen, wogegen dieses Ende 1907 nur 136 416 K betrug. Das Reinvermögen vermehrte sich in drei Jahren um 175 %.

Im Jahre 1910 wurde der Fuhrpark auch damit betraut, der Feuerwehr den Vorspann und auch leichtes Gespann für entsprechende Dienste zu stellen; diese Dienstleistungen werden provisorisch vermittelst besonderer Rechnung verrechnet. Durch die Stellung der Feuerwehrgespanne wurde im ersten Jahre ein Bruttogewinn von 19 940,82 K erzielt. Nach Abzug

Tabelle 12. **Bilanzrechnung.**

Aktiva.	K	Passiva.	K
Pferdestand	427 631,12	Investierungen d. Hauptstadt Tilgungsanleihe (I—III).	924 636,11
Wagenstand	265 145,23	Getilgte Kapitalien . . .	115 984,05
Gebäude	370 531,03	Inventar des Parks (I. bis III. Bezirk).	88 330,79
Maschinen.	22 591,80	Diverse Investierungen . .	69 500,—
Geschirr.	34 763,52	Arbeiter-Wohlfahrts-Investierung	33 836,95
Einrichtung	12 017,29	Gläubiger	174 120,93
Arbeiterwohlfahrtsfonds. .	33 836,95	Pferdeversicherungsfonds . .	24 806,—
Kursverlust	65 770,96	Pferdeerneuerungsfonds. . .	36 407,60
Depositen	65 896,37	Wagenerneuerungsfonds . .	17 927,52
Bargeld.	4 451,02	Maschinenerneuerungsfonds .	4 368,18
Schulden der Stadt Budapest	195 487,14	Einrichtungserneuerungsfonds	1 150,86
Schuldner	15 063,25	Gebäudeerneuerungsfonds. .	3 700,58
Durchlaufender Posten. . .	7 935,14	Geschirrerneuerungsfonds . .	1 409,45
Futtermittel	42 395,50	Gewinn	135 351,07
Verbrauchsmaterial	66 288,77		
Stand an Füllen.	1 725,—		
Summe	1 631 530,09	Summe	1 631 530,09

Gewinn- und Verlustrechnung.

Ausgaben.	K	Einnahmen.	K
Betriebsausgaben.	983 154,98	Fuhrenverdienst	1 134 021,64
Kapitaltilgung	78 670,06	Müllabfuhr	51 032,92
Reingewinn	135 351,07	Für Dünger.	12 121,55
Summe	1 197 176,11	Summe	1 197 176,11

der Annuität des investierten Kapitals und nach der Dotierung des Erneuerungsfonds verblieben 14 320,30 K Reingewinn, d. h. 28 % des investierten Kapitals (50 000 K). Der Betrieb der leichten Gespanne, in dem 60 000 K investiert wurden, schloß das Geschäftsjahr mit einem Fehlbetrag von 4860,99 K. Danach betrug der Reingewinn aller Betriebe des Fuhrparks zusammen 144 810,38 K. Das investierte Kapital, alle Abschreibungen und Tilgungen abgerechnet, wurde mit 11,7 % verzinst.

4. Die städtischen Badeanstalten.

Das Gebiet der Hauptstadt ist reich an heilkräftigen Mineralthermen, die täglich 373 719 hl schwefelhaltiges Wasser liefern. Davon sind drei Schwefelquellengruppen und eine Lithiumquellengruppe im Besitze der Hauptstadt. Die Bäder, welche diese Quellen ausnützen, sind gerade jetzt in Erweiterungsbauarbeiten oder -Plänen begriffen. Das größte darunter ist das Bruckbad, das unter der Türkenherrschaft im 16. Jahrhundert gegründet wurde (das Dampfbad ist jetzt noch im alten Zustande) und der Hauptstadt im Jahre 1781 von König Leopold II. zum Geschenk gemacht wurde. Seine Quellen liefern täglich 8500 hl natürliches Mineralwasser. Es hat Dampf-, Salon-, Porzellan- und heiße Steinbäder, Schwimmhalle und Volksbad. Im Jahre 1900 kaufte die Stadt in der Nachbarschaft des Bades ein größeres Terrain an, und jetzt werden die Pläne ausgearbeitet, nach denen dieses Bad den modernen Ansprüchen entsprechend ausgebaut und ausgestattet werden soll.

Das zweite Bad der Hauptstadt ist das Artesische Bad. Dessen Quelle ließ die Hauptstadt im Jahre 1869 selbst graben. Das Stechen war mit großen Schwierigkeiten und Kosten verbunden (nach 9½ Jahren schwerer Arbeit fand man in einer Tiefe von 970,48 m Wasser), und um die Kosten einzubringen und das wertvolle Mineralwasser zu verwerten, baute die Stadt im Jahre 1881 das Artesische Bad über die Quelle. Dieses war in seiner ersten Form ziemlich primitiv (es hatte weder Dampfbad noch Schwimmbassin), trotzdem die Lage des Bades und die Heilkraft des Wassers den Bau eines größeren Bades berechtigt erscheinen lassen und dessen Rentabilität versprechen. Aus diesem Grunde beschloß die Hauptstadt, das Artesische Bad zu erweitern und mit einem Hotel größeren Stiles zu verbinden. Zu diesem Zwecke wurden 4 600 000 K präliminiert. Mit dem Bau wurde bereits begonnen und dürfte er im Mai 1912 fertig werden.

Der Bau des dritten Bades, des Blocksbades, begann im Jahre 1911. Die Quellen des Bades gelangten durch Expropriation in den Besitz des Staates, von dem sie die Hauptstadt mit 2343 qm Baugrund zusammen im Selbstkostenpreise von 1 050 795,23 K ankaufte. Jedoch erstattet, nach dem G.A. XLVIII: 1908, der Staat für den Fall, daß die Hauptstadt das Bruckbad bis 1915, das Blocksbad bis 1912 erbaut, der Hauptstadt den Kaufschilling zurück.

Die Hauptstadt kaufte diese Quellengruppe hauptsächlich aus dem Grunde an, damit die wertvollen Heilquellen nicht ungenützt bleiben, anderseits verhindert sie damit, daß dem Bruckbad in unmittelbarer Nähe die Konkurrenz eines Privatunternehmens entsteht. Für den Bau dieses Bades und des damit zu verbindenden Hotels gewährte die Generalversammlung 5 522 899 K.

Die Lithiumquelle „Hungaria" bekam die Hauptstadt unentgeltlich vom Staate. Diese Quelle liefert täglich 143 hl heilkräftiges Wasser und kann vom Publikum frei benutzt werden.

Außerdem unterhält die Hauptstadt noch drei Donaubäder, deren Eintritt frei ist und die mehr wohltätigen Zwecken dienen.

In diesem Stadium des Bauens und Entwerfens können unsere Daten kaum ein richtiges Bild von dem Betriebe der hauptstädtischen Bäder geben. Momentan beschäftigen die verschiedensten Pläne die öffentliche Meinung und die Behörden, die alle dahin gehen, wie die diversen Bäder vereinigt und Budapest so zu einem Weltbad gestaltet werden könnte, wozu es die Reichhaltigkeit seiner Quellen und seine günstige Lage gleicherweise prädestinieren. Demnach können die hier folgenden Zahlen nur die Vergangenheit vorführen, ohne die Entwicklung der Bäder versinnbildlichen zu können.

Die Badegebäude (1908).

Spezifikation	Baujahr	Anzahl der Gebäude	Größe des Grundes qm	Hiervon verbaut qm	Baukosten K	Schätzungswert Gebäude K	Schätzungswert Grund K	Schätzungswert Zusammen K
Bruckbad.								
Direktionsgebäude	1885	1	415	415	49 558	40 000	23 080	63 080
Maschinenhaus .	1891	2	182	84	25 918	50 000	7 635	57 635
Badehaus	1831	1	2682	2243	597 118	500 000	447 480	947 480
Volksbad	1885	1	471	432	50 746	45 000	52 440	97 440
Schwimmbad . .	1893	1	634	634	279 654	250 000	70 512	320 512
Zusammen	—	6	4384	3808	1 002 994	885 000	601 147	1 486 147
Artesisches Bad . .	1881	1	—	809	115 536	120 000	—	120 000
Artesischer Brunnen	1868/78	1	—	235	—	—	—	762 000
Hauptsumme	—	8	4384	4852	1 118 530	1 005 000	601 147	2 368 147

Der Verkehr in den städtischen Bädern war:

	1902	1903	1904	1905	1906	1907	1908
Bruckbad	193 075	206 302	231 573	236 669	202 879	200 943	210 843
Artesisches Bad . .	140 815	143 727	139 456	136 338	147 832	159 304	143 733
Donau-Freibad . .	122 841	82 222	218 907	187 535	165 944	155 490	182 811

Bei der Leitung der Bäder und der Feststellung der Badegebühren sind die finanziellen Rücksichten maßgebend und weil eben die städtischen Bäder im Vergleiche zu den Privatbädern wegen ihrer unvollkommenen Ausstattung nicht den Ertrag brachten, den die Nützlichkeit der Quellen und die Lage der Bäder möglich machen würden, beschloß die Hauptstadt deren Erweiterung.

Einnahmen und Ausgaben der städtischen Bäder waren:

Jahr	Bruckbad			Artesisches Bad			Donau-Freibäder
	Einnahmen K	Ausgaben K	Überschuß K	Einnahmen K	Ausgaben K	Überschuß K	Ausgaben K
1899	169 013	129 685	39 328	95 745	39 565	56 180	19 062
1900	152 135	116 994	35 141	95 488	35 895	59 593	20 995
1901	144 305	123 140	21 165	94 215	40 255	53 960	15 781
1902	140 134	106 547	33 587	95 779	40 418	55 361	11 720
1903	151 659	110 658	41 001	99 817	46 932	52 885	25 523
1904	167 435	91 330	76 105	99 758	41 504	58 254	16 299
1905	166 458	111 981	54 477	104 282	41 896	62 386	20 851
1906	173 634	111 977	61 657	113 750	42 981	70 769	19 318
1907	175 001	120 534	54 467	122 525	49 820	72 705	26 773
1908	180 155	168 783	11 372	123 090	51 507	71 583	27 257
1909	186 732	132 925	53 807	132 053	57 452	74 601	26 730
1910	195 556	138 271	57 285	141 410	52 697	88 713	27 407

Die Zahl der beschäftigten Personen beträgt: im Bruckbad vier Beamte und zwölf Arbeiter; im Artesischen Bad vier Beamte und drei Arbeiter.

5. Desinfektionsanstalt.

Während der Choleraepidemie im Jahre 1892 ließ die Hauptstadt provisorisch und mit primitiven Mitteln eine Desinfektionsbaracke errichten. Diese leistete während der Epidemie zu ihrer Unterdrückung so treffliche Dienste, daß es beschlossen wurde, diese Einrichtung definitiv zu behalten. Die endgültige, auf modernen Maschinenbetrieb eingerichtete Desinfektionsanstalt wurde im November 1898 eröffnet. Die Baukosten und die Kosten der Maschineneinrichtung beliefen sich auf ungefähr 300 000 K.

Das Munizipium verordnete für gewisse Fälle, die taxativ aufgezählt sind, die obligatorische Desinfektion durch die Desinfektionsanstalt. Als solche werden angeführt: cholera asiatica, typhus abdominalis und exanthematicus, variola und variolois, scarlatina, dyphtherie, febris puerperalis, dysenderia, pest, lepra, anthrax, malleus und lyssa. Aber auch in anderen Fällen, wenn es die Behörde anordnet oder wenn es die Bevölkerung aus irgendeinem anderen Grunde wünschen sollte. Bei der Genehmigung der Verordnung nahm der Minister des Innern an dem Ausdruck „aus irgendeinem anderen Grunde" Anstoß, denn dadurch würde es ermöglicht, daß die Parteien die Anstalt nicht nur dazu benutzen würden, um sich vor Krankheiten zu schützen, sondern auch zu anderen Zwecken, z. B. um das Ungeziefer zu vernichten. Die Stadt bestand jedoch auf dem Originalausdruck, denn sie will der Bevölkerung auch dazu Gelegenheit bieten, die billigen Dienste der Desinfektionsanstalt, soweit es die Zeit der Anstalt erlaubt, auch zur Ausrottung des häuslichen Ungeziefers, das bei der Verbreitung der Epidemien so große Rollen spielt, in Anspruch zu nehmen. Auf Verordnung des Magistrats wird durch die Anstalt auf dem Gebiete der Hauptstadt die Desinfektion in Fällen von infizierenden Tierkrankheiten vorgenommen, es wird die Desinfizierung für die öffentlichen Krankenhäuser und Strafanstalten besorgt, und mit höherer Erlaubnis werden die aus der Provinz eigens zu diesem Zwecke nach Budapest beförderten, infizierten Gegenstände desinfiziert. Außerdem besorgt die Anstalt die Überführung der mit ansteckenden Krankheiten behafteten Personen aus ihrer Wohnung in das Krankenhaus oder aus einem Krankenhaus in das andere, mit ihren eigens zu diesem Zweck ausgerüsteten Wagen.

Der Gesamtverkehr der Desinfektionsanstalt betrug:

(Siehe Tabelle S. 117.)

Um die Ausgaben zu verringern, wurden die Kleider und die Schuhe des Personals im eigenen Betriebe hergestellt, ebenso werden die nötigen Wagner-, Schmiede- und Lackiererarbeiten häuslich besorgt. Deshalb wird neben dem Personal der Anstalt, das aus 6 Beamten und 85 Arbeitern besteht, auch je ein Schlosser, Spengler, Maurer und Schmied, je zwei Wagner, Tischler und Schuhmacher und drei Schneider angestellt.

Die Steigerung des Geschäftsverkehrs, die vielen neuen Aufgaben, die die Anstalt zu lösen hat — diese wurden neuerlich durch den Kampf gegen die Tuberkulose vermehrt —, endlich die Zweckmäßigkeit der Dezentralisierung, veranlaßten die Hauptstadt, eine neue zentrale Desinfektionsanstalt zu errichten. Die jetzige Anstalt würde als Filiale fortbestehen. Die neue Anstalt wird schon gebaut. Sie wird offenbar Ende 1911 fertig. Die Baukosten und die Kosten der Einrichtung werden ungefähr 1 800 000 K betragen.

In solchen Fällen, wo die Desinfizierung obligatorisch ist, bezieht die Anstalt für ihre Dienste keine Gebühren. Nur bei fakultativen Desinfektionen läßt sie sich einige mäßige Gebühren entrichten. Denn die Hauptstadt will durch diese Anstalt keine neuen Einnahmen erzielen, was bei einer solchen Einrichtung auch natürlich ist. Deshalb wurden auch die Gebühren der fakultativen Desinfektion derart festgesetzt, daß sie nur die Selbstkosten decken sollen. Diese Gebühren betragen: für die

Zentral-Desinfektionsanstalt.

Jahr	Überblick: Desinfektion in Wohnungen: Wohnungen: Anzahl	Wohnungen: Kubikinhalt cbm	Anzahl d. desinf. Gegenstände	Zeitaufwand (Stunden)	Desinfektion in den Anstalten: Desinfektionsgegenstände: Bettwäsche	Wäsche	Kleider	sonstige	Zusammen	Kubikinhalt cbm	Desinfektion von Personen	Transport infektiöser Kranken
1897	2673	364 692	247 308	11 745	41 125	4 789	24 218	37 841	107 973	4 736	969	—
1898	4074	533 177	377 332	17 090	52 597	3 345	29 309	48 920	134 171	5 497	638	—
1899	4556	634 689	450 502	19 888	63 202	11 628	40 015	62 560	177 405	9 039	5 336	—
1900	3634	522 214	358 324	13 237	54 192	11 813	31 876	35 700	133 581	8 175	5 522	—
1901	3456	513 779	327 508	14 058	56 621	13 174	41 016	41 615	152 426	11 485	6 002	1914
1902	3895	687 266	350 819	15 919	63 789	19 174	53 335	47 179	183 477	14 541	9 204	2188
1903	5860	1 022 294	490 931	24 417	93 343	13 005	52 303	70 784	229 435	23 871	19 751	3021
1904	7133	1 199 680	746 059	29 076	122 730	1 073	36 567	88 525	248 895	29 130	8 900	4219
1905	5464	974 473	570 339	25 972	99 410	1 231	31 968	73 786	206 395	25 644	5 837	3202
1906	4357	808 252	421 764	17 782	59 985	3 775	18 721	56 301	138 782	9 333	5 758	2552
1907	5278	753 475	604 688	19 470	78 398	813	27 871	81 586	188 668	8 623	10 058	3534
1908	6737	809 138	672 002	25 976	105 277	1 388	32 561	100 095	239 321	10 579	19 259	4257
1909	6502	1 138 957	683 388	30 155	106 379	2 479	34 072	85 099	228 029	14 973	15 504	4436
1910	9529	1 433 305	961 175	42 095	153 139	1 817	44 117	111 756	310 829	24 214	30 262	6083

Desinfektion eines Zimmers und seiner Nebenräume 20 K, für ein jedes weitere Zimmer 10 K. Für sonstige Lokalitäten (Werkstätte, Läden, Magazine usw.) und für die Desinfektion von Gegenständen wird der Einkaufspreis bzw. die Herstellungskosten des verbrauchten Materials, die Tagesverdienste des mitwirkenden Personals, der Selbstkostenpreis der beanspruchten Fuhren berechnet. Wenn die Parteien nur die durch Dampf erfolgte Desinfektion der Gegenstände, nicht aber die der Wohnung in Anspruch nehmen wollen, so wird für sie bis 50 kg 1 K, für jedes weitere Kilogramm 2 h bzw. wenn die Anstalt die Überführung der Gegenstände besorgt: bis 50 kg 2 K und für jedes weitere Kilogramm 4 h entrichtet.

Die Einnahmen der Anstalt decken ihre Ausgaben nicht, wie dies aus folgender Tabelle hervorgeht:

Jahr	Einnahmen	Ausgaben
1895	?	108 404
1900	?	160 237
1905	6 082	183 581
1906	2 588	172 634
1907	8 588	178 759
1908	9 579	242 396
1909	12 382	267 975

Aber durch die Hauptstadt wird nur die Hälfte der Ausgaben gedeckt, die andere Hälfte ersetzt der Staat aus dem Landeskrankenpflegefonds.

VII. Wohnungsfürsorge.

1. Der städtische Wohnungsbau.

Durch die Wohnungsnot und die Wohnungsteuerung, durch die damit verbundenen Übel und Gefahren wird die Bevölkerung der Hauptstadt schon seit Jahren in Aufregung versetzt. Der Unwille über diese Zustände äußerte sich mitunter in leidenschaftlichen Bewegungen und Boykotten. Die Ursache der Wohnungsnot ist hauptsächlich darauf zurückzuführen, daß auf den Baukrach im Jahre 1896 ein langer Stillstand in der Bautätigkeit gefolgt war und auf diese Weise die Wohnungsproduktion in den letzten 15 Jahren hinter dem Zuwachs der Bevölkerung zurückgeblieben ist [1].

[1] S. Edmund v. Wildner und Stefan v. Bárczy, Vorschläge zur Besserung der hauptstädtischen Wohnungsverhältnisse S. 88, 1909. — Dr. Emerich Ferenczy, Kommunale Wohnungspolitik und Wohnungsfürsorgeinstitutionen S. 488, 1910. — Einige

Der Zuwachs den vorher erfolgten Zählungen gegenüber betrug:

Jahr	Zahl der Wohnungen	In absoluten Zahlen		In Prozent	
		Zusammen	Jahresdurchschnitt	Zusammen	Jahresdurchschnitt
1891	100 949	29 311	2931	40,9	4,1
1901	155 114	54 165	5416	53,6	5,4
1906	157 007	1 893	378	1,2	0,2
1910	174 256	17 249	3449	19,0	3,8

Wir sehen also, daß in den Jahren 1901—1910 (der Stillstand in der Bautätigkeit erstreckt sich auf diese Periode, im Jahre 1910 steigt die Wohnungsproduktion infolge der städtischen Bautätigkeit wieder) die Zahl der Wohnungen nur um 12 % gestiegen ist, währenddem sich die Bevölkerung im gleichen Zeitraum um 20 % vermehrte. Im Jahre 1901 beträgt der Zuwachs an Wohnungen im Jahresdurchschnitt 5416 (5,4 %); im Jahre 1906 nur noch 378 (0,2 %): also es sank die jährliche Produktion in sechs Jahren um 93 %!

Die naturnotwendige Folge dieses Stillstandes der Bautätigkeit war, daß die Zahl der leerstehenden Wohnungen immer mehr abgenommen hat. Sollen auf dem Gebiete des Wohnungswesens gesunde Zustände herrschen, so müssen mindestens 3 % der Wohnungen leer stehen. Angebot und Nachfrage können erst dann zur Geltung kommen und nur in diesem Falle läßt es sich verhindern, daß die Wohnungspreise zu Monopolpreisen werden. Die Zahl der leerstehenden Wohnungen in Budapest betrug im Jahresdurchschnitt:

1900	4883
1905	610
1906	417
1907	390
1908	386
1909	284
1910	421

Die Zahl der leerstehenden Wohnungen ging um 91 % zurück. Im Jahre 1900 standen 3 % der Wohnungen leer, im Jahre 1906 insgesamt nur 0,26 %; und im Jahre 1910, obwohl inzwischen ein Aufschwung in

Daten über die kommunalen Kleinwohnungsbauten der Hauptstadt Budapest. — Michael Pásztor, Das verschuldete Budapest. — Julius J. Pikler, Die Hauptergebnisse der Budapester Wohnungszählung vom Jahre 1910.

der Bautätigkeit zu verzeichnen war, immer nur noch 0,24% — ein Zeichen der Riesenhaftigkeit der Wohnungsnot.

Diese Entwicklung nach rückwärts hatte zwei schwere Folgen gezeitigt. Vor allem entstand eine gefährliche Überfüllung der Wohnungen. Laut der Volkszählung vom Jahre 1910 hausten in Budapest unter günstigen Bedingungen (ein bis zwei Personen in einem Wohnraum) 240767 Personen, 30,0% der Bevölkerung, die 70175 Wohnungen (41,5%) in Anspruch nahmen; dicht, aber doch noch leidlich (zwei bis vier Personen in einem Wohnraum) 272593 Personen oder 33,9% der Bevölkerung. Es standen ihnen 56572 Wohnungen (33,5%) zur Verfügung. Zusammengepfercht wohnten (vier und mehr Personen in einem Wohnraum) 290468 Personen, d. h. 36,1% der Bevölkerung. Ihnen standen 42287 Wohnungen (25,0%) zur Verfügung. Also ungefähr 1/3 der Budapester Einwohnerschaft wohnte in überfüllten Wohnungen. Damit wir ein vollständiges Bild von der Wohnungsüberfüllung erhalten, müssen wir in Betracht ziehen, daß jene Wohnungen, in denen mehr als vier Personen auf ein Zimmer entfallen, zu 90,9% aus einzimmerigen Wohnungen bestehen und daß die Zimmer der einzimmerigen Wohnungen gewöhnlich kleiner sind als der Durchschnitt und endlich daß sie vom Standpunkt der Hygiene aus schlecht untergebracht sind: sie erhalten nur wenig Luft und Sonnenschein — bestehen doch 72% der einzimmerigen Wohnungen aus Hofwohnungen. Diese Wohnungsnot hatte anderseits eine ungeheuere Wohnungsteuerung zur Folge. Laut Berechnungen des Professors Dr. Gustav Thirring gehört Budapest in bezug auf die Wohnungen zu den teuersten Städten Europas, wiewohl es, vom Gesichtspunkt der Verdienst- und Einkommensverhältnisse aus betrachtet, sich bei weitem nicht auf einem Niveau mit ihnen befindet.

Die Wohnungspreise betragen hier im Durchschnitt, für Wohnungen mit einem Zimmer und Küche 324 K, mit zwei Zimmern und Küche 755 K.

Die Nachteile dieser Teuerung wurden noch dadurch gesteigert, daß durch die Wohnungsnot in erster Linie die kleinen Wohnungen getroffen wurden und auf diese Weise durch all diese Übel hauptsächlich die ärmere Bevölkerung heimgesucht wurde.

Weil die Privatunternehmer keine Lust zur Bautätigkeit zeigten, so mußte die Behörde eingreifen, um das Übel zu beheben. Im April 1909 trat denn auch der Bürgermeister mit einer Denkschrift vor die Generalversammlung der Stadtverordneten, in der die Grundprinzipien der städtischen Wohnungs- und Grundstückspolitik niedergelegt wurden. Zur Linderung der Wohnungsnot werden hier folgende Mittel vorgeschlagen:

die Besserung des Verkehrswesens, die Unterstützung der Wohnungsbaugenossenschaften, die Reform und Modernisierung der Bauordnung, außerdem wäre die systematische Grundstücks- und Wohnungspolitik in die Reihe der ordentlichen Verwaltungsaufgaben aufzunehmen. Weil jedoch die Wohnungsnot und Wohnungsteuerung ein akutes Übel bilden, das nur durch die Förderung des Wohnungsangebots behoben werden kann, was jedoch von den Privatunternehmern nicht zu erwarten ist, wenigstens nicht in dem Maße wie es nötig wäre, so schlägt der Bürgermeister den Regiebau vor. Dieser Vorschlag wurde von der Generalversammlung angenommen und zur Durchführung des Bauprogramms wurden 95 Millionen Kronen bewilligt. Das Bauprogramm lautet auf fünf Jahre, und es umfaßt folgende Bauten: Miethäuser mit kleinen Wohnungen[1], Ledigenheime[2], Volkshäuser[3], Beamtenhäuser, Atelierwohnungen für Künstler und Schulen. Der Bau von Schulen wurde deshalb in den Rahmen dieses Programms aufgenommen, weil es an solchen mangelte und ein Teil der Schulen in Privathäusern untergebracht war. Dadurch stiegen erstens die Erhaltungskosten der Schulen, zweitens wurden aber dadurch viele Wohnhäuser ihrer Bestimmung entzogen; auch dieser Umstand trug also bei zur Erhöhung der Wohnungsnot. Von den 95 Millionen Kronen entfallen auf die Schulbauten ungefähr 32 Millionen Kronen.

Die kommunale Bautätigkeit setzte im Herbste 1909 ein. Die Miethäuser mit kleinen Wohnungen werden nach zweierlei Typen erbaut: einerseits werden größere Miethäuser mit mehreren (3—4) Stockwerken erbaut. Weil jedoch die Wohnungen in diesen Häusern, obwohl sie zu Selbstkostenpreisen abgegeben werden, für die ärmsten Teile der Bevölkerung noch immer zu teuer sind, ließ die Stadt auch ganz billige ebenerdige und einstöckige Häuser mit 8—16 Wohnungen in leichter Ausführung bauen. Diese stehen regelmäßig auf solchen städtischen Grundstücken, die zur Bebauung noch nicht geeignet sind. Wenn diese Gegend baureif wird oder wenn es anderweitige Ursachen (sozialpolitische, Stadtregulierung) erfordern sollten, so werden diese Häuser nach anderen Grundstücken verlegt. Die Mehrzahl dieser Häuser wurde in der Weise erbaut, daß die Übersiedelung mit wenigen Kosten erfolgen kann.

Zurzeit stehen folgende Häuser im Dienste der städtischen Wohnungspolitik:

[1] Diese Miethäuser sind nicht zu verwechseln mit den übrigen Miethäusern der Hauptstadt, weil sie von diesen abweichend und gesondert verwaltet werden.

[2] Siehe S. 124.

[3] Die Volkshäuser sind Wohltätigkeitsanstalten.

A) Mehrstöckige Häuser:

III. Bezirk	1 Haus . . .	60	Wohnungen	(à 1—2 Zimmer)
V. „	4 Häuser . . .	342	„	(à 1—3 „)
V. „	Volkshaus . .	92	Wohnungsgelegenheiten	
V. „	Ledigenheim . .	438	Schlafräume	
VI. „	2 Häuser . . .	99	Wohnungen	(à 1—2 „)
VIII. „	3 Häuser . . .	273	„	(à 1—3 „)
IX. „	Gruppenhäuser .	199	„	(à 1—2 „)
IX. „	2 Beamtenhäuser	128	„	(à 1—4 „)
X. „	10 Häuser . .	390	„	(à 1—2 „)
	Zusammen	2021	Wohnungen.	

Diese Häuser befinden sich mehr in den äußeren Stadtteilen. Jede Wohnung, selbst die kleinste, besitzt eine eigene Küche, Kammer und Klosett. Die größeren Wohnungen sind auch mit Badezimmern ausgerüstet, die kleineren Wohnungen haben auf jedem Stockwerk ein oder mehrere gemeinsame Baderäume. (In den Privathäusern sind bloß 14 % der einzimmerigen Wohnungen mit separaten Klosets und nur 0,4 % mit Badezimmer versehen.) Die Höfe sind geräumig und meistens derart eingerichtet, daß sie den Kindern zu Spielplätzen dienen können. Die Hauptstadt war überhaupt stark auf die Forderungen der Hygiene bedacht, sie war bestrebt, die neuzeitigen wohnungstechnischen Errungenschaften anzuwenden, damit sie mit gutem Beispiel vorangeht.

B) Ebenerdige Häuser.

I. Bezirk	. . . .	92	Wohnungen	(1—2 Zimmer)
III. „	. . . .	107	„	(1—2 „)
V. „	. . . .	105	„	(1—2 „)
VI. „	. . . .	549	„	(1—2 „)
VIII. „	. . . .	32	„	(1—2 „)
IX. „	. . . .	822	„	(1—2 „)
X. „	. . . .	1503	„	(1—2 „)
X. „	Atelierwohnungen .	28	„	(1—3 „)
	Zusammen	3238	Wohnungen.	

Bis zum Herbst 1911 hat die Stadt das Wohnungsangebot mit 5259 kleinen Wohnungen, und wenn wir die durch die Schulbauten freigewordenen Wohnungen hinzurechnen, ungefähr mit 6800 Wohnungen gefördert.

Alle Anzeichen deuten darauf hin, daß die behördliche Bautätigkeit im selben Tempo fortgesetzt wird. Für den Bauzyklus im Jahre 1912 ist der Bau von fünf mehrstöckigen Miethäusern mit ungefähr 600 Wohnungen (1—4 Zimmer) und einem Werkstättenhaus für Kleingewerbetreibende vorgesehen.

Die Hauptstadt wollte mit diesen Bauten nur die Wohnungsnot lindern und keine Einnahmequellen schaffen. Der Gesetzartikel 1908: XLVIII, wonach diese Häuser ständige Steuerfreiheit genießen, bestimmt ausdrücklich, daß sie dieses Privileg nur so lange genießen, als die Wohnungen zu Selbstkostenpreisen vermietet werden. Dieses Gesetz fixiert auch den Begriff der Selbstkosten. Es zählen zu den Selbstkosten: 4 % des zur Zeit des Baues festgesetzten Grundstückwertes, die Zinsen und Tilgungen des Baukapitals, die Verwaltungs- und Erhaltungskosten. Aber all diese Kosten dürfen nicht mehr betragen als 6 % des Baukapitals, plus 4 % des Grundstückwertes.

Das Baukapital wurde zum Teil aus der 2 Millionen-Pfund-Sterling-Anleihe, zum Teil aus der 100 Millionen-Franken-Anleihe flüssig gemacht. Die Annuität dieser Häuser (eine 50jährige Amortisation zur Grundlage genommen) kommt auf 5,15 %.

Aus diesem Grunde und auch deshalb, weil die Bauten en gros ausgeführt wurden, ist der Preis der Gemeindewohnungen mit 25—50 % billiger, als der Preis der umliegenden Wohnungen.

Die Preise der Wohnungen in den mehrstöckigen Häusern betragen (durchschnittlich):

1 Zimmer (Küche, Kammer, Klosett) . . .	300 K
2 „ („ „ „) . . .	500 K
3 „ („ „ „) . . .	900 K

In den besser ausgestatteten Beamtenhäusern sind die Preise um zirka 20 % höher.

In den ebenerdigen Häusern: Einzimmerwohnungen 200—230 K, die zweizimmerigen 340—400 K.

Der Geldverkehr der Miethäuser mit kleinen Wohnungen wies (1910) folgende Zahlen auf:

	Ausgaben	Einnahmen
Mehrstöckige Häuser mit kleinen Wohnungen	20 430,09 K	259 987,95 K
Ebenerdige „ „ „ „	16 564,58 K	167 385,06 K

Diese Häuser werden durch die Stadt selber verwaltet (gesondert von den übrigen Miethäusern, die auf Profit arbeiten), und zwar durch die sozialpolitische Magistratsabteilung. Jedes Haus hat einen Verwalter; diese sind der sozialpolitischen Abteilung (Oberverwaltung) unterstellt. Die

Wohnungen werden in Wochen-, Monats- und Vierteljahrsmieten abgegeben. Bei der Vermietung werden die armen und kinderreichen Familien bevorzugt. Die Überfüllung der Wohnungen ist verboten. Deshalb bekommt ein jeder nur eine solche Wohnung, die groß genug ist, um die Familie zu beherbergen. Bettgänger werden in diesen Wohnungen überhaupt nicht geduldet; zur Abvermietung einzelner Zimmer, was nur ausnahmsweise gestattet wird, muß die schriftliche Einwilligung des Verwalters eingeholt werden.

Die städtische Bautätigkeit bedeutet für die Stadt weder ein Risiko, noch eine besondere Plage. Die Nachfrage ist so groß, daß es überhaupt keine leerstehenden Wohnungen gibt, die Mieter zahlen in der Regel pünktlich und es kommt sehr selten vor, daß man wegen Nichtbezahlung der Miete kündigen müßte. Die städtischen Kleinwohnungen sind seit ihrem zweijährigen Bestehen sehr gesucht und sehr populär. Sie bildeten sich zu einer sehr bedeutenden sozialpolitischen Institution aus, ohne daß dadurch neue Lasten entstanden wären. Die Einnahmen decken stets die Ausgaben und im Grunde genommen werfen sie noch Gewinne ab, denn die Mieter müssen für 4 % des Grundstückwertes aufkommen (die meisten Häuser wurden auf alten städtischen Grundstücken erbaut), wogegen die städtischen Grundstücke im allgemeinen nur 0,22 % tragen.

2. Das Ledigenheim.

Nach der Volkszählung vom Jahre 1906 betrug die Zahl der Aftermieter in der Hauptstadt 110 000, eine Zahl, die etwa 15 % der Einwohnerschaft ausmacht. Weil aber die steigenden Wohnungspreise auch die Erhöhung der Mietpreise der möblierten Zimmer zur Folge hatten, so sind selbst die besser entlohnten ledigen Arbeiter und Arbeiterinnen nicht imstande, sich ein separates Zimmer zu mieten; die Mehrzahl von ihnen muß sich mit einer Schlafstelle zufrieden geben. Bei der Volkszählung vom Jahre 1906 wurden 27 000 Bettgänger vorgefunden. In Wirklichkeit ist diese Zahl viel größer, nur wurde bei der Aufnahme kein genauer Unterschied gemacht zwischen Aftermieter und Bettgänger: vielfach wurden auch solche als Aftermieter gezählt, die nur über eine Bettstelle verfügen.

Die sanitären und moralischen Gefahren, sowie die soziale Degradation, mit denen die Bettgängerei verbunden ist, sind ja hinlänglich bekannt. Gelegentlich einer nächtlichen Wohnungsrazzia, die im Herbst 1910 auf Verordnung des Bürgermeisters ausgeführt wurde, fand man in den einzelnen Wohnräumen 7—10 Personen zusammengepfercht. Überall wird für ein Bett, das in der Regel von zwei Personen geteilt wird, 3,60 bis 4 K pro Woche entrichtet. Aber nicht nur ledige Personen, sondern es muß sich mitunter eine ganze Familie mit einer einzigen Bettstelle zufrieden geben; es schlafen in manchen Betten Mann, Weib und Kind zusammen, ein einziges Zimmer wird von 2—3 Familien bewohnt. Diese Zusammenpferchung und das Schlafstellenwesen sind nicht nur vom Standpunkt der Hygiene und öffentlichen Moral aus gefährlich, sondern wie es diese Razzia ergab, bilden sie selbst einen Faktor der Wohnungsteuerung; denn die Bettgänger zahlen oft zusammen zweimal soviel als die Wohnungsmiete beträgt. Dieser Umstand wird dann von den Hauseigentümern zu neuen Zinssteigerungen benutzt.

Als die Hauptstadt zur Besserung des Wohnungswesens in Aktion trat, da wollte sie auch diese Fehler beheben. Es wurde in ihr Programm der Bau eines Ledigenheims für ledige Arbeiter aufgenommen, das ihnen eine hygienische und billige Schlafgelegenheit, verbunden mit den Mitteln der Reinlichkeit (sowie Bäder, Desinfizierung), der Bildung und Unterhaltung (Bibliothek, Geselligkeitsräume) bieten sollte; ein Heim, das geeignet wäre, die Ansprüche und den Standard dieser Bevölkerungsschicht zu heben.

Das Ledigenheim wurde im Frühjahr 1912 eröffnet. Seine Bau- und Installationskosten betragen 1 Million Kronen. Die Größe des Grundstückes beträgt 1027,44 Quadratklafter. Die Schlafräume bestehen aus 2,53 m langen, 1,75—1,80 m breiten und 3 m hohen Nischen. Jede Nische besitzt ein besonderes Fenster. Damit sie ordentlich gelüftet werden, sind unten an den Betonwänden, die die Nischen voneinander trennen, Ausschnitte und oben von 2,20 m Höhe an bis zum Plafond Drahtgeflechte angebracht. Die Einrichtung jeder Nische besteht aus einem Eisenbett mit Drahteinlage, einem Matratzenschützer, drei Stück afrique-Matratzen, Kopfkissen mit Roß- und Schweinehaaren gefüllt, samt Überzug, zwei Leinentüchern, einem Stuhl, Rechen, Nachtgefäß. Es sind 396 Schlafnischen vorhanden. Außer diesen wurden 42 Extrazimmer angefertigt für jene, die eine größere Behaglichkeit wünschen. Diese sind etwas größer als erstere; die Scheidewände gehen bis zum Boden bzw. bis zum Plafond.

Auf jeder Etage befinden sich Waschräumlichkeiten, im Souterrain 12—12 Fuß- und Duschbäder, acht Wannenbäder, die Geselligkeitsräume, der Speisesaal, die Bibliothek, das Schreibzimmer, die Garderobe, der Paketraum, Ankleideraum, Kleider- und Schuhreinigungsort, Desinfektionsraum, ärztliches Verordnungszimmer, Schuhmacher- und Schneiderwerkstätte usw.

Für die Schlafnischen werden folgende Gebühren behoben:

für sieben aufeinanderfolgende Nächte (Wochenkarte).	3,60 K
für eine Nacht	—,60 K

Die Preise der gesonderten Schlafzimmer betragen:

für sieben aufeinanderfolgende Nächte (Wochenkarte).	4,80 K
für eine Nacht	—,80 K

Die Besitzer von Wochenkarten sind zu einem unentgeltlichen Vollbad pro Woche berechtigt.

Bei der Festsetzung der Gebühren wurde die Stadt von dem Bestreben geleitet, womöglich ständige Einwohner zu bekommen, deshalb sind die Wochenkarten billiger, und eben deshalb werden auch bei der Vermietung jene bevorzugt, die eine Wochenkarte mieten.

Für ein Fußbad werden 4 h, für ein Duschbad 10 h, für ein Wannenbad 20 h entrichtet, Handtuch und Seife mit eingerechnet.

Für die Einlagerung des Gepäcks wird pro Stück 10 h, für einen Kleiderschrank 20 h behoben — auf die ganze Wohnungsdauer. Das Gasthaus, der Schneider, Schuhmacher, Raseur, die Wäscherei arbeiten nach einem Preistarif, der durch die sozialpolitische Magistratsabteilung kontrolliert wird. Im Speisezimmer des Ledigenheims, das in eigenem Betrieb verwaltet wird, erhalten die Gäste des Ledigenheims, aber auch Fremde, Frühstück, Mittagessen (drei Gänge zu 60 h, am Sonntag 70 h), Abendessen (drei Gänge zu 60 h). Die tägliche Beköstigung mit ungefähr 3400—3700 kg Kalorien Nährwert kommt auf 1,10—1,30 K.

Die Benutzung der übrigen Räume ist kostenfrei.

Das Ledigenheim steht einer jeden über 14 Jahre alten Person männlichen Geschlechts offen, dessen Jahresgehalt 2000 K nicht übersteigt.

VIII. Betriebe zur Deckung des Eigenbedarfes.

1. Die Steinbrüche.

Durch die Hauptstadt werden drei Steinsand- und Schottergruben in eigener Regie betrieben. Zwei von ihnen, die auf dem kleinen Blocksberg und auf dem Elfenberg, bilden das Eigentum der Hauptstadt, die dritte, die Steinsandgrube in Keszel, wird durch die Stadt vom Staate gepachtet, und zwar für 100 K jährlich. Diese Gruben haben in erster Linie die Bestimmung, den Steinsand- und Schotterbedarf der hauptstädtischen Straßen zu decken. Die Elfenberger Grube liefert nur für die Hauptstadt, jedoch nur ein geringes Quantum, damit durch die allzu starke Ausbeute die um die Grube liegenden Wälder und Parks nicht gefährdet werden. Die Hauptstadt läßt Forschungen darüber anstellen, wie es möglich wäre, die Produktion der Grube zu ersetzen und selbe zu schließen. Ihre jetzige Produktion ist so gering, daß sie beim städtischen Verbrauch kaum in Betracht kommt.

Die Keszeler Grube wäre geeigneter zu einer intensiveren Ausnutzung, aber sie ist von der Hauptstadt so weit entfernt, daß ihre Produkte nur für die Instandhaltung der in ihrer Nähe befindlichen Waldstraßen vorteilhaft verwendet werden können. Im Jahre 1908 betrug die Gesamtproduktion 100 Fuhren.

Eine größere Bedeutung für die Deckung des Eigenbedarfes besitzt einzig die Grube auf dem kleinen Blocksberg. Die Lage dieser Grube ist so günstig und sie ist so nahe an der Stadt, daß sie unter allen ähnlichen Gruben in der Umgebung der Hauptstadt mit den günstigsten Produktions- und Transportkosten arbeitet. Die Grube befindet sich seit 1902 in eigener Regie, bis dahin war sie verpachtet, aber die Klagen wider die Pächter waren so häufig, weil sie sowohl für die Behörden, als auch für Private sehr schlechtes Material lieferten, ferner nutzten sie ihre Monopolstellung in der Weise aus, daß sich die Hauptstadt beim Ablauf des Vertrages für eigene Regie entschied. Dabei war jedoch auch der Umstand maßgebend, daß der Hauptstadt an einer rationellen Ausnutzung der Grube sehr viel gelegen war, ist sie doch die billigste Grube in der Umgebung der Hauptstadt und wenn sie erschöpft würde, so wäre die Hauptstadt gezwungen, ihren Bedarf um 50—100 % teurer zu beziehen. Das Pachtsystem bedrohte aber die Grube mit der Erschöpfung, denn die Pächter haben, um die Produktionskosten herabsetzen zu können, nur die bessere Qualität, das weichere Material behoben, die felsigen härteren Teile, deren Behebung eine größere Arbeit erfordert hätte, ließen sie einfach bestehen.

Nach den bisherigen Ergebnissen erwies sich die eigene Regie in jeder Beziehung vorteilhafter als das Pachtsystem. Die Pächter zahlten an die Hauptstadt 2400 K Pachtgeld und lieferten das Material für Vorzugspreise, die im Jahre 1900 2556,48 K Ersparung ausmachten. Insgesamt trug also die Grube der Hauptstadt ungefähr 5000 K ein. In eigener Regie hatte die Grube folgende Ergebnisse aufzuweisen:

Jahr	Einnahmen K	Ausgaben K	Reinerträgnis K	Für die Gemeinde gelieferter Steinsand cbm	Differenz zwischen dem aufgerechneten und dem Tagespreise	Der ganze Ertrag K
1902[1]	8 629,25	4 695,87	3933,38	6429	40	6 504,98
1903	15 265,80	8 516,29	6749,51	8972	40	10 388,31
1904	12 860,95	9 161,25	3699,70	7893	40	6 856,90
1905	14 739,10	10 410,49	4328,61	9286,5	40	8 043,21
1906	15 302,88	13 579,88	1723,00	8680,85	40	5 195,34
1907	13 477,73	11 742,92	1734,81	6006	80	6 539,61
1908	13 545,18	10 766,31	2778,87	6614	80	8 070,07
1909	19 679,00	10 627,00	9052,00	—	—	—
1910	21 856,00	12 969,00	8887,00	—	—	—

[1] Vom 1. Mai.

Nach dieser Tabelle überstieg das reine Erträgnis in jedem Jahre, in manchem sogar um das Doppelte und Dreifache, die durch die Pächter entrichtete Pachtsumme. Dazu kommt noch, daß seit der Zeit, wo sich die Gruben in städtischer Regie befinden, die Klagen aufgehört haben, die Straßen werden mit gutem Sande bedeckt, die Gruben werden rationeller und mit größerer Vorsicht betrieben und die Preise sowohl für die Stadt als auch für Private niedriger bemessen wurden, obwohl infolge der Nähe der Grube die Differenzialrente in vollem Maße hätte ausgenutzt werden können. Die Preise betrugen:

	Feiner Steinsand cbm		Gewöhnl. Steinsand cbm	
	Bei den Pächtern K	Bei der Hauptstadt K	Bei den Pächtern K	Bei der Hauptstadt K
Für die Hauptstadt . . .	3,36	1,—	0,80	0,80
Für Private bis 1906. .	3,84	2,60	1,28	1,20
Für Private von 1907. .	—	3,—	—	1,60

Zur Beurteilung der Rentabilität der häuslichen Regie muß auch in Betracht gezogen werden, daß der Grundstückwert der Grube seit dem Jahre 1902 um 102 000 K gestiegen ist, weil die Stadt bei der Ausnutzung der Grube auch darauf bedacht war, daß das Grundstück auch zur eventuellen Bebauung geeignet sei, worauf die Pächter nicht nur nicht achteten, sondern diese Möglichkeit auch direkt bedrohten, indem sie die felsigen Teile bestehen ließen.

Der Umfang der Grube beträgt 11 597,20 Quadratklafter und das

Material, das noch behoben werden kann, beläuft sich auf ungefähr 37 000 cbm. Die Gesamtproduktion der Grube betrug im Jahre 1908 10 466,5 cbm. Davon wurden 6614 cbm für die städtischen Ämter und 3852,5 cbm für Private geliefert. Der Selbstkostenpreis betrug pro Kubikmeter 1,028 K.

Die Zahl der beschäftigten Arbeiter beträgt: 1 Aufseher und 15 Arbeiter.

2. Die städtische Druckerei.

Um die fortwährend steigenden Druckereikosten herabzusetzen, aber auch um die Verwaltung zu vereinfachen und zu beschleunigen, gründete die Stadt im Jahre 1897 eine eigene Druckerei. Diese fügte sich so eng in die Verwaltung ein und wurde ein so wichtiges Organ derselben, daß die dazu aufgeforderte Fachkommission in ihrem Bericht aussagte: daß „in Anbetracht der ausgedehnten Administration der Hauptstadt und deren großen und raschen Bedarf an Drucksorten und Wertzeichen, sie ohne eigene Druckerei nicht arbeiten könnte".

Die städtische Druckerei besteht aus einer Stein- und Buchdruckereiabteilung, die nunmehr den gesamten Drucksortenbedarf sämtlicher hauptstädtischen Ämter versieht (mit etwa 70 ständigen Arbeitern), aus einer Buchbinderei (mit etwa 19 Arbeitern), einer Emaillewerkstätte, die die hauptstädtischen Ämter mit Aufschrifttafeln versorgt (4 Arbeiter), und einer Schreibmaschinen-Herrichtungswerkstätte (3 Arbeiter); im Jahre 1902 wurde auch ein Photographenatelier eingerichtet, das hauptsächlich für das Ingenieuramt arbeitet. Das ganze Personal besteht aus 126 Personen.

Die Erzeugnisse der Druckerei (mit Ausnahme der Steindruckerei) werden den Ämtern laut einem von Zeit zu Zeit vom Magistrat festgesetzten Preisverzeichnis zu deren Lasten verrechnet. Und obwohl diese Preise durchschnittlich um 25 % billiger sind als die sonst in Budapest üblichen, sichert die Druckerei der Hauptstadt immer noch einen ansehnlichen Reingewinn, bei dessen Schätzung auch noch in Anbetracht gezogen werden muß, daß die Druckerei das ganze investierte Kapital zu Lasten der Betriebskosten des Investitionsjahres auf einmal abträgt.

(Siehe Tabelle S. 130.)

Die Gemeindedruckerei brachte also im Durchschnitt 22,7 % des investierten Kapitals ein, während die lohnendste der Budapester Druckerei-Aktien-Gesellschaften bloß 16 % Dividende zahlte (1907).

Das Ergebnis der letzten Jahre war:

Betriebsjahr	Investierungen K	Betriebsausgaben K	Betriebseinnahmen K	Jährlicher Reinertrag K	Gewinnertrag %
1902	84 479	85 246	110 580	25 334	30
1903	95 860	134 472	165 785	31 313	23
1904	122 060	128 387	152 562	24 175	19
1905	153 060	140 133	177 302	37 169	26
1906	182 660	153 236	178 975	25 739	17
1907	212 960	187 066	224 485	37 419	20
1908	257 580	222 676	271 823	49 147	22
1909	292 270	237 295	309 104	71 809	25

3. Die Gemeindezeitungen.

Die Hauptstadt Budapest gibt zwei Zeitschriften aus; die eine ist der „Hauptstädtische Anzeiger" (Fővárosi Közlöny), zugleich das amtliche Blatt der Kommune. In diesem erscheinen die Verfügungen und Beschlüsse des Magistrats, die Vorschläge der Magistratsabteilungen, die wichtigsten Ereignisse der städtischen Verwaltung, die Sitzungsberichte der Generalversammlung und der Ausschüsse, die Anzeigen für öffentliche Arbeiten usw. Der „Hauptstädtische Anzeiger" wurde im Jahre 1889 gegründet; seitdem erscheint er wöchentlich zweimal, im Jahre 1911 in 1800 Exemplaren. Die Stadtverordneten und die Gemeindeämter erhalten es kostenfrei, im übrigen beträgt der Abonnementspreis 18 K. Die Kosten des Blattes machten im Jahre 1910 32 993 K aus.

Die zweite Zeitschrift der Hauptstadt ist die „Städtische Rundschau" (Városi Szemle); dieselbe bezweckt die wissenschaftliche Behandlung und stetige Befolgung der Probleme im Gebiete der Gemeindeverwaltung, insbesondere der Hauptstadt Budapest, erscheint seit 1909 monatlich in 1200 Exemplaren, in 4—5 Bogen starken Auflagen. Die offiziellen Organe der Kommune erhalten es kostenfrei; die Einnahmen aus den Abonnements betrugen im Jahre 1910 zirka 2000 K.

4. Städtische Gasmonteurwerkstätte und Lager.

Die Hauptstadt liefert seit dem Jahre 1907 ihren Gebäuden, Anstalten und Schulen, die zur Gasbeleuchtung nötigen, im Eigenbetrieb erzeugten Bestandteile und die in Stand gehaltenen Auerbrenner.

Die städtische Werkstätte bestellt und übernimmt die beständigen und abnutzbaren Teile der diversen Brenner wie auch die zu deren Handhabung nötigen Werkzeuge, hält sie auf Lager, übt Kontrolle darüber und liefert sie aus. Außerdem besorgt die städtische Werkstätte die Zusammenstellung einfacherer Lüster und Lampenarme, die Auf- und Abmontierung, Umänderung, Herrichtung und Reinigung beliebiger Lampenarme und Brenner, ferner innerhalb des Hauses die Herrichtung, Erweiterung, Reinigung, kleinere Ergänzung und Umänderung der Gasleitung, ebenso wie mit der Gasleitung zusammenhängende anderweitige Montierungsarbeiten. Für all diese Arbeiten arbeitet sie Kostenvoranschläge aus, bestellt und handhabt die notwendigen Materialien und Werkzeuge.

Die städtische Werkstätte verarbeitete:

Im Jahre	1907	15 316	Brenner
" "	1908	17 938	"
" "	1909	19 061	"
" "	1910	20 562	"

Die diversen Gesellschaften verlangten für Instandhaltung eines Brenners pro Jahr durchschnittlich 3,60 K. Die Selbstkosten der Instandhaltung eines Brenners in eigener Regie waren:

Im Jahre	1907	1,88	K
" "	1908	1,90	"
" "	1909	1,47	"
" "	1910	1,02	"

so daß die durch die eigene Werkstätte erzielte Ersparnis

Im Jahre	1907	26 284	K
" "	1908	30 474	"
" "	1909	40 600	"
" "	1910	53 000	"

betrug.

Der Eigenbetrieb stellt sich also um 71 % billiger als das Arbeiten mit fremden Unternehmungen.

Die durch die städtische Gaswerkstätte in einem Amt oder Gebäude geleisteten Arbeiten werden zu dessen Lasten gebucht.

Für die Preise sind die laufenden Marktpreise maßgebend bzw. jene Preisnotierungen, die der Magistrat für die Montierungswerkstätten der Gaswerke festsetzt.

Für die Instandhaltung der Auerbrenner zahlen die Institute und Ämter eine Pauschale, dessen Höhe vom Budget festgestellt ist (das Budget des Jahres 1911 bestimmte 2,25 K).

Der Betrieb wurde im Jahre 1911 endgültig konstituiert, und das Budget dieses Jahres führt den Umsatz des Unternehmens zum erstenmal in besonderen Rubriken an, und zwar:

Ausgaben.	K	Einnahmen.	K
Personalgebühren	21 800,—	Instandhaltung der Auerbrenner	44 000,—
Realausgaben	2 900,—	Montierungsarbeiten	20 000,—
Materialbesorgung	34 500,—		
Saldogewinn	4 800,—		
Summe	64 000,—	Summe	64 000,—

Die städtische Gaswerkstätte beschäftigt 3 Beamte und 7 Monteure.

5. Die städtischen Brennmaterialienlager.

Die Ämter, Schulen, Anstalten und Maschinenbetriebe der Hauptstadt verausgaben jährlich etwa 1½ Millionen Kronen für Brennmaterialien. Es ist dies eine so ansehnliche Summe, daß die Behörden sich schon seit langer Zeit damit beschäftigten, wie es möglich wäre, den Einkauf des Brennmaterials derart zu zentralisieren, daß durch Ausschluß des Zwischenhandels diese Ausgaben gemäßigt werden könnten. Die Zentralisation erschien auch aus dem Grunde notwendig, da die einzelnen öffentlichen Ämter unmöglich kontrollieren konnten, ob das von den Verkäufern gelieferte Brennmaterial in bezug auf Quantität und Qualität tatsächlich entspreche. Einen damit vertrauten Fachmann konnten die verschiedenen Ämter natürlich nicht anstellen, und so war es den Behörden unmöglich, festzustellen, ob die Lieferanten das Brennmaterial in der in Rechnung gestellten Menge und vertragsmäßig bedungenen Qualität geliefert hatten.

Der Kohlenmangel des Jahres 1907 ließ den auf die Zentralisation bezüglichen Plan zur Ausarbeitung gelangen. Der damalige Waggonmangel, die Enge der Bahnstationen und die Schneeverwehungen des strengen Winters bewirkten solche Störungen des Warenverkehrs, daß die Hauptstadt von einer ernstlichen Kohlennot bedroht wurde. Die Preise stiegen horrend in die Höhe. Es wurden stellenweise 10—12 K für einen Meterzentner Kohlen verlangt. Unter dem Einflusse dieser Gefahr beschloß die Hauptstadt im Juli 1907 die Errichtung eines zentralen Brennmaterialienlagers, das außer der Versorgung der städtischen Ämter und Anstalten (mit Ausnahme der Wasserwerke, der Schlachthöfe und der Zentralmarkthalle und des direkt aus der Gasanstalt gelieferten Kokses) auch die sozialpolitische Aufgabe hat, in Zeiten der Kohlennot die ungestörte Befriedigung der Kohlenbedürfnisse des Publikums zu sichern und die übermäßig hohe Steigerung der Preise zu verhindern. Den dazu nötigen Vorrat muß das Lager immer bereit haben.

Dies ist der Zweck des zentralen Brennmaterialienlagers, das im X. Bezirk auf einer Fläche von 24 000 Quadratklaftern liegt. Das Lager nimmt 140 000 M.-Ztr. Kohlen und 15 000 cbm Holz auf und ist durch ein etwa 2200 m langes Industriegeleise mit der Haltestelle Steinbruch-Mastanstalt der Ungarischen Staatsbahnen verbunden. Die Bau- und Einrichtungskosten machten 273 493 K aus, die zu Lasten der Hundert Millionen-Kronen-Anleihe bewilligt wurden.

Das Zentrallager deckt seinen Bedarf soweit als möglich direkt bei den Erzeugern; so importierte es für die Wintersaison des Jahres 1907/8 140 000 cbm Kohle direkt aus England, während das Holz unmittelbar von Wälderbesitzern gekauft wird.

Im Jahre 1910 wurde das Lager durch einen mit Dampf eingerichteten Holzspaltungsbetrieb erweitert. Die Holzspaltung wurde bisher von fremden Unternehmungen, später von der Verwaltung des Lagers selbst mit Handbetrieb besorgt. Die Spaltung eines Kubikmeter Holz kostete bei den fremden Unternehmern 2—2,10 K, im Eigenbetriebe mit Handarbeitern 1,70 K, während sie mit Dampfbetrieb bloß 1 K per Kubikmeter kosten wird, was bei Spaltung von 20 000 cbm Holz jährlich 20 000 bzw. 14 000 K Ersparnis bedeutet.

Das Budget des Jahres 1911 weist den finanziellen und Kassenumsatz des Brennmaterialienlagers in folgenden Zahlen aus:

Ausgaben.	K	Einnahmen.	K
Personalkosten	35 793,—	Holzverkauf	268 000,—
Realkosten	16 698,—	Kohlenverkauf	339 000,—
Kohleneinkauf	288 302,—	Diverse	5 000,—
Brennholzeinkauf	200 000,—		
Frachtspesen	58 640,—		
Überschuß	12 567,—		
Summe	612 000,—	Summe	612 000,—

IX. Der städtische Grundbesitz.

1. Grundstück und Hauseigentum.

Die Hauptstadt ist der größte Grundstückbesitzer der Stadt. Der größte Teil der Grundstücke befindet sich schon seit jeher in ihrem Besitz. Die städtische Politik war nicht nur bestrebt, diese zu behalten, sondern, hauptsächlich in neuerer Zeit, unter der Wirkung der neuzeitlichen grundstückspolitischen Prinzipien, sie war vielmehr darauf bedacht, sie zu vermehren. Die Hauptstadt weist, ebenso wie die sich rasch entwickelnden Städte, eine unsystematische und ungleichmäßige Entwicklung auf; dadurch wurde nicht nur die allgemeine Entwicklung ungünstig beeinflußt, sondern es wurden dadurch auch die Finanzen und die Wohnungsverhältnisse der Stadt arg in Mitleidenschaft gezogen. In dem Finanzbericht des Magistrats vom Jahre 1907, wo Betrachtungen angestellt werden über den Fehlbetrag, wird dieser auf die extensive, unsystematische Entwicklung der Stadt zurückgeführt. „Es mußte verhindert werden, daß auf den verschiedensten äußeren Teilen der Stadt einzelne Häuser erbaut würden, die durch lange Ackerfelder von den bebauten Stadtteilen getrennt sind, wohin dann weder Straßenbahnen führen, noch auch die nötigen öffentlichen Arbeiten ohne unverhältnismäßig hohe Belastung der Gemeindekasse ausgeführt werden können." Deshalb besteht die Grundstückspolitik des Magistrats darin, wozu sie übrigens durch einen Generalversammlungsbeschluß verpflichtet wurde, die Grundstücke auf der Peripherie der Hauptstadt aufzukaufen, um dadurch einerseits die übertriebene Spekulation zu verhindern bzw. die entstehenden Gewinne der öffentlichen Kasse zuzuführen, und anderseits der Hauptstadt die Möglichkeit zu geben, richtunggebend in die Entwicklung der Stadt einzugreifen.

Budapest verfügte im Jahre 1910 über 12 063 185 Quadratklafter leere und 502 726 Quadratklafter bebaute Grundstücke. Davon entfielen auf den Flächeninhalt der Gebäude 208 140 Quadratklafter. Der größte Teil der unbebauten Grundstücke befindet sich in den Vorstädten, hauptsächlich auf den Peripherien. Die meisten städtischen Grundstücke befinden sich: im I. Bezirk (2,6 Millionen Quadratklafter), im III. Bezirk (1,8 Millionen Quadratklafter), im IX. Bezirk (1,6 Millionen Quadratklafter) und im X. Bezirk (4,5 Millionen Quadratklafter); dagegen besitzt die Hauptstadt die wenigsten Grundstücke im IV. Bezirk (982 Quadratklafter) und im V. Bezirk (83 000 Quadratklafter). Die bebauten Grundstücke befinden sich mehr auf dem inneren Stadtgebiet und verteilen sich beinahe gleichmäßig auf die Bezirke.

Außerdem besitzt die Stadt außerhalb des städtischen Weichbildes 2,351 Millionen Quadratklafter Grundstücke, von denen 2907 Quadratklafter bebaut sind.

Der Schätzungswert der leeren Grundstücke beträgt 198 527 000 K, der der Gebäude 206 380 000 K. In den Gebäuden sind mit inbegriffen sämtliche städtischen Gebäude, also die administrativen Gebäude, die Betriebe, die Schulen und die Miethäuser. Der Wert jener Grundstücke, die außerhalb des städtischen Weichbildes liegen, beträgt 4,9 Millionen

Kronen, die der Gebäude 9,9 Millionen Kronen. Die Hauptstadt verfügt also über ein Grundstückvermögen von 419 700 000 K. Das Gemeindevermögen besteht hauptsächlich aus diesem.

Die Hauptstadt verpachtet ihre Grundstücke und versucht sie auf diese Weise zu verwerten. Die inneren Grundstücke werden größtenteils für Magazinzwecke gepachtet, die äußeren Grundstücke für landwirtschaftliche Zwecke. Neuerdings ist die Hauptstadt bestrebt, vermittelst dieser Verpachtungen die Verpflegung der hauptstädtischen Bevölkerung zu fördern. Sie will durch Verträge bedingen, daß der Pächter nur womöglich Grünzeug und Gemüse anbaut und die gewonnenen Produkte dem Budapester Markt zuführt.

Im Jahre 1910 sind aus den Pachtungen 450 238 K der Gemeindekasse zugeflossen, eine Summe, die nur 0,22 % des 198 527 000 Kronen-Schätzungswertes der Grundstücke beträgt.

Bei der Entäußerung der Grundstücke fließen 20 % des Verkaufspreises dem Expropriationsfonds zu.

Die bebauten Grundstücke der Stadt werden besser verwertet. Der Schätzungswert der Miethäuser beträgt (1910) 20 692 450 K; der Wert ihrer Ausrüstungen 271 098 K. Als Haus- und Wohnungsmiete sind der Stadt 4 111 000 K zugeflossen. Wir besitzen jedoch keine genauen Daten darüber, wieviel davon auf jene Gebäude kommt, die zu den — im engeren Sinne — Ertrag abwerfenden Gebäuden gezählt werden.

2. Wein- und Obstkultur.

In den achtziger Jahren bedrohte die Phylloxera die ausgedehnten Weinkulturen der Ofener Berge mit vollständiger Zerstörung, und um die Bevölkerung gegen diese Gefahr zu schützen, gründete die Hauptstadt in den Jahren 1887—1889 eine städtische Rebenkultur, die den Zweck hatte, die der Phylloxera Widerstand bietenden amerikanischen Stöcke zu ziehen und damit die Weinberge der Umgebung zu versorgen, anderseits auch die von der Phylloxera bedrohten Ofener Weinsorten in immunem Sandboden zu ziehen und so für die nächsten Ernten zu erhalten. Die Hauptstadt legte drei Weinkulturen an: eine amerikanische Rebenzüchtung von 8145 Quadratklafter und eine ebensolche von 2133 Quadratklafter Flächeninhalt (der Inventarwert der Grundstücke und darauf errichteter Gebäude machte im Jahre 1902 50 280,30 K) und eine Sandweinzüchtung von 127 341 Quadratklafter Flächeninhalt. Diese letztere erweiterte die Stadt später durch eine zehn Joch fassende Obstbaumschule, wozu dann noch eine selbständige Baumschule von 4461,80 Quadratklafter Größe im

Werte von 69 349 K kam. Mit diesen Anlagen wollte die Hauptstadt eine Musteranlage für Reben- und Obstzucht begründen, doch war das Interesse von seiten der Beteiligten gering. Die amerikanischen Rebstöcke wurden kaum gesucht und konnten daher nicht in entsprechender Menge verwertet werden. Auch den Wein selbst konnte die Stadt von Jahr zu Jahr schwerer absetzen, so daß aus diesem Unternehmen kein Nutzen erwuchs, sondern Schaden:

	Ausgaben K	Einnahmen K
1900	63 169	13 560
1901	56 605	10 714
1902	49 391	9 210
1903	46 025	9 359

Unter diesen Umständen mußte die Hauptstadt die Anlagen aufgeben. Die größere amerikanische Rebenanlage und die Baumschule löste die Stadt auf und verwertete die Grundstücke durch Verpachtung. Die übrigen Anlagen verpachtete die Hauptstadt mit der Bedingung für den Pächter, die Rebenzucht aufrechtzuerhalten, um so das investierte Kapital und die Einrichtung selbst nicht ganz verloren gehen zu lassen. Auf diese Weise nahm die Hauptstadt nach der Schlußabrechnung des Jahres 1910 12 287 K ein.

3. Waldungen.

Budapest wird, besonders rechts von der Donau, von Waldungen umgeben, deren großer Teil Eigentum der Hauptstadt bildet.

Der Waldbesitz der Stadt war:

1885	1122,78	ha
1898	2007,92	„
1908	2010,96	„

wovon direktes Waldgebiet

1885	1070,62	ha
1898	1930,51	„
1908	1911,04	„

Die Waldungen sind für die Stadt nicht einträglich. Vor dem Jahre 1911 versuchte es die Stadt wohl noch, ihre Wälder durch Stammfällung auszunutzen. Seither aber gab sie auch dies auf; heute dienen die Wälder ausschließlich der Erholung des Publikums. Bloß die kranken und faulen Bäume werden ausgeschlagen oder aber wenn die Regulierung der Wälder und Wege die Ausholzung notwendig machen. Die Ausgaben für Waldungen und Landwirtschaft waren im Jahre 1910 177 902,65 K, die Einnahmen hingegen 45 024,01 K.

4. Redouten.

Für Abhaltung von Unterhaltungen, Konzerten, Versammlungen usw. besitzt die Hauptstadt zwei Redouten, die eine am rechten, die andere am linken Ufer der Donau. Die linksseitige Redoute erbaute noch das alte Pest, doch wurde sie im Jahre 1848 ein Opfer des Bombardements der Stadt.

Das heutige Gebäude, das aus Festräumen, Wohnungen, Gast- und Kaffeehausräumlichkeiten besteht, wurde zwischen 1859 und 1865 errichtet und beträgt dessen Wert nach mehrfachen Umänderungen und Modernisierungen 5 153 360 K. Es steht auf einem 1344,70 Quadratklafter fassenden Grundstück, wovon 1290,97 Quadratklafter verbaut sind. Diese Redoute wird, mit geringen Unterbrechungen, verpachtet und brachte im Jahre 1910 49 288 K ein.

Die zweite Redoute wurde im Jahre 1899 erbaut auf einer 723,10 Quadratklafter fassenden Fläche, wovon 693,70 Quadratklafter verbaut sind. Der Inventarwert beträgt 1 334 520 K. Diese Redoute ist in Eigenverwaltung. Die Ausgaben beliefen sich im Jahre 1910 auf 7053,36 K, die Einnahmen (den Hauszins eingerechnet) auf 41 121 K.

Drittes Kapitel.

Die Bedeutung der Gemeindebetriebe für den Gemeindehaushalt.

In der Einleitung führten wir aus, daß bis in die letzten Jahre hinein durch die Hauptstadt nur solche Betriebe in häusliche Regie übernommen wurden, die mit administrativen Funktionen verknüpft waren, und daß diese Betriebe nicht zu Einnahmequellen benutzt wurden, sondern man war bei ihnen nur darauf bedacht, daß die wirklichen Ausgaben von den Einnahmen gedeckt würden. Deshalb spielen in den älteren Kostenvoranschlägen die Überschüsse der Gemeindebetriebe keine größere Rolle. Die meisten hatten auch keine solche aufzuweisen, denn sie wurden durch die Amortisationen und Zinsen aufgewogen. Erst in dem Kostenvoranschlag vom Jahre 1911 entfaltet sich die finanzielle Tragweite der Gemeindebetriebe in ihrer ganzen Fülle. Dieser ist der erste Kostenvoranschlag, in dem sämtliche städtischen Betriebe aufgenommen wurden (deshalb benutzen wir nachstehend die Daten des Kostenvoranschlags an Stelle der viel genaueren Daten der Schlußrechnung) und in dem auch jene Betriebe vollständig enthalten sind, die durch die Hauptstadt aus finanziellen Interessen heraus abgelöst wurden.

Bei den meisten Betrieben weisen wir nur die Überschüsse aus, weil sie mit wenigen Ausnahmen, die da sind: die Gaswerke, der Fuhrpark, der Plakatierungsbetrieb, die Brotfabrik, die Fleischkasse, die nach den Prinzipien der kaufmännischen Buchführung arbeiten, in ihre Ausgaben weder die Annuität noch die Abschreibungen aufnehmen, weshalb ihre Überschüsse nicht gleichzeitig den Geschäftsgewinn darstellen. Wenn sonach das Bild, das wir geben, keinen Anspruch auf volle Genauigkeit erhebt, so gibt es dennoch einen annähernd genauen Aufschluß über die finanzielle Bedeutung der Gemeindebetriebe. Die Überschußbetriebe ergaben in den Jahren 1900 und 1911 folgende Überschüsse:

Überschüsse.

Betriebe	1900 K	1911 K
1. Miethäuser	3 002 201	4 787 188
2. Redouten	44 499	4 800
3. Steinbrüche	—	4 000
4. Bruckbad	35 141	50 066
5. Artesisches Bad	59 593	80 555
6. Wasserwerke	2 513 108	3 907 331
7. Gemeindedruckerei	—	48 932
8. Städtische Brennmaterialienlager	—	12 567
9. Städtische Gasmonteurwerkstätte	—	4 800
10. Rindviehschlachthaus und Viehmarkt	627 629	521 000
11. Borstenviehschlachthaus und Viehmarkt	—	826 680
12. Markthallen	508 734	691 433
13. Tandelmarkthalle	59 918	48 400
14. Kleine Wohnungen	—	1 009 258
15. Ledigenheim	—	30 135
16. Gaswerke[1]	—	3 150 000[2]
17. Plakatanstalt[1]	—	54 000
18. Fuhrpark[1]	—	250 844[2]
19. Brotfabrik[1]	—	31 330[2]
20. Viehmarktkasse[1]	—	102 310
Zusammen	6 850 823	15 615 629

Der Überschuß betrug also im Jahre 1900 6,850 Millionen Kronen, im Jahre 1911 15,615 Millionen Kronen. Im Jahre 1900 beläuft sich der Überschuß auf 19,7 % der gesamten ordentlichen Einnahmen, im Jahre 1911 dagegen schon auf 25,2 %; in zehn Jahren stieg er also von 1/5 auf 1/4 der gesamten ordentlichen Einnahmen. Demgegenüber sank der Prozentsatz der öffentlich-rechtlichen Einnahmen von 57,1 % auf 50 % der ordentlichen Einnahmen. Daraus ergibt sich, daß unter den städtischen Einnahmen die Überschüsse der Gemeindebetriebe eine wachsende Rolle spielen gegenüber den Steuern. Diese Steigerung rührt hauptsächlich von jenen Betrieben her, die auf Gewinn ausgehen, im Gegensatz zu jenen Betrieben, in denen das Gebührenprinzip herrscht. Die auf

[1] Nach dem Voranschlag des Gemeindefonds, der gewöhnlich etwas niedriger bemessen wird als der betreffende Posten in dem selbständigen Voranschlag des Betriebes.

[2] Geschäftlicher Überschuß, die Annuität des investierten Kapitals, der Wert der Leistungen in Naturalien.

Profite arbeitenden Betriebe (die Betriebe Nr. 1—5, 7—9, 16—20 in der Tabelle) lieferten im Jahre 1900 zusammen 3,141 Millionen Kronen Überschuß der städtischen Kasse ein; im Jahre 1911 dagegen schon 8,723 Millionen Kronen. Der Überschuß dieser Betriebe betrug im Jahre 1900 9,0 % der gesamten ordentlichen Einnahmen, im Jahre 1911 schon 14,0 %. Demgegenüber stieg der Prozentsatz der nach dem Gebührensystem arbeitenden Betriebe nur um 0,5 %. Daraus ersieht man, daß in letzter Zeit die gewinnbringenden Betriebe stark in den Vordergrund gerückt sind; währenddem im Jahre 1900 der Überschuß der Verwaltungsbetriebe 54 % des Gesamtüberschusses betrug, stellte sich der Prozentsatz im Jahre 1911 auf 44 %.

Die häusliche Regie wurde u. a. auch deshalb in das finanzielle Programm der Hauptstadt aufgenommen, weil man in ihr eine derartige Einnahmequelle zu erlangen hoffte, die sich, ähnlich wie die Verbrauchssteuern, jedoch nicht belastet mit der sozialen Ungerechtigkeit dieser Steuern, im Verhältnis zur Einwohnerschaft und zu den Ausgaben entwickeln würde. Die Entwicklung der Überschüsse läßt sich mit der Entwicklung der Bevölkerungszahl nicht vergleichen, weil im Voranschlag des Jahres 1911 auch solche Betriebe verzeichnet sind, die im Jahre 1900 noch nicht existiert haben; dagegen spielen in beiden Kostenvoranschlägen auch die Verwaltungsbetriebe eine Rolle, die in dieser Beziehung nicht maßgebend sind. Aber so viel ist gewiß — soweit eben erlaubt ist, aus Daten, die nur so weit auseinander liegen, Schlüsse zu ziehen —, daß die Überschüsse dieser Betriebe nicht nur im Verhältnis zu den Gemeindeausgaben, sondern noch viel schneller gestiegen sind; der Überschuß der Gemeindebetriebe stieg in der Zeit von 1900—1911 um 127 %, die gesamten ordentlichen Gemeindeausgaben weisen in diesem Zeitraum nur eine Steigerung von 79 % auf.

Diese Daten lassen erkennen, daß der Hauptstadt durch die Gemeindebetriebe keine derartigen Lasten aufgebürdet wurden, die durch die Einnahmen nicht gedeckt werden könnten. Es ist ja wahr, daß infolge der Kommunalisierungstätigkeit die Schulden der Stadt vermehrt wurden, jedoch brauchen für die Lasten dieser Schulden, für die Tilgung und für die Zinsen, nicht die Steuerzahler aufzukommen. Diese Tatsache kann ohne weiteres bewiesen werden. Die Summe der gesamten Zinsen und Tilgungen beläuft sich in dem Kostenvoranschlag für das Jahr 1911 auf 11 085 945 K. Also der Überschuß der Betriebe beträgt um 4,530 Millionen Kronen mehr als die gesamte Zinsen- und Tilgungslast der Hauptstadt. Und in dieser Summe sind auch jene Anleihen mit enthalten, die nicht für produktive Zwecke verwendet wurden. Das geht übrigens auch daraus hervor, daß die Ausgaben des Gemeindehaushaltes für Zinsen und Tilgungen in den Jahren 1900—1911 um 83 % gestiegen sind, eine Summe, die weit hinter der Vermehrung der Betriebsüberschüsse zurückbleibt. Wenn wir aus dieser Zinsenlast jene Summen abziehen, die für unproduktive Zwecke verwendet wurden (was wir jedoch nicht ganz genau ausrechnen können), so erhalten wir ein noch günstigeres Bild:

	25 Millionen-Gulden-Anleihe	100 Millionen-Kronen-Anleihe	2 Mill.-Pfd. Sterl.-Anleihe	100 Millionen-Franken-Anl.
Produktive Invest.	18 915 000	43 663 000	21 498 000	69 350 000
Eingelaufene Anleihe-Summe . .	48 630 733	94 094 550	43 599 430	95 519 700

Danach wurden ungefähr 54 % der gesamten Anleihen für produktive Zwecke verwendet; von den Zinsen- und Tilgungsausgaben des Gemeindefonds entfallen etwas mehr als die Hälfte auf die Betriebe. Wenn wir davon ausgehen, so können wir den Reinertrag der Betriebe nach Abzug der Annuität ungefähr 9 Millionen Kronen gleich setzen.

Unter den Gemeindebetrieben befinden sich fünf solche, die ihre Ausgaben nicht decken. Es sind das Betriebe, bei denen die Hauptstadt nicht einmal das Gebührenprinzip zur Geltung bringen will. Nämlich:

Zuschüsse.

	1900 K	1911 K
Kanalisierungsbau	136 682	166 600
Erhaltungskosten der Kanalisation	203 598	226 300
Wiesen- und Forstwirtschaft	156 324	124 682
Straßenreinigung	1 407 333	2 181 850
Donau-Schwimmbäder	20 995	27 300
Desinfektionsanstalt	80 118	151 590
Zusammen	2 005 050	2 878 322

Diese Betriebe befinden sich übrigens an der Grenze des Begriffes der Gemeindebetriebe.

Außer diesen existiert noch ein Gemeindebetrieb, der weder ein Überschuß-, noch ein Zuschußbetrieb ist: die Pferdeschlächterei. Laut ausdrücklicher Verordnung der Hauptstadt können ihre Einnahmen nie die Ausgaben übersteigen, aber sie können auch nicht dahinter bleiben. Dieser Betrieb besitzt vom Gesichtspunkt des Gemeindehaushaltes aus betrachtet keine Bedeutung.

Schlußwort.

Vorstehende Blätter zeigen uns das Bild der Budapester Gemeindebetriebe, wie es sich auf Grund der bis zum September 1911 erstreckenden Daten darstellen läßt. Wir haben gesehen, daß sich die meisten Betriebe noch im Anfangsstadium befinden und daß die Stadt selber auf diesem Gebiete erst ihre ersten Erfahrungen sammelt. Diese können im allgemeinen als günstig bezeichnet werden, und die Anzeichen lassen darauf schließen, daß die Verwaltung ihre bisherige Politik nicht nur beibehalten, sondern auch bestrebt sein wird, in den Besitz neuer Betriebe zu gelangen. Zurzeit beschäftigt sich die Gemeindeverwaltung vornehmlich mit zwei Fragen: mit der Verkehrs- und der Teuerungsfrage. Zu deren Lösung wird sowohl von der Verwaltung als auch von der öffentlichen Meinung die Gründung neuer Kommunalbetriebe vorgeschlagen. Der erste Schritt zur Kommunalisierung der Verkehrsmittel wurde schon gemacht, in den nächsten Jahren wird in dieser Hinsicht noch mehr geschehen, nicht nur weil die Verwaltung die Neigung dazu besitzt, sondern auch deshalb, weil das Bürgertum und die Arbeiterschaft energisch darauf drängt. Um die Teuerung zu lindern, wird von einer im Oktober 1911 abgehaltenen offiziellen Konferenz vorgeschlagen, daß die Stadt eine kommunale Großschlächterei errichten soll, ferner soll die Stadt Lebensmittel im großen einkaufen und eine kommunale Lebensmittelgroßhandlung einrichten; diese Vorschläge fanden in der Stadtverordnetenversammlung ein starkes Echo, es ist also wahrscheinlich, daß man auch zu deren Verwirklichung schreiten wird.

Die Verwaltung beabsichtigt zunächst die Einrichtung von kommunalen Elektrizitätswerken. Die darauf bezügliche Preisausschreibung erfolgte schon vor längerer Zeit, und so ist es sehr wahrscheinlich, daß der Bau schon im nächsten Jahre in Angriff genommen wird. Im Jahre 1909 wurde durch die Hauptstadt die Errichtung einer kommunalen Sparkasse beschlossen; die darauf bezüglichen Beschlüsse und Verordnungen befinden sich zurzeit im Ministerium und harren der Genehmigung. Neuerdings geht die Hauptstadt mit dem Plane um, statt der Sparkasse eine städtische Bank zu errichten, die die wirtschaftlichen Agenden der Stadt selbständig leiten sollte; es würde sich ihr insbesondere bei Grundstückkäufen, ferner auf dem Gebiete der städtischen Kreditangelegenheiten und der Gemeindeverpflegung ein großes Tätigkeitsgebiet eröffnen. Man plant auch die Errichtung einer städtischen Versicherungsanstalt gegen Feuersgefahr, einer Eisfabrik, einer Ziegelfabrik usw.

Aus dem, was schon vorhanden oder in Ausführung begriffen ist, ist es ersichtlich, daß die Budapester Verwaltung von dem Gedanken der eigenen Regie beherrscht ist; dieser bildet den wichtigsten und wesentlichsten Punkt ihrer neuzeitlichen Politik.

Zweiter Teil.

Gemeindebetriebe in den anderen Städten.

I. Einleitung.

Ungarn ist ein Agrarstaat; 66,5 vom Hundert seiner Bevölkerung sind in der Landwirtschaft beschäftigt und nur 20,7 vom Hundert seiner Einwohnerschaft finden in der Industrie und im Handel Unterkunft. Eine derartige Gliederung der wirtschaftlichen Beschaffenheit des Landes ergibt mit Naturnotwendigkeit, daß die in der Landwirtschaft Beschäftigten das Übergewicht haben und daher die übergroße Mehrheit der Bevölkerung in Landgemeinden und in Meierhöfen lebt. Laut der Volkszählung vom Jahre 1900 [1] waren in Ungarn (ohne Kroatien-Slavonien) 12 605 Gemeinden vorhanden; von diesen waren 12 473 oder 98,9 % aller Gemeinden Dörfer. Von den 16,83 Millionen Bevölkerung, die Ungarn im Jahre 1900 zählte, lebten 13,72 Millionen oder 81,5 % in solchen kleinen Gemeinschaften, deren durchschnittliche Seelenzahl 1100 beträgt.

Selbst jene Gemeinden, die in der Volkszählung zu den Städten gerechnet werden, sind zum größten Teil Kleinstädte; es sind unter ihnen kaum einige mittelgroße Städte vorhanden. Die meisten Städte sind von einer Bevölkerung bewohnt, die nur die gewerblichen und Handelsbedürfnisse der Umgebung besorgen und in Anbetracht ihrer Haupteigenschaften vertreten sie jene Wirtschaftsstufe, die von Karl Bücher als die Stadtwirtschaft bezeichnet wurde. Mitunter befindet sich in ihnen eine Fabrik oder eine Handelsniederlassung, die für den nationalen Markt, eventuell für den Weltmarkt, arbeitet; die meisten leben jedoch von der Umgegend. Vom Gesichtspunkt des Handels und der Industrie aus besitzen für den Landes- oder den Weltmarkt nur einige, nur die größten, eine Bedeutung; vor allem natürlich Budapest, dann das an der Landesgrenze befindliche Preßburg und Temesvár, denn die Fabrikindustrie fühlt

[1] Die Ergebnisse der Volkszählung vom Jahre 1910 wurden noch nicht veröffentlicht; nur einige sich auf die Städte beziehende Tabellen wurden von dem Direktor des hauptstädtischen statistischen Amtes, Professor Dr. Gustav Thirring in einer Studie verwendet (Städtische Rundschau 1911). Wo es uns angebracht erschien, haben wir diese Daten benutzt.

sich entweder nach Budapest hingezogen oder sie ist in den kleinen Dörfern zerstreut; die kleineren Städte sucht sie nur selten auf. Der Handel des Landes konzentriert sich fast ausschließlich in Budapest. Es ist charakteristisch, daß, während in Budapest (1900) 662 industrielle Großunternehmungen mit 68 500 Arbeitern vorhanden waren, das unmittelbar ihm folgende Preßburg 51 Unternehmungen zählte mit 5790 Arbeitern und Temesvár 32 Unternehmungen mit 3660 Arbeitern.

Diese Standortorientierung der Industrie und des Handels hatte zur Folge, daß es die ungarischen Städte, das eine Budapest ausgenommen, zu keiner größeren Bevölkerungszahl bringen konnten. Die Bevölkerung verteilte sich nach der Größe der Ortschaften (im Jahre 1900, ohne die Soldaten) wie folgt:

	Zahl der Ortschaften	Einwohnerzahl	%	Durchschnittliche Einwohnerzahl
bis 1000 Einwohner	8 324	4 242 535	25,37	510
von 1001—2000 Einwohner	2 647	3 663 264	21,91	1 378
von 2001—5000 Einwohner	1 279	3 805 951	22,76	2 976
von 5001— 10 000 Einwohner	235	1 593 789	9,53	6 782
über 10 000 Einwohner	120	3 416 035	20,43	28 467
Summe	12 605	16 721 574	100,00	1 327

Die im verwaltungsrechtlichen Sinne geltenden Städte verteilten sich nach Größenkategorien wie folgt:

		1900	1910
mit bis 2 000	Einwohnern	5	3
„ „ 3 000	„	5	6
„ „ 5 000	„	20	17
„ „ 10 000	„	32	28
„ „ 15 000	„	13	15
„ „ 20 000	„	20	18
„ „ 30 000	„	21	21
„ „ 40 000	„	11	12
„ „ 50 000	„	5	5
„ „ 70 000	„	3	7
„ „ 100 000	„	1	4
„ über 100 000	„	2	2

Diese Tabellen geben eine Vorahnung davon, wie weit es die ungarischen Städte auf dem Gebiete der kommunalen Betriebe gebracht haben. Die meisten Kommunalbetriebe, und gerade jene, die am ehesten in die städtische Regie überzugehen pflegen, so die Wasserwerke, Beleuchtungswerke usw., sind derart beschaffen, daß in ihnen das fixe Kapital prädominiert und nur durch einen großen Verbrauch rentabel gemacht werden können. Unter den ungarischen Städten befinden sich nur 51 solche, deren Einwohnerzahl 30 000 übersteigt. Ungefähr so groß ist die Zahl jener Städte, in denen die ersten und allgemeinsten Vorbedingungen zur Aufrechterhaltung solcher Betriebe vorhanden sind, ganz gleich, ob sie durch kommunale oder durch private Unternehmung ins Leben gerufen werden.

Noch geringer ist die Zahl jener Städte, die in Wirklichkeit reif dazu sind, solche Betriebe mit Erfolg in eigener Regie zu verwalten. Dazu ist vor allem nötig der günstige Stand des kommunalen Kredits, auf dessen Wichtigkeit wir bei den Betrieben der Stadt Budapest verwiesen haben. Leider besitzen wir keine zusammenfassenden Daten darüber, unter welchen Bedingungen die Provinzstädte ihre Anleihen erhalten. Indessen, es genügt, darauf hinzuweisen, daß die vier ungarischen Großbanken, die sich mit Gemeindeanleihen abgeben (diese besorgten 76 % des Bedarfes an Gemeindeanleihen) sich zu einem sehr starken Kartell vereinigt haben und daß die kleinen Städte den Kartellen gegenüber nicht die Möglichkeit haben zu dem Mittel zu greifen, dessen sich die Stadt Budapest bediente: sich wegen Anleihen direkt an die ausländischen Geldmärkte zu wenden. Dazu kommt noch, daß sich die finanzielle Lage der ungarischen Städte nicht sehr günstig gestaltet. Die Ursachen dafür sind dieselben, die wir bei der Finanzlage der Stadt Budapest kennen gelernt haben, nur lasten sie auf den Provinzstädten viel schwerer als auf der Hauptstadt, denn es bieten weder ihre Entwicklungsmöglichkeit noch die ihnen zur Verfügung stehenden Mittel so viele Möglichkeiten zur Bekämpfung dieser Tendenzen, wie sie Budapest mit Erfolg benutzte. In erster Reihe wird die Finanzlage der Städte durch die schweren Staatssteuern beeinträchtigt, die auf der Einwohnerschaft lasten. Außer den Verbrauchssteuern, die die größte Einnahmequelle des Staates bilden und die in unverhältnismäßig hohem Maße die städtische Bevölkerung belasten, entfallen direkte Staatssteuern auf je ein Steuersubjekt: in den Städten mit geregeltem Magistrat 88 K, in den Munizipalstädten 114 K (die Gemeindesteuern miteingerechnet 121,14 K bzw. 155,56 K). Diese schwere staatliche Steuerlast erschwert die Entwicklung der kommunalen Einnahmequellen. Anderseits werden durch die staatliche Gesetzgebung und durch die Verwaltung den Gemeinden immer mehr Verwaltungsaufgaben aufgebürdet, ohne daß die dadurch entstehenden Mehrausgaben ersetzt würden. Im Jahre 1908 wurden 20 % der Gesamtausgaben der ungarischen Städte (mit Ausnahme von Budapest) für Agenden verbraucht, die den Städten durch den Staat übertragen wurden [1]. Diese Umstände, sowie die Steigerung der Ansprüche und Wünsche der Bevölkerung haben verursacht, daß im Jahre 1908 von den 109 Städten mit geordnetem Magistrat 93 (mit 8,186 Millionen Kronen) und sämtliche 25 Munizipalstädte (mit 8,227 Millionen Kronen) ihr Budget mit Fehlbeträgen geschlossen haben [2]. Diese Fehlbeträge werden natürlich mit der Erhöhung der Zuschlagsteuern gedeckt und die Folge davon ist, daß die Zuschlagsteuern rapid steigen. Die durchschnittliche Höhe der Zuschlagsteuer, die zwischen 0—392 % der Staatssteuer wechselt, betrug (in Prozent):

	1890	1899	1908
in den Städten mit geordnetem Magistrat	25	35	50,78
in den Munizipalstädten	38	48	48,59

Nach alledem kann man sich leicht die Bedingungen vorstellen, unter denen die Städte ihre Anleihen erhalten, und es versteht sich von selbst, daß diese Kreditverhältnisse die Gemeindebetriebe nicht günstig beeinflussen.

II. Umfang und Ausdehnung der Gemeindebetriebe im allgemeinen.

Dennoch sehen wir, daß sich die ungarischen Städte in neuerer Zeit immer mehr mit dem Gedanken der Gründung von Gemeindebetrieben befassen, und immer mehr herrscht in ihnen die Überzeugung vor, daß die Städte die gemeinnützigen Betriebe den Privatunternehmern nicht überlassen, sondern sie schon bei deren Einführung in eigene Regie übernehmen sollen. Diese Überzeugung rührt zum Teil von der Finanzlage der Städte her. Ein Komitee, das durch die Reichstagsabgeordneten der Städte zur Prüfung der Gemeindehaushalte entsendet wurde (März 1908), hob in einem der Regierung unterbreiteten Entwurf zur Regelung der Finanzlage der Städte die Einführung von gemeinnützigen Betrieben, die in eigener Regie verwaltet werden sollen, besonders hervor: diese sollten zu ergiebigen Einnahmequellen für die Gemeindehaushalte werden. Der

[1] Edmund Lukács, Magistratsrat in Nagy-Várad: Wie sollen die städtischen Haushalte geordnet werden? (Referat, gehalten auf dem 1. Landeskongreß der ungarischen Städte).

[2] Ebenda.

Landeskongreß der ungarischen Städte (im Mai 1908), der sich auch mit der Regelung der Gemeindefinanzen befaßt hat, empfahl einstimmig unter anderem auch die Gemeindebetriebe als Mittel zur Sanierung des Gemeindehaushaltes.

Eine weitere Ursache der Kommunalisierung bildet der Umstand, daß sich die kleineren Städte die Erfahrungen der größeren zunutze machen. Sie wissen, daß die Entwicklung der Städte sie früher oder später dazu zwingen wird, die gemeinnützigen Betriebe in eigene Regie zu übernehmen, und daß es im allgemeinen immer günstiger ist, einen Betrieb gleich in eigener Regie zu gründen als ihn erst aus Privathänden abzulösen. Insbesondere gestaltet sich die Ablösung dann ungünstig, wenn die Konzession zu Beginn der Stadtentwicklung erteilt wurde. Es ist eine oft beobachtete Erscheinung, daß sich in den kleinen Städten die Ansprüche auf moderne städtische Einrichtungen viel früher entwickeln als der Verbrauch im großen, der zur Aufrechterhaltung der entsprechenden Betriebe nötig ist. Insbesondere wurde die städtische Einwohnerschaft von dem Wunsche erfaßt, ihre Städte mit den Errungenschaften der modernen Hygiene, des Städtebaues, der Kultur usw. auszurüsten. Die infolge der Fabrikindustrie und des Großhandels entstehende Großbourgeoisie verdrängt auch in den kleinen Städten die anspruchslosen, in der Städteverwaltung geizig sparsamen Bauern und Handwerker, sie formt die Städtepolitik gemäß ihren modernen Ansprüchen um. Und so kommt es auch in den kleineren ungarischen Städten vor, daß das Bürgertum die Einführung gewisser Betriebe schon zu einer Zeit fordert, wo deren Rentabilität noch kaum gesichert ist. Daraus folgt mit Naturnotwendigkeit, daß ein Privatunternehmer diese Betriebe nur unter Bedingungen einrichtet, die die Stadt äußerst belasten; so werden große Gegenleistungen gefordert und für die Ablösung schwere Bedingungen gestellt.

Es kommen aber auch Fälle vor, wo sich zur Einführung solcher Betriebe überhaupt kein Privatunternehmer findet und die Stadt gezwungen ist, den Betrieb, den ihr Bürgertum fordert, gleich in eigener Regie zu errichten. Demzufolge sind sowohl die Umstände, unter denen in diesen Städten die Gemeindebetriebe entstehen, als auch ihre Lage anders geartet, als man sie in den Großstädten allgemein antrifft. Nicht immer sind es die Erwägungen über die Vorteile und Nachteile, die bei den Kommunal- und Privatbetrieben bestehen, die die Städte zur Errichtung von Gemeindebetrieben veranlaßt haben, sondern sie werden oft durch die Not getrieben, weil sich entweder überhaupt kein Privatunternehmer zu deren Errichtung und Verwaltung findet oder es werden keine annehmbaren Anträge gemacht. Darauf weist auch der Umstand hin, daß es eine große Anzahl, nämlich 61, Betriebe gibt, die städtisches Eigentum bilden und an Privatunternehmer verpachtet werden. So befinden sich in Pacht: 19 Elektrizitätswerke, 19 Badeanstalten, je 4 Schlachthäuser, Hotels, Gastwirtschaften, 3 Sägewerke, je 2 Schauspielhäuser, Mühlen, je eine Stein- und Kohlengrube, eine Ziegelfabrik und ein Wasserwerk.

Von den 136 ungarischen Städten[1] sind es 134, die Betriebe in eigener Regie verwalten. Diese verteilen sich wie folgt:

Städte mit Einwohnern	Es besitzen Städte:											
	1	2	3	4	5	6	7	8	9	10	11	Zusammen
	Betriebe											
bis 10 000	11	15	10	7	2	3	3	1	1	—	—	53
10 001— 20 000	4	9	10	4	3	2	1	—	—	—	—	33
20 001— 30 000	2	5	7	2	3	—	1	—	—	—	—	20
30 001— 50 000	1	3	4	3	5	—	—	—	—	—	—	16
50 001—100 000	1	—	—	2	3	—	1	2	1	—	1	11
über 100 000	—	—	—	—	1	—	—	—	—	—	—	1
Zusammen	19	32	31	18	17	5	6	3	2	0	1	134

Der größte Teil der Städte, und zwar 61,2 %, besitzen 1—3 Betriebe; 87,3 % der Städte besitzen 1—5 Betriebe.

Unter den Gemeindebetrieben befinden sich folgende Betriebe:

Schlachthäuser	124
Kanalisationswerke	81
Wasserwerke	40
Badeanstalten	39
Ziegelfabriken	32
Gastwirtschaften	23
Elektrizitätswerke	18
Steinbrüche	12
Eisfabriken	12
Hotels	11
Gaswerke	8

[1] In diesen Zahlen sind Budapest und Fiume nicht enthalten. Letzteres sandte keine Daten ein. Außerdem sind nur die verwaltungsrechtlichen Städte aufgezählt. Die statistischen Daten über die Gemeindebetriebe entnahm ich aus dem noch unter der Presse befindlichen Statistischen Jahrbuch der ungarischen Städte (1. Jahr 1908). Herr Professor Thirring war so freundlich, mir das Manuskript zur Verfügung zu stellen, wofür ich ihm an dieser Stelle danke.

Redouten	7
Sparkassen	6
Pfandleihhäuser	6
Wiesen- und Forstwirtschaft	6
Sägewerke	4
Kaffeehäuser	3
Lokalbahnen	2
Markthallen	2
Mühlen	2
Sandgruben	2
Schauspielhäuser	2
Elektrische Straßenbahn	1
Druckerei	1
Kohlengrube	1
Schmelzofen	1
Lebensmittelverschleiß	1
Alkoholgeschäft	1
Petroleummagazin	1
Desinfektionsanstalt	1
Müllverbrennung	1
Fuhrpark	1

Insgesamt sind also 452 Gemeindebetriebe vorhanden.

Unter diesen befinden sich an erster Stelle sowohl was ihre Zahl, als auch was ihre Verbreitung anbelangt, die Verwaltungsbetriebe, hauptsächlich solche, die der öffentlichen Gesundheit dienen. Die Provinzstädte verfolgen also bei der Kommunalisierung der Betriebe dieselbe Tendenz, die wir bei der Entwicklung Budapests festgestellt haben. Unter allen Betrieben sind 300 oder 66 % Betriebe solcher Natur (Wasserwerke, Kanalisationswerke, Badeanstalten, Schlachthäuser, Eisfabriken, die die Schlachthäuser ergänzen, Markthallen, Desinfektionsanstalten und Müllverbrennung). Jene Städte (61,2 % der Gemeindebetriebe besitzenden Städte), die 1—3 Betriebe haben, verfügen in der Regel nur über Verwaltungsbetriebe. Desgleichen sind es diese Betriebe, von denen sich der größte Prozentsatz in Gemeinderegie befindet. Demgegenüber bilden jene Betriebe, die die bewußten Ergebnisse der Kommunalisierungsbestrebungen zu sein pflegen, die aus finanziellen und sozialen Gesichtspunkten errichtet werden, nur den geringen Teil der Gemeindebetriebe. Es sind 75 solche Betriebe vorhanden (Gaswerke, Elektrizitätswerke, Ziegelfabrik, Tramway und Vizinalbahn, Sparkassen, Pfandleihanstalten, Lebensmittelverschleiß,

Druckerei) oder nur 17 % aller Betriebe. Unter diesen herrscht die eigene Regie am wenigsten vor.

Die übrigen Betriebe, die sich in Gemeinderegie befinden, sind keine Ergebnisse der Kommunalisierungstendenzen. Sie sind zum Teil kulturelle Anstalten (z. B. Redouten, Schauspielhäuser usw.) oder aber sie sind Reste des alten Landeigentums der Gemeinden (Gruben, Forst- und Wiesenwirtschaft) oder deren Nebenbetriebe (Schmelzofen, Sägewerk, zum Teil auch die Ziegelfabriken usw.) oder sie sind Überbleibsel der einstigen Rechte und Privilegien der Grundherrschaft (z. B. Mühle, Gastwirtschaft usw.).

Danach verbleiben etwa 400 Betriebe, die wir als Ergebnis der Kommunalisierungsbestrebungen betrachten können.

Wenn wir die in eigener Regie befindlichen Betriebe der größeren Städte betrachten, gewinnen wir ein genaueres Bild von der Verbreitung der Gemeindebetriebe und von der Richtung, in der diese erfolgt. Wir können daraus auch ersehen, in welchen Städten ein zielklares Kommunalisierungsbestreben vorherrscht, in welchen dagegen nur der Zufall oder Vererbung zu Gemeindebetrieben führte. Unter den unten aufgezählten Städten befinden sich alle Munizipalstädte und Städte mit geordnetem Magistrat, deren Einwohnerschaft die Zahl 30 000 überschreitet.

Selmec und Bélabánya (Einwohnerzahl 15 164): Wasserwerk: E.[1] 2740, A. ?; Badhaus: E. 34 460, A. 27 001; Kanalisationswerk: E.—, A. ?; Schlachthaus: E. 3364, A. 1709; Steinbruch: E. 1368, A. 1284; Redoute: E. 2000, A. 400; Gasthöfe: E. 1400, A. 192. Konzessionierte Betriebe: Straßenbahn, Gaswerk.

Pozsony (Preßburg; Einwohnerzahl 77 953): Gaswerk: E. 731 427, A. 721 580; Elektrizitätswerk: E. 343 310, A. 319 860; Wasserwerk: E. 286 890, A. 284 539; Badhaus: E. 26 538, A. 24 729; Kanalisationswerk: E. 27 000, A. 27 000. Vermietet: Schlachthaus.

Pécs (Fünfkirchen; Einwohnerzahl 49 726): Wasserwerk: E. 267 909, A. 252 994; Schlachthaus: E. 45 904, A. 46 438; Weingarten: E. 4700, A. 5600. Vermietet: Badhaus, Steinbruch. Konzessionierte Betriebe: Gaswerk, Elektrizitätswerk.

Székesfehérvár (Stuhlweißenburg; Einwohnerzahl 36 541): Badhaus und Schwimmbad: E. 3022, A. 2392; Kanalisationswerk: E. —, A. 4743; Schlachthaus: E. 8643, A. 1600; Steinbruch: E. 11 778, A. 19 476. Konzessionierte Betriebe: Gaswerk, Elektrizitätswerk.

---

[1] E. = Einnahmen, A. = Ausgaben.

Győr (Raab; Einwohnerzahl 43 849): Elektrizitätswerk: E. 332 478, A. 213 967; Wasserwerk: E. 155 278, A. 87 100; Kanalisationswerk: E. 115 910, A. 108 787; Schlachthaus: E. 74 180, A. 86 189. Konzessionierte Betriebe: Gaswerk.

Komárom (Einwohnerzahl 22 018): Gaswerk: E. 146 151, A. 145 294; Wasserwerk: E. 90 209, A. 55 032; Dampfbad: E. 18 561, A. 15 530; Schlachthaus: E. 8003, A. 1927; Kanalisationswerk: E. 40 441, A. 33 125.

Sopron (Ödenburg; Einwohnerzahl 33 696): Wasserwerk: E. 98 877, A. 97 298; Kanalisationswerk: E. —, A. 4663; Schlachthaus: E. 19 353, A. 1935; Sandgrube: E. 3332, A. 1246; Steinbruch: E. 6253, A. 5015. Vermietet: Hotel, Kohlengrube. Konzessionierte Betriebe: Straßenbahn, Gaswerk, Elektrizitätswerk.

Baja (Einwohnerzahl 21 046): Pfandhaus: E. 135 198, A. 134 062; Schlachthaus: E. 4259, A. 6265; Kanalisationswerk: E. —, A. 400. Konzessionierte Betriebe: Gaswerk.

Szabadka (Einwohnerzahl 94 952): Heilbad: E. 52 626, A. 46 044; Verschleiß von Getreide und Fleisch: E. 7142, A. ?; Kanalisationswerk: E. —, A. ?; Schlachthaus: E. 41 785, A. 15 837. Vermietet: Hotel und Redoute, Gasthaus. Konzessionierte Betriebe: Straßenbahn, Gaswerk, Elektrizitätswerk.

Ujvidék (Neusatz; Einwohnerzahl 33 714): Eisfabrik: E. 8700, A. 4500; Artesisches Bad und Schwimmbad: E. 20 500, A. ?; Gasthaus: E. 1200, A. ?; Schlachthaus: E. 30 463, A. 11 000; Kanalisationswerk: E. —, A. ?. Konzessionierte Betriebe: Gaswerk.

Zombor (Einwohnerzahl 35 550): Kanalisationswerk: E. —, A. 600; Schlachthaus: E. 12 252, A. 6000. Vermietet: Elektrizitätswerk.

Hódmező-Vásárhely (Einwohnerzahl 25 344): Ziegelfabrik: E. 53 007, A. 45 482; Badhaus: E. 4612, A. 2767; Redoute: E. 1420, A. 200; Schlachthaus: E. 11 349, A. 700; drei Gasthäuser: E. 17 700, A. 2600; Kanalisationswerk: E. —, A. ?. Konzessionierte Betriebe: Elektrizitätswerk.

Szeged (Einwohnerzahl 118 147): Wasserwerk: E. 121 928, A. 66 452; Dampfbad: E. 37 630, A. 36 920; Kanalisationswerk: E. 1250, A. 2500; Schlachthaus: E. 100 454, A. 47 243; Desinfektionsanstalt: E. —, A. 3812. Konzessionierte Betriebe: Straßenbahn, Gaswerk, Elektrizitätswerk.

Kecskemét (Einwohnerzahl 66 977): Elektrizitätswerk: E. 154 777, A. 192 316; Kanalisationswerk: E. —, A. 3400; Eisfabrik: E. 19 895, A. 21 248; Ziegelfabrik: E. 32 888, A. 72 520; Pfandhaus: E. 578 353,

A. 566 951; Schlachthaus: E. 20 743, A. 4062; Redoute: E. 3595, A. 428; Badhaus: E. 1528, A. 4072.

Kassa (Kassau; Einwohnerzahl 43 865): Kanalisationswerk: E. 1625, A. 3000; Schlachthaus: E. 12 456, A. ?; Wasserwerk: E. 132 557, A. 35 234. Konzessionierte Betriebe: Straßenbahn, Gaswerk, Elektrizitätswerk.

Miskolc (Einwohnerzahl 51 487): Eisfabrik, Schlachthaus und Kühlraum: E. 24 000, A. 23 060; Müllverbrennung: E. —, A. 14 195; Kanalisationswerk: E. ?, A. ?. Konzessionierte Betriebe: Straßenbahn, Gaswerk, Elektrizitätswerk.

Nagy-Várad (Großwardein; Einwohnerzahl 63 940): Elektrizitätswerk: E. 507 967, A. 462 646; Wasserwerk: E. 223 824, A. 177 110; Kanalisationswerk: E. —, A. 2100; Schlachthaus: E. 26 424, A. 3797; Hotel: E. 18 402, A. 5000. Konzessionierte Betriebe: Gaswerk, Straßenbahn.

Debrecen (Einwohnerzahl 92 088): Gaswerk und Elektrizitätswerk: E. 280 711, A. 119 342; Wasserwerk: (in Bau); Badhaus: E. 16 481, A. 9000; Schlachthaus: E. 98 036, A. 50 000; Kanalisationswerk: E. —, A. 3912; Buchdruckerei: E. 141 102, A. 92 071; Alkoholgeschäft: E. ?, A. ?; Eisfabrik: E. —, A. ?; Ziegelfabrik: E. 122 900, A. 100 600; Sparkasse: E. ?, A. ?. Konzessionierte Betriebe: Straßenbahn.

Szatmár-Németi (Einwohnerzahl 34 643): Elektrizitätswerk: E. 279 635, A. 253 555; Schlachthaus: E. 50 000, A. 30 000; Kanalisationswerk: E. —, A. 5300. Vermietet: Badhaus.

Arad (Einwohnerzahl 62 798): Wasserwerk: E. 160 000, A. 150000; Badhaus: E. 7203, A. ?; Freies Schwimmbad: E. —, A. 4050; Kanalisationswerk: E. 130 000, A. 130 000; zwei Schlachthäuser: E. 102 610, A. 63 657; Ziegelfabrik: E. 115 734, A. 82 111. Konzessionierte Betriebe: Gaswerk, Elektrizitätswerk, Straßenbahn.

Temesvár (Einwohnerzahl 72 481): Straßenbahn: E. 577 255, A. 536 024; Elektrizitätswerk: E. 757 824, A. 725 379; Gaswerk: E. 314 384, A. 302 711; Kanalisationswerk: E. ?, A. ?; Schlachthaus: E. 108 644, A. 102 248; Steinbruch: E. 71 667, A. 66 409; Ziegelfabrik: E. 100 346, A. 98 541; Pfandhaus: E. 31 036, A. 25 050; Eisfabrik: E. 7505, A. 9121. Vermietet: Theater, Hotel.

Versec (Einwohnerzahl 27 281): Elektrizitätswerk: E. 126 096, A. 115 182; Schlachthaus: E. 8665, A. 5027; Kanalisationswerk: E. —, A. 115.

Pancsova (Einwohnerzahl 20 793): Dampfbad (seit 1910 in Betrieb); Kanalisationswerk: E. —, A. 2000.

Kolozsvár (Klausenburg; Einwohnerzahl 60 365): Wasser- und Kanalisationswerk: E. 290 000, A. 240 000; Schlachthaus und Eisfabrik:

E. 116 317, A. 70 113; Badhaus: E. 981, A. 850. Vermietet: Elektrizitätswerk. Konzessionierte Betriebe: Gaswerk.

Maros-Vásárhely (Einwohnerzahl 25 344): Wasserwerk: E. 160 000, A. 150 000; Kanalisationswerk: E. 14 000, A. 25 000; Ziegelfabrik: E. 30 431, A. 11 655; Elektrizitätswerk: E. 282 907, A. 200 000.

Czegléd (Einwohnerzahl 33 895): Redoute: E. 1100, A. 150; Schwimmbad: E. 2323, A. 1435. Vermietet: Schlachthaus.

Kiskunfélegyháza (Einwohnerzahl 35 139): Kanalisationswerk: E. —, A. 3500.

Ujpest (Neupest; Einwohnerzahl 55 221): Kanalisationswerk: E —, A. 6000. Konzessionierte Betriebe: Straßenbahn, Gaswerk.

Nyiregyháza (Einwohnerzahl 38 132): Kanalisationswerk: E. —, A. 1533; Schlachthaus: E. 20 137, A. 4760; Eisfabrik: E. 10 448, A. 13 853; Dampfbad: E. 24 413, A. 14 174; Schwimmbad: E. 21 064, A. 7672. Konzessionierte Betriebe: Elektrizitätswerk.

Mako (Einwohnerzahl 34 893): Ziegelfabrik: E. 50 892, A. 48 690; Schlachthaus: E. 10 223, A. 2804. Konzessionierte Betriebe: Elektrizitätswerk.

Brasso (Kronstadt, Einwohnerzahl 40 622): Gaswerk: E. 245 530, A. 216 883; Wasserwerk: E. 121 323, A. 121 323; Kanalisationswerk: E. —, A. ?; Schlachthaus: E. 48 350, A. 19 214; Pfandhaus: E. 31 486, A. 27 749.

Nagyszeben (Einwohnerzahl 33 196): Wasserwerk: E. ?, A. 6800; Schlachthaus: E. 19 426, A. ?; Kanalisationswerk (seit 1910).

Szombathely (Einwohnerzahl 30 949): Wasserwerk: E. 49 886, A. 31 062; Schlachthaus: E. 9527, A. 3828; Pfandhaus: E. 1319, A. 4648; Kanalisationswerk: E. —, A. 4911. Konzessionierte Betriebe: Straßenbahn, Gaswerk, Elektrizitätswerk.

Szentes (Einwohnerzahl 31 424): Kanalisationswerk: E. —, A. 500; Schlachthaus: E. 1450, A. 168; Lokalbahn: E. 78 157, A. 79 106; Badhaus und Schwimmbad: E. 1501, A. ?; Hotel und Kaffeehaus: E. 20 260, A. ?. Konzessionierte Betriebe: Wasserwerk, Elektrizitätswerk.

III. Die wichtigeren Gemeindebetriebe.

1. Die Wasserwerke.

Von den ungarischen Städten besitzen 47 Wasserwerke. Es besaßen also von den in der Volkszählung vom Jahre 1910 ausgewiesenen 136 Städten 34,6 % solche Werke. Laut Größenkategorie der Städte verteilten sich diese Werke wie folgt:

Städte			Wasserwerke insgesamt	Prozentsatz der Städte
bis zu	5 000	Einwohnern	10	38,4
„ „	10 000	„	9	32,1
„ „	20 000	„	8	24,2
„ „	30 000	„	6	28,6
„ „	50 000	„	8	47,0
„ „	100 000	„	5	45,5
über	100 000	Einwohner	1	100,0
		insgesamt	47	34,6

Aus dieser Tabelle geht hervor, daß die größten und die kleinsten Städtekategorien den größten Prozentsatz der Wasserwerke stellen. Dagegen kommt es unter den Städten mittlerer Kategorie, namentlich unter denen, die 10—30 000 Einwohner zählen, verhältnismäßig seltener vor, daß sie Wasserwerke besitzen.

Von allen bestehenden Wasserwerken befinden sich 40, insgesamt also 85 % aller Werke, im Eigentum der Gemeinden und werden in eigener Regie verwaltet. Es sind also im ganzen nur sieben Wasserwerke vorhanden, die sich nicht in städtischer Regie befinden. Aber auch von diesen bildet eins das Eigentum einer Gemeinde, es ist nur in Pacht vergeben, zwei werden vom Staate erhalten, das eine im Interesse einer staatlichen Tabakfabrik, das andere im Interesse eines Heilbades, das sich ebenfalls im Besitze des Staates befindet. Auf diese Weise befinden sich eigentlich nur fünf Wasserwerke in Privathänden.

Die Wasserwerke, mit Ausnahme eines einzigen, das künstlich filtriertes Flußwasser befördert, beruhen auf natürlicher Filtrierung und befördern Grundwasser. Von diesen erhalten vier das Wasser aus artesischen Brunnen.

Die Wassergebühren werden in den meisten Städten teils auf Grund des Pauschaliensystems, teils auf Grund der verbrauchten Mengen, die durch die Wasseruhren ermittelt werden, festgesetzt. Für das Wasser, das zum häuslichen Gebrauch dient, wird eine Pauschale entrichtet, wird dagegen das Wasser zu gewerblichen oder zu sonstigen gewinnbringenden Zwecken verwendet, so müssen die tatsächlich verbrauchten Mengen bezahlt werden.

Die Wasserpreise gestalten sich in den einzelnen Städten wie folgt[1]:

[1] Es fehlen die Daten aus folgenden Städten: Selmec und Bélabánya, Debrecen, Arad, Körmöczbánya, Ujbánya, Modor, Trencsén, Beszterczebánya, Breznóbánya, Igló, Löcse, Nagyszeben.

	Preis des Wassers 1 cbm in Heller	Selbstkostenpreise
Pozsony	27	17
Pécs	20	12
Győr	30	9
Komárom	30	12
Sopron	28	19,5
Szeged	10	2,7
Kassa	20	3
Nagy=Várad	16	6,7
Kolozsvár	20	7
Maros=Vásárhely	36	18
Kaposvár	30	?
Szombathely	16	9,6
Pápa	15	?
Veszprém	20	4,4
Szolnok	40	5
Rozsnyó	20	?
Eperjes	40	?
Sátoraljaujhely	15	8,5
Felsöbánya	1,2	?
Brasso	32	?
Déva	18	14
Segesvár	50	?

Umsonst wurde das Wasser in sechs Städten geliefert, und zwar: Kismarton, Bártfa, Késmárk, Leibicz, Olubló, Poprád.

Die Pauschalien werden durch die Städte in der Weise festgesetzt, daß der Verbrauch die Selbstkosten decken soll. Dagegen übersteigen die Wassergebühren, die ausschließlich von den profitbringenden Unternehmungen entrichtet werden — wie dies die obige Tabelle zeigt — bei weitem die Selbstkostenpreise. Trotz alledem werfen die Wasserwerke für die Städte keine Profite ab, denn in den ungarischen Städten ist die Industrie schwach entwickelt, daher ist die Zahl derer, die Wassergebühren entrichten, verhältnismäßig sehr gering. Die überwiegende Mehrzahl der Verbraucher bezieht das Wasser auf Grund des Pauschaliensystems. Die finanziellen Ergebnisse der Wasserwerke in den einzelnen Städten zeigen uns folgendes Bild:

Tabelle 1.

Städte[1]	Angelegtes Kapital K	Gesamtausgaben K	Amortisation K	Zinsen K	Gesamteinnahmen K	Überschuß K	Rentabilität %
Selmec und Bélabánya	80 000	?	?	?	2 740	?	?
Pozsony	2 497 745	284 539	7 407	97 340	286 890	2 351	0,09
Pécs	1 868 757	252 994	10 610	78 851	267 909	14 915	0,7
Györ	922 000	87 100	7 220	42 500	155 278	68 178	7,3
Komárom	748 602	55 032	4 572	31 300	90 209	35 177	4,7
Sopron	882 267	97 298	?	?	98 877	1 579	0,1
Szeged	1 148 737	119 327	52 875		121 928	2 601	0,2
Kassa	1 100 000	?	?	?	132 557	?	?
Nagy-Várad	1 300 000	177 110	97 414		223 824	46 714	3,5
Arad	1 700 000	150 000	?	?	160 000	10 000	0,5
Kolozsvár[2]	3 700 000	240 000	5,2 %		290 000	50 000	1,3
Maros-Vásárhely	1 700 000	150 000	100 000		160 000	10 000	0,5
Körmöczbánya	61 074	?	?	?	?	?	?
Ujbánya	50 000	?	?	?	?	?	?
Modor	14 000	?	?	?	?	?	?
Trencsén	430 000	?	?	?	?	?	?
Beszterczebánya	267 991	14 315	?	?	32 070	17 755	6,6
Breznóbánya	180 000	?	?	?	?	?	?
Kaposvár	803 000	79 590	6 166	36 872	88 806	9 216	1,1
Szombathely	576 614	31 062	2 240	22 222	49 886	18 824	3,2
Pápa	418 609	54 175	?	?	58 232	4 057	0,9
Veszprém	300 000	42 968	15 430		45 686	2 718	0,9
Szolnok	1 000 000	?	?	?	20 000	?	?
Rozsnyó	120 000	2 200	?	?	5 900	3 700	3,1
Eperjes	528 620	156 245	16 239	25 000	156 375	30	—
Igló	200 000	12 995	2 076	7 724	9 598	—3397	—
Leibicz	12 000	?	?	?	?	?	?
Löcse	259 800	24 743	15 817		16 486	—8257	—
Olubló	60 000	?	?	?	?	?	?
Poprad	13 000	?	?	?	?	?	?
Sátoraljaujhely	656 352	64 760	12 000	23 113	87 873	23 113	3,5
Felsöbánya	80 000	1 044	—	—	3 114	2 070	2,6
Brassó	1 135 929	121 323	12 515	44 646	121 323	—	—
Déva	380 000	?	?	?	45 880	?	?
Segesvár	257 648	?	?	?	?	?	?
Nagyszeben	860 000	6 800	?	?	?	?	?

[1] Es fehlen die Zahlen von Debrecen, Kismarton, Bártfa, Késmárk.

[2] Samt den Kanalisationswerken.

Wie wir sehen, ist die Rentabilität der Wasserwerke sehr gering. Im ganzen sind es drei Werke, die eine 4 %ige Verzinsung erreichen. Aber auch dieses Ergebnis dürfte aller Wahrscheinlichkeit nach auf eine nach besonderen Prinzipien erfolgten Rechnungslegung zurückzuführen sein. Die Rentabilität der Wasserwerke dieser Städte dürfte kaum die der übrigen übersteigen, von denen zwei mit Fehlbeträgen arbeiten, zwei nur ihre Ausgaben decken und die übrigen das investierte Kapital durchschnittlich mit 1,5 % verzinsen.

2. Die Gaswerke.

Nur in verhältnismäßig wenigen ungarischen Städten ist die Gasbeleuchtung eingeführt. Insgesamt besitzen 26 Städte oder 19,1 % aller Städte Gaswerke; selbstverständlich nur die größten. Jene Städte, die Gaswerke besitzen, verteilen sich der Größekategorie nach wie folgt:

Städte	Zahl der Gaswerke	Prozentsatz der Städte
bis zu 5 000 Einwohnern	—	—
5 001—20 000 "	5	6,4
20 001—50 000 "	11	28,9
50 001—100 000 "	9	81,8
über 100 000 Einwohner	1	100,0
	26	19,1

Währenddem nur in wenigen Städten die Gasbeleuchtung eingeführt ist (von den kleineren besitzen nur einzelne Gaswerke), so sind die größeren Städte durchwegs mit Gas beleuchtet. Von den Städten mit über 50 000 Einwohnern besitzen 83 % Gaswerke. Indessen weist die Gasbeleuchtung keine große Entwicklungsfähigkeit auf. Die meisten Gaswerke und zwar von 26 20 sind in den 50er bis 80er Jahren des vergangenen Jahrhunderts entstanden, die neu emporgeschossenen Städte führen lieber die elektrische Beleuchtung ein, woraus man schließen kann, daß die Gasbeleuchtung nur infolge des Nichtvorhandenseins von elektrischer Beleuchtung eingeführt wurde. Wie wir gesehen haben, gibt es in Ungarn nur wenig große Städte, die einen zur Erhaltung von Gaswerken nötigen Verbrauch aufzuweisen hätten. Unter solchen Umständen ist für die kleinen und mittelgroßen Städte die Einführung der elektrischen Beleuchtung viel zweckentsprechender, als die der Gasbeleuchtung. Darauf weist übrigens auch der Umstand hin, daß die Mehrzahl jener Städte (namentlich 14), die Gaswerke besitzen, auch noch die elektrische Beleuchtung eingeführt haben.

Von den Gaswerken befinden sich acht in Gemeinderegie. Daß sich so wenig Betriebe in eigener Regie befinden, ist teilweise darauf zurückzuführen, daß die Ablösung der Gaswerke große Kapitalinvestierungen erfordern würde, die keine günstige Verzinsung verheißen, teilweise aber auch darauf, daß dort, wo die Stadt durch einen Gemeindebetrieb Einfluß auf die öffentliche Beleuchtung gewinnen will, sie lieber die Elektrizitätswerke ablöst, die der Größe der Stadt besser entsprechen und für die Stadt sowohl vom tariflichen, als auch vom finanz-politischen Standpunkt aus bessere Aussichten gewähren. Dafür spricht auch der Umstand, daß in jenen Städten (mit einer einzigen Ausnahme), in denen sowohl die Gas- als auch die elektrische Beleuchtung eingeführt ist, überall dort, wo sich die Gaswerke in Privathänden befinden, die Elektrizitätswerke Gemeindebetriebe bilden.

Die in den Händen der Gemeinden befindlichen Gaswerke bieten für diese kaum irgendwelche Einkünfte. Ihre finanziellen Ergebnisse sind folgende:

Städte	Angelegtes Kapital K	Buchwert des Betriebes K	Einnahmen K	Ausgaben K	Hauptposten d. Ausgaben: Gehälter K	Kosten der öffentlichen Beleuchtung K	Amortisation und Zinsen K	Reingewinn K	in %
Pozsony . .	1 320 296	3 000 000	731 427	721 580	59 807	80 000	47 396	9 847	0,7
Komárom . .	716 887	674 855	146 152	145 295	19 113	?	33 544	857	—
Debrecen . .	1 827 430	2 119 289	280 711[2]	119 342[2]	?	?	?	161 369	8,8
Temesvár . .	600 000	1 000 000	314 385	302 712	54 511	1 306	51 916	11 673	1,9
Pancsova[1] .	?	425 000	—	—	—	—	—	—	—
Nagyszombat	345 650	425 617	110 710	110 710	13 701	7 200	27 824	—	—
Brassó . . .	513 428	360 053	245 530	216 883	36 409	26 036	14 136	28 647	5,5
Medgyes . .	300 000	265 000	70 165	67 129	13 077	6 080	21 700	3 036	1,0

Der Vermögensstand der Gaswerke zeigt folgendes Bild:

Städte[3]	Aktiva K	Passiva K	Reinvermögen K
Pozsony	2 145 787	2 060 296	85 491
Komárom	790 271	789 414	857
Temesvár	726 282	668 144	58 138
Nagyszombat	567 360	567 360	—
Brassó	502 601	227 778	274 823
Medgyes	414 904	411 869	3 035

Die Gaswerke bieten im allgemeinen eine sehr geringe Verzinsung des investierten Kapitals. Dieses Bild wird günstiger, wenn wir zu den

[1] Seit 1909 in Betrieb; sandte keine detaillierten Daten ein.

[2] Darin sind auch die Daten der Elektrizitätswerke enthalten.

[3] Es fehlen die Daten aus Debrecen, Pancsova.

reinen Einnahmen auch die Kosten der öffentlichen Beleuchtung mit inbegreifen. Dann haben die Gaswerke folgende Erträgnisse abgeworfen: für Pozsony 89 847 K (6,8 %), für Temesvár 12 979 K (2 %), für Nagyszombat 7200 K (2 %), für Brassó 54 683 K (10,6 %), für Medgyes 9116 K (3 %). Ein bedeutender Teil der reinen Einnahmen wird absorbiert durch die öffentliche Beleuchtung und durch die Beleuchtung der städtischen Gebäude. In den meisten Städten bildet der städtische Haushalt den größten Verbraucher. So wird die Rentabilität der Gaswerke dadurch wesentlich beeinflußt, in welchem Maße die Gaswerke durch die Beleuchtung der Straßen und Amtslokalitäten in Anspruch genommen werden.

Der Gesamtverbrauch in den einzelnen Städten verteilte sich unter den verschiedenen Verbrauchszweigen wie folgt:

Städte[1]	Die Länge der Hauptleitung in Kilometern	Die Länge d. mit Gas beleuchteten Straßen in Kilometern	Das verbrauchte Gas in Kubikmetern					
			öffentliche Beleuchtung	Privatkonsum	Städtische Gebäude	Gasverlust	Diverse	Zusammen
Pozsony . .	55,0	?	526 838	1 885 255	96 532	254 127	110 819	2 873 571
Komárom . .	20,1	18,1	112 100	375 328	43 443	29 381	134 028	694 280
Debrecen . .	55,0	50,0	371 282	1 520 834	80 291	102 953	—	2 075 360
Pancsova . .	17,4	22,0	?	?	?	?	?	266 000
Nagyszombat	19,6	?	94 868	199 801	4 521	18 366	15 288	332 844
Brassó . . .	22,0	22,0	183 985	574 182	16 777	215 619	123 696	1 114 259
Medgyes . .	7,5	7,5	32 009	135 165	14 322	743	2 625	184 864

Brassó, dessen Gaswerke am rentabelsten sind, verbraucht 18 % der Gesamtproduktion für die öffentliche Beleuchtung und für die Beleuchtung der städtischen Gebäude; Pozsony verwendete für diese Zwecke 21 %, Debrecen 21 %, Komárom 22 %, Nagyszombat 29 % und Medgyes 25 %.

Wie gering nun immer die Einnahmen aus den kommunalen Gaswerken für den städtischen Haushalt seien, so übersteigen sie noch immer jene Leistungen, die die Privatgesellschaften für die Konzessionen entrichten.

Von den Privatunternehmungen entrichten fünf überhaupt keine Gegenleistungen, die übrigen liefern das Gas für die öffentliche Beleuchtung um einige Heller billiger als für Private. Es sind im ganzen drei Gesellschaften, die den Gemeinden finanzielle Leistungen bieten: die eine entrichtet ½ %, die andere 5 % von den Bruttoeinnahmen und die dritte 10 % vom Gewinn, wenn dieser 6 % übersteigt. Für die öffentliche Beleuchtung müssen die Gemeinden überall selbst aufkommen. Darauf bezügliche Daten sandten elf Städte ein, die insgesamt 400 000 K für die Gasbeleuchtung entrichten mußten.

[1] Die Daten der Temesvarer Gaswerke fehlen.

Was nun die Privatverbraucher anbelangt, so beziehen sie das Gas aus den kommunalen Betrieben, wenn schon nicht billiger, so jedenfalls auch nicht teuerer als von den Privatunternehmern. Laut der nachstehenden Tabelle kommen die Preise in den Gemeindebetrieben fast auf das gleiche zu stehen, wie in den Privatunternehmungen:

Privatunternehmungen	Leuchtgas Kubikmeter h	Industriegas Kubikmeter h	Heizgas Kubikmeter h
Selmec und Bélabánya	32	19	19
Pécs	28	20	20
Székesfehérvár	31	20	20
Györ	30	18	?
Sopron	30	20	17
Baja	34	20	20
Szabadka	30	21	20
Ujvidék	28	22,5	22,5
Szeged	24	17	17
Kassa	28	18	18,5
Miskolc	30	20	20
Nagy-Várad	32	24	24
Arad	34	17	17
Kolozsvár	30	20	20
Erseknjvár	30	20	20
Nyitra	28	22	22
Szombathely	36	26	26
Ujpest	20	16	16

Gemeindebetriebe	Leuchtgas Kubikmeter h	Industriegas Kubikmeter h	Heizgas Kubikmeter h	Selbstkosten pro Kubikmeter h
Pozsony	24	12,2	19,2	13
Komárom	32	24	24	20
Debrecen	23	14	14	10
Temesvár	26	20	20	15
Pancsova	30	24	24	15
Nagyszombat	30	24	24	18
Brassó	28	20	20	14,9
Medgyes	?	16	20	16

3. Die Elektrizitätswerke.

Die elektrische Beleuchtung ist in den ungarischen Städten viel verbreiteter als die Gasbeleuchtung; 57,6 % der Städte, namentlich 78 besitzen Elektrizitätswerke. Und währenddem wir die Gasbeleuchtung nur in den größten Städten vorfinden, so wurde die elektrische Beleuchtung auch in die kleineren Städte eingeführt. Über die Verteilung der Elektrizitätswerke gibt folgende Tabelle Auskunft:

Städte	waren elektrisch beleuchtet	Prozentsatz der Städte
bis 5 000 Einwohner	4	15,3
„ 10 000 „	18	64,2
„ 20 000 „	19	57,5
„ 30 000 „	14	66,6
„ 50 000 „	12	70,5
„ 100 000 „	10	90,9
mit über 100 000 Einwohnern	1	100,0
	78	57,2

Wie wir sehen, ist die elektrische Beleuchtung in den größeren und kleineren Städten fast gleichmäßig verteilt.

Von den Elektrizitätswerken befinden sich 18 oder 23 % in städtischer Regie. Außerdem bilden 19 Werke kommunales Eigentum, nur wurden sie an Privatunternehmungen in Pacht gegeben.

Die finanziellen Ergebnisse der in städtischer Regie befindlichen Elektrizitätswerke zeigen uns folgendes Bild: (Tabelle 2).

Die in Gemeinderegie befindlichen Elektrizitätsbetriebe verzinsen sich durchschnittlich mit 3,8%. Die hohe Verzinsung der Győrer Elektrizitätswerke, die den Durchschnitt bei weitem übersteigt, rührt daher, daß dieser Betrieb mit den Kosten der öffentlichen Beleuchtung nicht belastet wird, was für die übrigen Städte nicht zutrifft, in denen diese Kosten den größten Teil der reinen Einnahmen verschlingen, geradeso wie dies bei den Gaswerken der Fall ist. Der Unterschied in der Rentabilität der einzelnen Werke rührt auch zum größten Teil daher, daß die einzelnen Betriebe durch die öffentliche Beleuchtung in verschiedenem Maße belastet werden.

Die Produktion der kommunalen Elektrizitätswerke verteilte sich unter den verschiedenen Verbrauchszweigen wie folgt: (Tabelle 3).

Von den übrigen Elektrizitätswerken, die sich in privaten Händen befinden, gewähren 15 keinerlei Gegenleistung; 29 liefern die Elektrizität an die Gemeinden billiger als an Private, und insgesamt sind es nur sieben Unternehmungen, die aus ihren Bruttoeinnahmen $1/2$—5 % den Gemeinden abliefern. Für die öffentliche Beleuchtung muß eine jede Stadt zahlen.

Die in Pacht vergebenen Betriebe werfen den Gemeinden einen größeren Nutzen ab, manche von ihnen rentieren sich sogar besser als die in eigener Regie befindlichen, sie zahlen Pachtgelder, 2—4 % des Kapitals und mancherorts gewähren sie außerdem noch der Stadt Anteil an den Einnahmen, 10—50 % des reinen Gewinns.

Tabelle 2.

Städte	Investiertes Kapital	Einnahmen	Ausgaben	Hauptposten der Ausgaben			Reingewinn	in %	Aktiva	Passiva	Reines Vermögen
				Gehälter	öffentliche Beleuchtung	Amortisation und Zinsen					
	K	K	K	K	K	K	K		K	K	K
Pozsony	1 260 000	343 310	319 860	35 080	1 706	60 162	23 450	1,8	1 533 833	1 454 978	78 855
Györ	1 003 773	332 478	213 967	29 651	—	36 635	118 511	11,6	1 396 100	1 003 773	392 327
Kecskemét . . .	1 453 160	154 777	192 316	22 042	37 539	77 100	— 37 539	—	1 361 899	1 424 760	— 62 861
Nagy-Várad . .	2 324 372	507 967	462 646	53 096	15 131	126 697	45 321	1,9	?	?	?
Debrecen[1] . . .	?	?	?	?	?	?	?	?	?	?	?
Szatmár-Németi	1 191 044	279 635	253 555	24 920	25 780	60 000	26 080	2,1	1 166 159	1 191 043	— 24 884
Temesvár . . .	1 666 000	757 824	725 379	123 952	?	83 882	32 445	1,9	1 113 083	769 148	343 935
Versecz.	716 494	126 096	115 182	23 006	21 500	34 786	10 914	1,5	646 228	646 228	—
Maros-Vásárhely	?	282 907	200 000	51 045	16 000	?	82 907	?	?	?	?
Kaposvár . . .	476 000	214 039	180 654	35 582	19 080	24 820	33 385	7,0	460 966	460 966	—
Pápa	471 250	102 804	78 781	12 895	13 512	20 221	24 023	5,0	471 250	471 250	—
Eger.	598 000	167 901	143 761	31 125	18 200	38 910	24 140	4,0	790 329	766 189	24 140
Szolnok	1 500 000	?	?	?	?	?	?	?	?	?	—
Nagykároly. . .	378 719	80 699	80 699	12 809	14 000	20 417	—	—	422 352	16 762	405 590
Nagybecskerek . .	570 000	150 551	148 834	26 591	36 442	4 904	1 717	0,3	610 122	608 404	1 718
Gyergyószentmiklós	160 000	40 000	40 000	9 000	?	15 200	—	—	120 000	120 000	—
Segesvár[1] . . .	?	?	?	?	?	?	?	?	?	?	?
Torda	137 465	30 926	23 313	?	?	8 936	7 613	5,5	?	?	?

[1] Debrecen weist die finanziellen Ergebnisse der Elektrizitätswerke unter einem Posten aus mit den Gaswerken, Segesvár dagegen unter einem Posten mit den Wasserwerken.

Tabelle 3.

Städte	Länge der Leitung Kilometer	Elektrischer Stromverbrauch in Hektowatt-Stunden									Preis einer Hektowatt-Stunde in h		
		Private	Städtische Gebäude	Öffentliche Beleuchtung	Straßenbahn	Gewerbliche Zwecke	Das Elektrizitätswerk	Verlust	Diverse	Summe	für Beleuchtungszwecke	für gewerbliche Zwecke	für Heizung
Pozsony	72,7	3 981 505	413 813	272 558	—	2 131 209	328 368	1 794 867	—	8 922 320	6,5	2,5	2,5
Győr	61,6	?	?	?	?	?	?	?	?	?	5	2,5	—
Kecskemét	64,0	2 220 425	339 500	2 355 649	—	727 590	712 230	693 416	—	7 048 810	8	6	—
Nagy-Várad . . .	1417,4	7 752 376	340 280	4 606 760	4 623 394	3 326 563	78 020	4 730 000	229 647	25 687 040	7	3	3
Debrecen	85,9	?	?	?	?	?	?	?	?	?	6	2,5	2,5
Szatmár-Németi . .	41,2	3 100 000	2 507 850*		—	—	100 000	991 220	—	6 699 070	6	3	3
Temesvár	211,6	6 916 404	527 893	2 500 000	7 264 265	11 564 111	500 000	9 729 477	—	39 002 150	7	2,5	2,5
Versec	58,3	1 329 000	98 625	1 200 000	—	—	80 000	1 162 380	—	3 870 005	8	2,5	—
Maros-Vásárhely .	39,7	2 620 000	?	780 000	—	1 800 000	198 000	2 232 000	—	7 630 000	6,5	3	—
Kaposvár	25,5	2 895 430	102 150	847 530	—	182 540	42 640	?	?	4 070 290	5	3	5
Pápa	27,0	1 222 637	17 016	707 680	—	214 073	148 700	679 514	—	2 989 620	5,5	3	—
Eger	22,4	?	?	?	?	?	?	?	?	?	10	6	—
Szolnok	36,0	4 504 000	—	950 000	—	1 920 000	146 000	480 000	—	8 000 000	6	4	4
Nagykároly	38,2	1 217 290	16 853	804 190	—	21 975	59 000	783 854	—	2 903 162	6	5	—
Nagybecskerek . . .	51,0	1 727 073	55 600	1 845 392	—	28 480	69 908	1 175 609	—	4 972 062	8	5,5	—
Gyergyószentmiklós	8,0	127 002	5 492	2 152	—	—	549	—	—	130 252	8	—	—
Segesvár	15,0	?	?	?	—	?	?	?	—	4 733 730	7	3	—
Torda	4,0	441 800	50 000	176 000	—	—	—	—	—	667 800	7	—	—

* 2 507 850 bracketed across Städtische Gebäude and Öffentliche Beleuchtung.

4. Die Straßenbahnen.

Infolge der geringen Bevölkerungszahl der ungarischen Städte und ihrer verhältnismäßig kleinen Ausdehnung wurde die Einrichtung von Straßenbahnen, die durch motorische Kräfte fortbewegt werden, nur in einzelnen Städten notwendig. Im ganzen gibt es nur 14 Städte, wo der Verkehr durch die Straßenbahn abgewickelt wird. Von diesen 14 (weil in dem mit Budapest benachbarten Ujpest zwei konzessionierte Unternehmungen bestehen) eigentlich 15 Unternehmungen, befindet sich nur eine in städtischer Regie: die Temesvarer Straßenbahn. Diese ist auf Elektrizität eingerichtet; die Länge der Bahn beträgt 10,9 km. Die Unternehmung verfügt über 33 Wagen, die insgesamt 5 241 989 Personen beförderten und 1 174 170 Wagenkilometer befahren haben.

Die Finanzen der Straßenbahn gestalteten sich wie folgt:

Investiertes Kapital	2 653 792	K
Einnahmen	577 255	„
Ausgaben	536 024	„
Gewinn	41 231	„
Rentabilität	1,5	%
Aktiven	3 042 633	K
Passiven	2 802 324	„
Reines Vermögen	240 308	„

In den Ausgaben sind auch jene Summen enthalten, die für Amortisation (18 286 K) und Zinszahlung (110 203 K) verwendet wurden. Für die städtische Kasse wurden 30 000 K abgeliefert, das übrige Geld vom Gewinn wurde für Dotationen der Reserven verwendet.

Von den Privatunternehmungen gewährt nur eine einzige der Stadt eine Beteiligung an dem Gewinn, und zwar die Summe von 2500 K. Die übrigen bieten keine Gegenleistungen.

Außerdem befinden sich in städtischer Regie zwei Lokalbahnen, deren Finanzgebaren sich wie folgt gestaltete:

Städte	Investiertes Kapital K	Einnahmen K	Ausgaben K	Überschuß K	Rentabilität %	Aktiven K	Passiven K	Reines Vermögen K
Szentes .	840 000	78 157	79 106	— 949	—	879 929	556 510	323 419
Turkeve .	436 800	57 685	57 975	— 290	—	436 800	315 978	120 822

5. Die kommunalen Sparkassen.

Kommunale Sparkassen wurden in sechs Städten errichtet. Ihre finanziellen Ergebnisse zeigen uns folgendes Bild:

Städte	Investiertes Kapital K	Einnahmen K	Ausgaben K	Überschuß K	Rentabilität %	Aktiven K	Passiven K	Reines Vermögen K
Debrecen	?	?	?	?	?	?	?	?
Karczag	200 000	?	?	47 313	23,6	?	?	250 000
Kisujszállás	293 000	2 835 922	2 797 010	38 912	13,3	343 489	80 000	263 489
Nagykörös	294 000	19 180 355	19 100 000	80 355	27,3	6 595 000	6 298 000	297 000
Hajduböszörmény	?	?	?	60 424	?	?	?	?
Nagybánya	500 000	4 954 621	4 854 200	100 421	20,0	4 954 621	4 347 221	607 400

Den Stand der Einlagen und den Gesamtumsatz der kommunalen Sparkassen zeigt uns folgende Tabelle:

Städte	Gründungsjahr	Einlagen K	Rückerstattung K	Stand der Einlagen am Ende d. Jahres 1908 K	Zinsenansprüche der Einleger K	Gesamtumsatz K
Karczag	1904	3 311 502	1 553 929	1 757 572	81 599	23 692 620
Kisujszállás	1893	1 111 020	1 320 048	2 320 675	96 912	31 494 096
Nagykörös	1860	2 111 836	2 418 507	5 051 026	?	?
Hajduböszörmény	1863	275 080	214 657	2 255 850	?	?
Nagybánya	1867	500 000	—	2 899 535	106 509	27 957 943

6. Die kommunalen Pfandleihanstalten.

Kommunale Pfandleihanstalten sind ebenfalls in sechs Städten vorhanden; diese erreichten folgende Umsätze:

Städte	Gründungsjahr	Investiertes Kapital K	Summe der Darlehen K	Zinseneinnahmen K	Gesamteinnahmen K	Gesamtausgaben K	Überschuß K	Rentabilität %	Aktiven K	Passiven K	Reines Vermögen K
Baja	1880	72 100	74 718	10 157	135 198	134 062	1 136	1,5	75 956	73 859	2 097
Kecskemét	1886	565 000	549 729	50 654	578 353	566 951	11 402	2,0	565 000	—	565 000
Temesvár	1901	250 000	236 529	31 655	31 036	25 050	5 986	2,4	259 883	259 883	—
Szombathely	1908	49 923	39 252	1 279	1 319	4 648	— 3 329	—	46 595	49 923	— 3 328
Zilah	1906	?	9 200	?	?	?	300	?	?	?	?
Brassó	1847	—	222 540	31 015	31 486	27 749	3 737	?	113 810	—	113 810

Der Zinsfuß variiert je nach den Pfandgegenständen. Für Darlehen auf Gold- und Silbergegenstände werden in Baja und in Szombathely

12 %, in Kecskemét und in Temesvár 15 %, in Zilah 14 % behoben. Für solche auf Wertpapiere werden in Kecskemét 5,5—8 %, in Zilah 7 %, in Temesvár und in Szombathely 8 %, in Baja 12 % behoben. Für Darlehen auf sonstige Gegenstände werden in Kecskemét und in Szombathely 15 %, in Baja, in Temesvár und in Zilah 18 % behoben. In Brassó gilt für alle drei Fälle derselbe Zinsfuß, und zwar beträgt dieser $14^2/_{11}$ %.

7. Die kommunalen Badeanstalten.

In 35 Städten sind 39 kommunale Badeanstalten vorhanden. Ihr Finanzgebaren zeigt uns nachstehende Tabelle:

Städte[1]	Investiertes Kapital K	Einnahmen K	Ausgaben K	Überschuß K
Selmec und Bélabánya .	481 890	34 460	27 001	7 459
Pozsony	182 000	26 538	24 729	1 809
Székesfehérvár	29 612	3 022	2 292	630
Komárom	140 000	18 561	15 530	3 031
Szabadka	312 629	52 626	46 044	6 582
Hodmezövásárhely	23 707	4 612	2 767	1 845
Szeged.	502 252	37 630	36 920	710
Kecskemét	12 000	1 528	4 072	— 2 544
Debrecen	91 327	16 481	9 000	7 481
Arad	150 000	7 200	?	?
Pancsova.	175 000	?	?	?
Kolozsvár	7 732	981	850	131
Korpona	10 430	495	99	396
Ersekujvár	500	126	98	28
Nagyszombat	20 000	1 239	1 240	— 1
Szentgyörgy	6 000	280	92	188
Köszeg.	7 991	266	212	54
Karczag	23 000	7 900	7 438	462
Czegléd	20 000	2 323	1 435	888
Nagyröcze	80 000	800	400	400
Bártfa.	1 173 200	113 550	141 839	— 28 289
Igló	65 000	1 021	—	1 021
Leibicz.	8 000	1 300	900	400
Sátoraljanjhely.	82 000	17 120	19 112	— 1 992
Nyiregyháza	166 800	45 477	21 846	23 631
Felsöbánya	8 000	441	298	143
Nagybánya.	29 600	4 786	4 580	206
Zilah	60 000	1 100	500	600
Nagyenyed	100 000	8 700	10 000	— 1 300
Beszterczе	2 100	365	310	55
Szászváros.	4 000	482	1 462	— 980
Erzsébetváros.	1 500	150	250	— 100
Kolozs.	124 000	14 241	11 850	2 391
Torda	300 000	7 893	2 975	4 918

[1] Daten der Stadt Szolnok fehlen.

8. Die kommunalen Ziegelfabriken.

Kommunale Ziegelwerke sind in 32 Städten vorhanden. Ihr Finanzgebaren zeigt uns folgendes Bild:

Städte	Investiertes Kapital K	Einnahmen K	Ausgaben K	Überschuß K
Hodmezö Vásárhely . . .	160 000	53 007	45 482	7 525
Kecskemét	—	32 288	72 520	— 40 232
Debrecen	118 591	122 900	100 600	22 300
Arad	270 000	115 734	82 111	33 623
Temesvár	220 000	100 346	98 541	1 825
Maros-Vásárhely	210 000	30 431	11 655	18 779
Körmöczbánya	1 614	4 190	3 274	916
Korpona	?	5 039	4 901	738
Szakolcza	5 891	6 512	6 482	30
Modor.	—	2 856	2 556	300
Szentgyörgy	7 000	3 129	2 031	1 098
Breznobánya	2 000	10 500	10 500	—
Zolyom	20 000	22 400	18 900	3 500
Köszeg.	21 535	22 595	25 535	1 060
Zalaegerszeg	40 000	4 612	?	?
Karczag	60 000	83 981	82 241	1 740
Kisujszállás	130 000	73 068	67 000	6 068
Mezötur	120 000	57 421	41 211	16 210
Turkeve	37 477	45 365	41 904	3 461
Szentendre	8 000	6 000	4 800	1 200
Dobsina	3 000	11 007	9 000	2 007
Rimaszombat.	5 000	21 767	12 630	9 137
Rozsnyo	15 000	7 200	6 000	1 200
Eperjes	60 000	12 424	11 300	1 124
Kißzeben	10 000	8 788	7 825	963
Késmárk	30 000	20 313	20 313	—
Leibicz.	16 000	5 218	3 501	1 717
Szepesbéla	?	600	600	—
Szepesolaszi	10 000	5 000	3 000	2 000
Hajdunánás	40 000	42 600	41 300	1 300
Mako	90 000	50 892	48 690	2 202
Szászsebes	12 500	527	17 497	— 16 970

IV. Zusammenfassung.

Die Tabelle 4 zeigt uns die Bedeutung der kommunalen Betriebe der größeren ungarischen Städte vom Gesichtspunkt des kommunalen Haushaltes aus. Diese Tabelle weist sämtliche geschäftlichen Überschüsse der in eigener Regie befindlichen kommunalen Betriebe (mit Abzug der Verluste der einzelnen Betriebe) unter einem Posten aus, ebenso wie das in sie investierte Kapital.

Die einzelnen Städte weisen in bezug auf die Rentabilität große Abweichungen auf. Diese sind aber in den meisten Fällen nur scheinbar.

Tabelle 4.

Städte	Zahl der Gemeindebetriebe[1]	Investiertes Kapital K	Reiner Überschuß K	Rentabilität %	Gesamteinnahmen der Stadt K	Gesamtausgaben der Stadt K	Reiner Überschuß der städtischen Einnahmen %
Selmec und Bélabánya[2] . . .	5	601 852	12 006	1,9	362 082	435 552	3,2
Pozsony	4	5 027 041	37 457	0,7	2 563 111	3 075 375	1,1
Pécs	3	2 160 069	13 481	0,6	1 717 511	2 153 006	0,6
Székesfehérvár .	4	119 941	— 4 768	—	853 909	1 130 860	—
Györ	3	2 426 948	181 803	7,4	1 451 644	1 894 947	12,5
Komárom . . .	4	1 705 489	52 357	3,0	410 696	576 376	12,7
Sopron	4	?	22 321	?	1 223 679	1 689 825	1,8
Baja	2	104 100	— 870	—	433 574	594 706	—
Szabadka . . .	2	572 629	32 530	5,6	2 358 395	2 847 970	1,3
Ujvidék	4	741 000	45 363	6,1	821 867	1 102 635	5,5
Zombor	1	80 000	6 252	7,7	585 982	835 726	1,0
Hodmezö Vásárhely	7	677 000	36 339	5,3	667 493	1 128 108	5,4
Szeged[3]	3	2 447 785	108 147	4,4	3 852 926	4 310 719	2,8
Kecskemét . . .	7	2 185 100	— 44 118	—	2 364 275	2 509 048	—
Kássa[4]	1	1 100 000	97 557	8,8	2 262 687	2 548 838	4,3
Miskolc[5]	1	177 542	940	0,5	803 269	1 161 293	0,1
Nagy-Várad . .	4	3 909 722	128 064	3,2	1 639 139	2 126 812	7,7
Debrecen[6] . . .	6	2 842 623	126 848	4,4	3 001 936	3 190 853	4,2
Szatmár-Németi	2	1 346 844	51 380	3,7	1 022 569	1 204 059	5,0
Arad	4	2 600 000	82 576	3,1	1 232 798	1 957 183	6,6
Temesvár . . .	8	6 200 899	103 198	1,5	2 453 707	2 786 707	4,2
Versec	2	799 567	14 552	1,8	774 417	974 272	1,9
Pancsova	2	?	?	?	390 027	582 034	?
Kolozsvár . . .	4	4 150 732	144 538	3,4	1 677 213	2 187 825	8,9
Maros-Vásárhely[7]	1	210 000	18 776	8,9	945 201	1 094 537	1,9
Czegléd	2	44 000	1 838	4,1	284 700	521 860	0,6
Nyiregyháza . .	4	371 940	42 413	11,4	777 246	990 939	5,4
Makó	2	130 780	9 621	7,3	295 286	574 669	3,2
Brassó	4	1 890 157	61 520	3,2	1 710 307	1 845 094	3,5
Nagyszeben . . .	2	961 500	?	?	813 262	874 137	?
Szombathely . .	3	647 737	21 195	3,2	598 801	902 693	3,7
Szentes	4	1 800 960	24 093	1,3	331 163	600 997	7,2

Ja noch mehr, die Rentabilität der kommunalen Betriebe scheint eine höhere zu sein, als dies in Wirklichkeit möglich ist. Das kommt aber

[1] Ohne die Kanalisationswerke.
[2] Ohne die Wasserwerke.
[3] Ohne die Desinfektionsanstalt.
[4] Ohne die Schlachthäuser.
[5] Ohne die Müllverbrennung.
[6] Ohne die Wasserwerke, die Sparkasse, Eisfabrik, das Alkoholgeschäft.
[7] Ohne die Elektrizitätswerke.

davon, daß die verschiedenen Betriebe in den verschiedenen Städten, ja sogar die verschiedenen Betriebe in einer und derselben Stadt ihre Ergebnisse nach abweichenden Buchführungsmethoden ausweisen. Manche arbeiten nach dem kameralistischen System und unter ihren Ausgaben befinden sich nicht die Kosten, die die Amortisation und die Zinsen verursachen; andere wenden die kaufmännische Buchführung an, wonach nicht nur diese Ausgaben von den Einnahmen gedeckt, sondern auch Reserven und Fonds vorgesehen werden. Es wird in der Provinz annähernd so verfahren wie in Budapest: für die Verwaltungsbetriebe wird die kameralistische Methode, für die wirtschaftlichen Betriebe die doppelte Buchführung angewandt — daraus folgt von selbst, daß jene Städte, deren Betriebe zum überwiegenden Teil aus Verwaltungsbetrieben bestehen, eine verhältnismäßig höhere Rentabilität ausweisen, als jene, die über Wirtschaftsbetriebe verfügen, wo in Wirklichkeit diese rentabler sind; bringen doch die Verwaltungsbetriebe in der Regel nur soviel ein, als sie selbst kosten. Daraus folgt aber auch, daß die wirkliche Rentabilität hinter jener zurückbleibt, die in der Tabelle ausgewiesen ist, denn wie wir gesehen haben, besteht die übergroße Mehrzahl der Betriebe aus Verwaltungsbetrieben.

So besitzen alle jene Städte, in denen das in die Gemeindebetriebe investierte Kapital eine höhere Verzinsung aufweist als 4 %, entweder nur Verwaltungsbetriebe — einzig Debrecen und Maros-Vásárhely bilden hierin eine Ausnahme —, z. B. Nyiregyháza (es weist eine Rentabilität von 11 % aus), Kassa (8,8 %), Zombor (7,7 %), Ujvidék (6,1 %), Hodmezö Vásárhely (5,3 %), Szabadka (5,6 %), Cegléd (4,1 %), Szeged (4,4 %) besitzen nur Verwaltungsbetriebe, oder sie verdanken diese hohe Verzinsung Umständen, die im allgemeinen nicht vorzukommen pflegen. Mako verdankt seine hohen Erträgnisse aus den Gemeindebetrieben (7,3 % Rentabilität) seinem Schlachthause; dagegen wird die Rentabilität in Györ durch die Elektrizitätswerke gehoben, die mit den Kosten der öffentlichen Beleuchtung — in anderen Städten wird fast der ganze Gewinn der Beleuchtungswerke durch die öffentliche Beleuchtung verbraucht — nicht belastet sind.

Dagegen weisen jene Städte die geringste Rentabilität auf, die unter ihren Betrieben mehrere wirtschaftliche Betriebe haben, deren Ausweise auf Grund der kaufmännischen Buchführung angefertigt werden, wie z. B. Pozsony, Temesvár usw.

Wenn wir von den hier erwähnten Städten absehen, deren höhere Rentabilitätsausweise offenbar der besonderen Art Buchführung zu verdanken sind, so sehen wir, daß in drei Städten die Gemeindebetriebe mit Defizit arbeiten, in den übrigen wird das in den Gemeindebetrieben investierte Kapital durchschnittlich mit 2,3 % (zwischen 0,6 % bis 4,4 %) verzinst.

Diese Tabelle zeigt uns auch, wieviel der reine Überschuß der Gemeindebetriebe in Prozenten der Gesamteinnahmen der Städte ausmacht. Edmund Lukács, Magistratsmitglied in Nagy-Várad, schätzt in seinem Vortrag, den er auf dem ungarischen Städtekongreß abgehalten hat, die Einnahmen der Betriebe der Städte mit geordnetem Magistrat auf 5,06 % der gesamten städtischen Einnahmen, jener mit Munizipalrecht auf 5,63 %, währenddem die Steuern (direkte und indirekte) 43,17 %, bezw. 42,96 % (davon die direkten Steuern 22,9 % bezw. 21,72 %) ausmachen. Die Einnahmen der Betriebe in absoluten Zahlen betrugen in den Städten mit geordnetem Magistrat 1 597 473 K, in den Städten mit Munizipalrecht 2 232 359 K. Die Kosten der Amortisation und der Verzinsung, die das städtische Budget belasteten, betrugen in den Städten mit geordnetem Magistrat insgesamt 5 266 469 K, in den Städten mit Munizipalrecht 8 511 217 K, während von den Anleihen 45,95 % für privatwirtschaftliche Investierungen verwendet wurden. Wenn wir von diesen Zahlen ausgehen, so müssen wir zu dem Schlusse gelangen, daß von den Einnahmen der Betriebe nicht einmal jener Teil der Amortisation und Verzinsungen der Anleihen gedeckt werden, die auf das in den Gemeindebetrieben investierte Kapital entfallen.

Aus alledem geht hervor, daß die eigene Regie vom Gesichtspunkt des städtischen Haushaltes aus, sich in den Provinzstädten nicht so vorteilhaft erweist als in Budapest, und daß die eigene Regie nicht gleichmäßig geeignet ist für die kleinen und großen Städte. In Budapest wirkt auch zweifellos der Umstand mit, daß sich die Hauptstadt in bezug auf die Entwicklung der Gemeindebetriebe schon auf einer anderen Stufe befindet als die Provinzstädte; unter den Budapester Betrieben befinden sich mehrere, die aus finanziellen Interessen abgelöst wurden und die man auch finanziell ausnützen kann, dagegen sind die Betriebe der Provinzstädte noch überwiegend Verwaltungsbetriebe, in denen die Verwaltungsinteressen (Hygiene usw.) vorherrschen, wodurch den Gemeinden unmöglich gemacht wird, sie zur Steigerung der städtischen Einnahmen zu verwenden. Bei der Entwicklung der Stadt Budapest konnten wir beobachten, in welcher Weise die Bedeutung der Gemeindebetriebe für den städtischen Haushalt gestiegen ist, nämlich in dem Maße, wie neben den Verwaltungsbetrieben die Zahl der gewinnbringenden Betriebe gestiegen ist. Auf Grund dessen können wir hoffen, daß die Gemeindebetriebe in den Provinzstädten ein viel günstigeres Finanzgebaren aufweisen werden, sobald sie eine Reihe Entwicklungsstufen hinter sich haben werden.

Aber davon abgesehen, selbst jene Betriebe, die sich für die finanzielle Ausnutzung eignen (Gaswerke, Elektrizitätswerke usw.) bleiben in ihren Ergebnissen hinter denen der Budapester Betriebe zurück. Und im allgemeinen betrachtet: die eigene Regie, vom Standpunkt des Gemeindehaushaltes aus, ist dem Unternehmungssystem nicht in der Weise überlegen, wie in der Hauptstadt. Wenn nun die Provinzstädte die Kommunalisierung dieser Betriebe dennoch vorgenommen haben, so geschah das nicht aus finanziellen Motiven heraus, sondern es waren dafür Verwaltungsinteressen maßgebend. Es ist charakteristisch dafür, daß sowohl die Konferenz der Reichstagsabgeordneten der Städte, als auch der Kongreß der Städte in ihren Beschlüssen nicht die Kommunalisierung der Gas-, der Elektrizitätswerke und der Straßenbahn in Vorschlag bringen, sondern die Gemeindeapotheken und Feuerversicherungsanstalten, als solche kommunale Unternehmungen, die geeignet sind, den Provinzstädten zu neuen Einnahmequellen zu verhelfen. Diese Erscheinung läßt sich darauf zurückführen, daß es in den kleineren Städten zur Prosperierung der Beleuchtungs- und Verkehrsunternehmungen an der ersten und wichtigsten wirtschaftlichen Vorbedingung mangelt, die das investierte Kapital erst rentabel macht: der große Verbrauch. Diese Schwierigkeit läßt sich zum Teil bei einer geschickten und erfinderischen Geschäftsführung bekämpfen — aber das ist gerade jener Punkt, in dem selbst in den Großstädten die eigene Regie oft hinter dem Unternehmungssystem zurückbleibt. Das gilt aber noch in viel höherem Maße von einer Kleinstadt, der es nicht nur an geeigneten Kräften mangelt, die nicht nur Rücksicht nehmen muß auf all jene sozialpolitischen, Verwaltungs- und sonstigen Gesichtspunkte, die die städtischen Anstalten im allgemeinen belasten, und um so schwerer belasten, je kleiner die Stadt ist, sondern die auch mit jenen technischen und finanziellen Schwierigkeiten zu kämpfen hat, die mit einem kleinen Betrieb verbunden sind. Während die Stadt nur einen einzigen Betrieb leitet, konzentriert sich der größte Teil der Privatunternehmungen in den Händen einiger Großunternehmungen. So z. B. bilden von den 18 Privatgaswerken fünf das Eigentum der Vereinigten Gaswerke in Augsburg, vier das Eigentum der Zentralen Gas- und Elektrizitäts-Aktiengesellschaft in Budapest, drei das der Allgemeinen Österreichischen-Ungarischen Gasgesellschaft in Triest, eins das der Berliner Gas-, Wasser- und Elektrizitätswerke A.-G.; in den Händen von lokalen Gesellschaften befinden sich nur 4. Von den 19 verpachteten Elektrizitätswerken werden zehn von der Ganzschen

Elektrizitäts A.-G. in Budapest, vier von den Siemens und Schuckertwerken A.-G., drei von der Vaterländischen Elektrizitäts A.-G., eins von der Phöbus Elektrizitäts A.-G. in Budapest gepachtet. Jene Elektrizitätswerke, die das Eigentum von Unternehmungen bilden, befinden sich, so scheint es, in ihrer überwiegenden Mehrzahl in den Händen von lokalen Unternehmungen. Dies ist jedoch nur der Schein, denn wie bekannt, befindet sich die Mehrzahl der Aktien solcher Unternehmungen (in unserem Falle sind von 41 Unternehmungen 34 Aktiengesellschaften) in den Händen großer Elektrizitätswerke, durch die sie gegründet zu werden pflegen. Diese Konzentration der Privatunternehmungen bietet vom Gesichtspunkt der Führung und der technischen Einrichtung aus solche Vorteile, die eine Kleinstadt stärker zu fühlen bekommt als eine Großstadt, die selber über einen Großbetrieb verfügt. —

FSC
www.fsc.org
MIX
Papier | Fördert gute Waldnutzung
FSC® C083411

Kolibri 360 GmbH
Ferdinand-Jühlke-Straße 7
99095 Erfurt, Deutschland
produktsicherheit@kolibri360.de

Druck:
CPI Druckdienstleistungen GmbH
im Auftrag der
Kolibri 360 GmbH
Ferdinand-Jühlke-Str. 7
99095 Erfurt